CENT ANS APRÈS : LA MÉMOIRE DE LA PREMIÈRE GUERRE MONDIALE

ONE HUNDRED YEARS AFTER: THE MEMORY OF THE FIRST WORLD WAR

MONDES MÉDITERRANÉENS ET BALKANIQUES

13

CENT ANS APRÈS : LA MÉMOIRE DE LA PREMIÈRE GUERRE MONDIALE

ONE HUNDRED YEARS AFTER: THE MEMORY OF THE FIRST WORLD WAR

sous la direction de Elli LEMONIDOU

ÉCOLE FRANÇAISE D'ATHÈNES

2018

É C O L E F R A N Ç A I S E D ' A T H È N E S

Directeur des publications : Alexandre Farnoux
Responsable des publications : Bertrand Grandsagne

Cent ans après : la mémoire de la Première Guerre mondiale.
One hundred years after: The memory of the First Word War / sous la direction de Elli Lemonidou
Athènes : École française d'Athènes, 2018
ISBN 978-2-86958-302-3
(Mondes méditerranéens et balkaniques, ISSN 1792-0752 ; 13)

1. Guerre mondiale (1914-1918)
2. Guerre mondiale (1914-1918) -- Aspect social
3. Guerre mondiale (1914-1918) -- Mémoire collective

Bibliothèque de l'École française d'Athènes

Cet ouvrage est publié avec le soutien de l'université de Patras.

Suivi éditorial : EFA, Pauline Gibert-Massoni
Préparation : Léa Triomphe (Paris) ; EFA, Pauline Gibert-Massoni
Conception graphique de la couverture et de la collection : EFA, Guillaume Fuchs
Prépresse : Scuola Tipografica S. Pio X (Rome, Italie)
Impression et reliure : Corlet Imprimeur (Condé-sur-Noireau, France)

ISBN 978-2-86958-302-3
ISSN 1792-0752

Introduction

Elli Lemonidou

Rien ne pèse autant que la mémoire ! Maintenant que le siècle, qui a débuté avec la Première Guerre mondiale, a pris fin, son histoire et sa valeur peuvent aujourd'hui être examinées avec le recul nécessaire.

Les décennies si denses qui l'ont suivi ont complètement bouleversé les réalités géopolitiques, sociales, financières et économiques mondiales. Une Seconde Guerre mondiale, l'Holocauste, la guerre froide et de nombreux conflits, mais aussi l'amélioration de nos conditions de vie, les progrès et développements technologiques, en particulier dans le transport et la communication, ont certainement modifié notre façon de percevoir le monde et ses frontières. Il n'en reste pas moins que la Première Guerre mondiale n'a cessé, depuis cent ans, de faire l'objet de récits et d'études. En témoignent la persistance des débats sur les causes de son déclenchement, la domination de certains récits nationaux ainsi que la gestion de l'événement (organisation de célébrations annuelles, etc.).

Cette « résistance historique » de la Grande Guerre a trouvé un écho important ces dernières années, avec la commémoration de son centenaire. On assiste, à cette occasion, à la confirmation du renouvellement de l'intérêt scientifique, et parfois public, qui a commencé il y a quelques décennies et qui aborde des sujets jusque-là inconnus ou négligés. Des voix se font entendre, qui demandent à dépasser le cadre strict des frontières et encouragent, dans un esprit de coopération scientifique, des études transnationales, y compris sur les causes du déclenchement du conflit. Des pays, pour lesquels le premier conflit mondial n'a eu à jouer qu'un rôle secondaire sur le plan de l'historiographie et de la mémoire, sont également touchés par le poids symbolique de cet anniversaire.

Les raisons qui expliquent l'importance de la Grande Guerre sont trop nombreuses et trop complexes pour être présentées dans cette introduction. Les données des deux premières années de la commémoration rappellent toutefois, comme une introduction à ce livre, combien la Première Guerre mondiale a constitué une étape décisive dans l'histoire de la modernité, autant sur le plan politique que sur le plan diplomatique, avec trois conséquences géopolitiques principales : l'effondrement des vieux empires, la création d'un grand nombre de nouveaux États-nations et des ruptures dans le développement des puissances coloniales. Il s'agit ici, et incontestablement, d'une étape primordiale dans l'histoire du XXe siècle et plus généralement de l'humanité. C'est une guerre totale qui a impliqué les sociétés dans leur globalité, et connait pour la première fois avec une telle ampleur et une telle intensité, l'extermination industrialisée de personnes sur les champs de bataille, et au-delà, les déportations planifiées de populations à une grande échelle, la disparition de la distinction entre civils et belligérants. Les États élargissent le champ de leurs compétences. La censure est partout réhabilitée au nom de l'intérêt national. La propagande et le renseignement à travers les anciens et les nouveaux moyens d'information et de communication sont systématiquement organisés.

Notre équilibre géopolitique mondial et la carte actuelle de l'Europe s'expliquent certes largement par les répercussions de la Seconde Guerre mondiale et de la guerre froide, mais elles trouvent également leurs fondements dans les conséquences de la Première Guerre mondiale elle-même. C'est pourquoi l'étude de ce conflit est toujours d'actualité, non seulement dans les pays qui ont joué les premiers rôles et payé le plus lourd tribut du sang, mais aussi dans les pays dont l'existence intrinsèque elle-même a été influencée par les évolutions du conflit.

L'intérêt du public, comme de la recherche, est constamment stimulé. Certains commentateurs établissent un lien, à tort ou à raison, entre la situation d'avant-guerre au début des années 1910 et la situation internationale actuelle. Malgré des différences politiques, sociales et économiques évidentes, la comparaison des deux époques a permis de regagner l'intérêt d'une grande partie de l'opinion mondiale. Le nombre croissant et la qualité des productions historiographiques récentes, ainsi que l'émergence de nouvelles recherches, façonnent la perception moderne de la guerre et sa mémoire. Des témoignages récents ou anciens mais reformulés et représentés renouvellent la mémoire collective, alors que simultanément ne cessent d'être posées encore aujourd'hui de nouvelles questions, relançant de manière continue l'intérêt international de la recherche en la matière.

Une clarification de deux notions, qui apparaissent naturellement et très fréquemment dans ce volume, est cependant ici nécessaire : histoire et mémoire. Comme le souligne à juste titre Frédéric Guelton, de grands théoriciens du XXe siècle ont mis en évidence leurs différences, en mettant l'accent sur des critères strictement scientifiques de l'historiographie académique, en opposition aux critères subjectifs et émotionnels qui caractérisent la formation de la mémoire au niveau politico-social et individuel. Si cette distinction doit rester nette, elle ne doit pas cacher le fait que les deux notions sont en réalité étroitement liées, à travers les convergences et les divergences de leurs récits.

Au fil des années, comme il ressort clairement de certains articles, l'historiographie a été mobilisée à de nombreuses reprises, principalement dans les régimes autoritaires, afin de fournir la base théorique nécessaire aux récits mémoriels formellement imposés. Dans d'autres cas, l'historiographie participe, parfois involontairement, à la façon dont les nations ou les groupes se souviennent de leur passé, par l'utilisation sélective, fragmentaire ou parfois délibérément déformée de ses positions à travers les canaux de la soi-disant histoire publique. Plus souvent encore, en particulier au cours des dernières décennies, l'historiographie a largement mis en valeur les outils de configuration et de cartographie de la mémoire, par leur analyse minutieuse et leur utilisation critique dans la recherche et la formulation de ses propres conclusions. Cela s'est régulièrement produit au cours des dernières années dans le cas de la Première Guerre mondiale.

Avec la mort des derniers anciens combattants aux débuts du XXIe siècle, la Grande Guerre est définitivement passée au stade de l'historicisation et de la convergence entre l'historiographie et la mémoire. L'historiographie se tourne vers la mémoire multicouche de la guerre, examine toutes ses dimensions dans l'espace et le temps, exploite de manière critique ses preuves, essayant de rétablir la vraie image de la guerre à travers la façon dont les gens en parlaient ou l'écrivaient. Elle cherche de nouvelles compositions dans lesquelles les questions de la mémoire et, plus généralement, de l'acquisition du fait occupent une place essentielle. Pendant ce temps, les historiens universitaires formulent ensemble les nouveaux récits de la mémoire de la guerre, utilisant les canaux de l'histoire publique ; ils sont conseillers pour l'organisation d'expositions ou dans la production de documentaires historiques, ils participent à des émissions de radio et de télévision, siègent dans les comités, étatiques ou locaux, pour la promotion de la mémoire de la Grande Guerre.

Ce volume se place précisément dans l'esprit de cette convergence, cherchant à cartographier l'héritage d'un événement si important de l'histoire européenne et mondiale à travers les chemins différents mais aussi souvent croisés, du discours académique et de la perception publique de cette guerre.

* * *

Le présent ouvrage se fonde essentiellement sur les communications présentées lors du colloque international qui s'est tenu à Athènes le 16 mai 2014 portant sur la mémoire de la Première Guerre mondiale en Europe, mais s'enrichit de deux nouvelles contributions. Le choix de ce thème s'explique par le rôle particulier que la mémoire (ou l'oubli) de la guerre a joué de manière diachronique dans les historiographies nationales et les traditions particulières. Même si les conditions de l'organisation du colloque ne permettaient pas de couvrir un très grand nombre de pays, nous avons tenté de présenter un échantillon représentatif du continent européen : d'une part, quatre puissances européennes traditionnelles (la France, l'Allemagne, le Royaume-Uni et l'Italie) et, d'autre part, quatre pays de la région des Balkans (la Roumanie, la Bulgarie, la Serbie et la Grèce). Si les premières ont eu, comme on le sait, un rôle crucial au cours de la guerre elle-même ainsi que dans l'élaboration et la préservation ultérieures de sa mémoire (jusqu'à former le noyau des *First World War Studies*), la péninsule des Balkans a joué un rôle particulièrement important (mais trop souvent négligé), puisqu'elle a constitué l'un des principaux fronts de la guerre. La mémoire de l'événement dans cette région a donc développé, au fil du temps, une remarquable diversité. Ces approches nationales coexistent avec des articles consacrés aux dimensions européennes et transnationales de l'histoire et de la mémoire de la Première Guerre mondiale.

La première partie de ce livre est constituée de trois contributions qui abordent les cas de la France, du Royaume-Uni et de l'Italie et de deux autres à la thématique plus spécialisée pour l'Allemagne. L'approche centralisée qui caractérise les trois premiers textes n'empêche pas leurs auteurs d'aborder le sujet avec une logique et une méthodologie différentes, selon leur point de vue personnel et les particularités de chaque cas. Une autre approche a été suivie pour l'Allemagne, un pays-clé pour la compréhension de ce conflit dont l'étude est très longtemps restée tabou, prisonnière, entre autres, de considérations politiques et diplomatiques. Au lieu d'embrasser dans son ensemble le paysage mémoriel de ce pays, ces deux articles se penchent sur deux sujets insuffisamment étudiées, mais toujours avec l'objectif de contribuer à une meilleure interprétation et compréhension de ce difficile après-guerre.

Le second groupe de textes concerne la zone des Balkans : il convient ici de s'y attarder. L'une des principales demandes de la recherche scientifique sur la Première Guerre mondiale, exprimées notamment à l'occasion du centenaire, est l'étude de son expansion géographique et thématique. L'imaginaire collectif associe encore trop largement et exclusivement le conflit mondial au front occidental, un théâtre d'opérations certes essentiel mais pas unique. Il s'agit donc de prendre en considération la recherche et les écrits déjà existants pour ces régions jusque-là encore considérées comme secondaires et qui souffrent d'une faible visibilité (notamment pour des raisons linguistiques), mais aussi de développer de nouvelles études sur le modèle de ce qui se fait dans les historiographies les plus développées de la Grande Guerre (par exemple, en histoire sociale, économique et culturelle). Il ne peut y avoir une enquête historiographique vraiment globale et inclusive sans l'intégration effective des informations et des analyses de tous les fronts, avec leurs convergences et divergences, que l'on peut retrouver ailleurs en Europe et dans le monde.

Une deuxième demande, connexe de la production scientifique récente, est la discussion sur les limites temporelles réelles du premier conflit mondial. Si la précédente génération de chercheurs a longuement évoqué la Première Guerre mondiale, l'entre-deux-guerres et la Seconde Guerre mondiale sous le même prisme, celui d'une « guerre civile européenne » ou d'une « nouvelle guerre de Trente ans », la nouvelle génération considère que la guerre est si inextricablement liée aux conflits violents qui se sont produits, à l'échelle locale, peu avant 1914 et, surtout, immédiatement après 1918, que chaque tentative de restitution historique qui n'en tient pas compte est incomplète. Le *long First World War* apparaît avec une fréquence croissante dans la bibliographie internationale et pousse une partie des chercheurs à placer le véritable début de la guerre en 1911 ou en 1912 et sa fin en 1923.

Le cas des Balkans prend ici toute son importance, et pas seulement comme détonateur du conflit ou pour la localisation d'un front à moitié oublié de la guerre (le « front balkanique » ou « front macédonien »). Le facteur balkanique fait inextricablement partie d'un schéma d'interprétation plus large qui lie directement la Première Guerre mondiale, non seulement à la concurrence entre les grandes puissances de l'Europe occidentale, mais aussi au déclin progressif et à la désintégration des formes impériales puissantes dans l'espace plus large de l'Europe de l'est et du sud-est. Déjà depuis la fin du XIXe siècle, la péninsule balkanique a constitué le point de croisement de deux empires avec de multiples problèmes internes, les empires austro-hongrois et ottoman, avec un troisième, l'empire russe, qui exerçait aussi son influence dans la région. Dans ce contexte explosif, les nationalités, qui vivaient depuis des années intégrées dans les formes impériales, ont commencé d'une part à affirmer leur émancipation des centres supranationaux, d'autre part à revendiquer l'espace vital le plus large possible pour leur survie comme entités étatiques autonomes. Après une série de changements successifs et de développements individuels majeurs au cours des dernières décennies du XIXe et au début du XXe siècle, les guerres balkaniques des années 1912-1913 ont surgi, comme une évolution inévitable pour réclamer des territoires du fragile Empire ottoman, qui avait déjà reçu, un an plus tôt, un important coup symbolique et essentiel avec l'offensive italienne en Libye.

Les développements, par conséquent, de la Première Guerre mondiale dans les Balkans sont étroitement liés aux plans d'intégration nationale des peuples de la région ; les revendications nationales et la concurrence inter-balkanique ont été des facteurs décisifs pendant toute la durée de la guerre, avec des répercussions sur les options militaires et diplomatiques. La fin officielle des hostilités n'a pas arrêté des évolutions perçues comme vitales, des années après, en particulier pour la Roumanie et encore plus pour la Grèce. Il a fallu attendre le traité de Lausanne, en 1923, pour régler définitivement le statut juridique de la région.

Les événements de la Première Guerre mondiale ont été intégrés par les historiographies nationales de ces pays dans un contexte plus large de luttes pour l'intégration nationale et territoriale, ce qui a sapé, à un certain degré (à l'exception de la Serbie), son importance et sa visibilité comme étape distincte de ce processus. En outre, dans la plupart des cas, l'histoire et la mémoire de cette période ont été ensuite minées de manière décisive soit par le poids des événements historiques qui ont suivi (principalement la Seconde Guerre mondiale et ses développements), soit par une lecture idéologique de l'histoire à des fins politiques. Par conséquent, la demande pour une révision systématique de l'implication de ces pays dans la Première Guerre mondiale, mais aussi l'empreinte que cette guerre a laissée (ou n'a pas laissée) dans la mémoire officielle et collective constitue un défi majeur pour la recherche scientifique moderne.

* * *

Quelques mots sur le choix et la forme des textes. Nous avons estimé qu'il convenait de laisser aux chercheurs la liberté de se focaliser sur les aspects qu'eux-mêmes considéraient comme les plus importants dans le contexte plus général de la mémoire de la guerre. Nous considérons que tous les textes contenus dans le volume reflètent non seulement divers exemples nationaux, mais aussi les personnalités scientifiques de leurs auteurs et constituent ainsi des abacules, précieux et intégrants, d'une même mosaïque, nécessaires pour la formulation et l'expression d'une évaluation globale, basée précisément sur la mise en commun de nombreux éléments particuliers.

Les deux contributions, plus générales, des professeurs Georges-Henri Soutou et Jay Winter ouvrent le débat. Elles fixent le cadre à la fois pour discuter la question de la mémoire européenne de la guerre, et pour analyser la dimension transnationale, qui constitue le principal défi dans l'approche historiographique moderne de la Grande Guerre.

L'ouvrage commence avec l'article du professeur et académicien français Georges-Henri Soutou, qui propose de répondre à la question de l'existence ou non d'une mémoire européenne commune de la Grande Guerre. L'auteur souligne la résistance des récits mnémoniques nationaux dans l'espace européen, tout en mettant en évidence les convergences d'interprétation qui se manifestent depuis quelques années dans différents pays. Elles apparaissent au gré du développement de la recherche scientifique et concernent notamment trois sujets : l'interprétation de la guerre comme une catastrophe européenne commune, la recherche de l'origine de l'idée européenne et la critique généralisée du traité de Versailles.

Dans un deuxième chapitre, le professeur Jay Winter analyse la dimension transnationale de l'approche de la Première Guerre mondiale, qui a déjà affecté diversement l'historiographie. Il défend la pertinence de cette approche car elle permettrait de comprendre un grand nombre d'aspects de la guerre que n'expliquent pas suffisamment les récits nationaux. Il se réfère également à sa propre participation à des programmes de recherche majeurs (à l'intérieur ou en dehors de l'espace conventionnel de l'historiographie universitaire) conçus ou exploités dans une perspective transnationale.

Les chapitres qui suivent se consacrent à des cas nationaux. L'historien militaire Frédéric Guelton étudie le cas de la France. Il propose d'analyser le paysage mémoriel français au début de l'anniversaire de la Première Guerre mondiale. Il souligne, entre autres, l'importance continue de la dimension locale et familiale de la mémoire de la guerre en France. Il met également en lumière la prépondérance du centenaire par rapport aux anniversaires d'autres événements historiques majeurs. Frédéric Guelton pointe enfin l'existence notable de monuments ou de cimetières pour les étrangers tombés sur le sol français et note la différence dans le traitement qui leur est accordé par la politique et l'opinion publique du pays.

William Philpott présente ensuite l'évolution historique de la mémoire de la guerre au Royaume-Uni. Il met en avant d'autres facteurs que ceux traditionnellement étudiés dans le cadre de l'historiographie universitaire, mais aussi la présence persistante dans le débat public et universitaire, depuis près d'un siècle, des questions sur la nature de la guerre et la participation britannique.

L'Allemagne, où la mémoire et la gestion historiographique de la Première Guerre mondiale ont pendant des années fait face à de nombreuses difficultés, est étudié à travers deux articles. Tous deux mettent l'accent sur la question critique de la réception de l'événement pendant les hostilités et durant l'entre-deux-guerres. Le professeur Christoph Cornelissen souligne l'importance du rôle des historiens allemands pendant la guerre. Ceux-ci adoptaient pour la plupart l'idéologie étatique officielle, qui défendait l'idée d'une « guerre spirituelle » atypique pour justifier moralement sa politique. Selon lui, cette attitude des intellectuels allemands a eu un impact de longue haleine sur la manière de recevoir et d'interpréter la Première Guerre mondiale dans le pays. L'exemple le plus représentatif est celui du traitement historiographique des atrocités allemandes commises sur le sol belge. Pour sa part, Nils Löffelbein se concentre sur la difficulté de la question des combattants handicapés invalides, qui constituaient la mémoire vivante de la Première Guerre mondiale dans la République de Weimar, ainsi que l'utilisation de cette population par le national-socialisme.

Le cas de l'Italie, qui présente aussi un grand intérêt, est analysé par le professeur Nicola Labanca. Son article montre que, en dépit d'une forte présence de l'historiographie universitaire, la Première Guerre mondiale se trouve relativement écartée de la mémoire collective des Italiens. Seule la région du Nord-Est de l'Italie, proche des champs de bataille du front austro-italien, fait exception : la mémoire des événements y survit et se reproduit grâce à de nombreuses activités allant de la riche production historiographique des maisons d'édition régionales jusqu'à l'utilisation polyvalente et la promotion des itinéraires historiques de la région.

Les articles suivants se focalisent sur l'espace des Balkans. Région essentielle, puisque la guerre y a commencé avec l'assassinat de l'héritier du trône austro-hongrois à Sarajevo le 28 juin 1914. Elle a également été décisive dans l'issue finale du conflit si l'on considère que la retraite des forces germano-bulgares du front balkanique, à l'automne 1918, a joué un rôle d'accélérateur jusqu'à l'armistice du 11 novembre et l'effondrement des puissances centrales. Plus largement, la mémoire de la Première Guerre mondiale en Europe de l'Est (qui s'étend encore au-delà des Balkans) possède un caractère très particulier. Cette région a en effet été profondément marquée par la doctrine marxiste-léniniste (qui était le courant idéologique dominant pendant des décennies) et influencée par le récit national, qui a lui-même fluctué au gré des évolutions sur le champ de batailles et des processus diplomatiques d'après-guerre.

Le cas de la Roumanie est ensuite présenté par Florin Turcanu. Il montre qu'après le changement de régime et le virage idéologique connexe de 1945, l'interprétation du caractère impérialiste de la Première Guerre mondiale a prévalu. Cette approche unidimensionnelle a cependant connu ses premières limites assez rapidement. Depuis les années 1950, en effet, une partie des historiens défend l'idée que la participation de la Roumanie à la Première Guerre mondiale faisait partie de sa lutte pour l'intégration, ce qui a aussi trouvé un écho direct dans les cérémonies commémoratives officielles. Cette tendance a culminé dans les années suivantes, avec pour principaux axes le souvenir de la victoire roumaine à Marasesti, en août 1917, et le retour de la mémoire officielle de figures héroïques de l'histoire roumaine de la même époque.

Le cas de la Bulgarie, examiné par Gueorgui Peev, est comparable. La mémoire de la Première Guerre mondiale est également restée esclave des forces politiques et des interprétations que celles-ci fournissaient (notamment pour justifier la décision du pays à participer à la guerre et l'attitude de l'armée à l'automne de 1918). L'auteur souligne la prédominance de l'interprétation léniniste après la Seconde Guerre mondiale. Il met aussi en évidence les premières limites en faveur d'une acceptation relative du récit patriotique, qui apparaissent en Bulgarie quelques années avant la chute du régime communiste.

Le cas de la Serbie se singularise de ceux des autres pays balkaniques. Le poids historique et mémoriel de la Première Guerre mondiale y reste particulièrement puissant. Dušan Bataković analyse le phénomène dans sa dimension historique, soulignant que les pertes humaines en Serbie ont contribué à donner à cette guerre une place centrale dans la mémoire nationale. Cela se manifeste, entre autres, par le grand flux de visites des monuments créés pour les Serbes tombés à l'intérieur et à l'extérieur du territoire serbe. Dušan Bataković décrit également la gestion difficile de la mémoire au sein de l'État yougoslave unifié, quand l'histoire des Serbes au cours de la Première Guerre mondiale avait été intégrée dans le récit national yougoslave, soumis à une conception marxiste de l'histoire pendant la période du communisme (1945-1990).

Elli Lemonidou présente ensuite les étapes difficiles de la mémoire de cette guerre en Grèce, pays de l'espace balkanique qui a suivi un parcours historique très spécifique dans les décennies suivantes. Les années 1940, particulièrement traumatisantes pour la Grèce, ont éclipsé les souvenirs de la guerre précédente (dans la mémoire comme dans l'historiographie), de telle sorte que le grand conflit, qui avait douloureusement divisé le pays dans le milieu des années 1910, a été oublié. Il s'agit ainsi dans cet article de restituer l'importance de la dimension grecque de la Première Guerre mondiale et de donner des pistes pour la diffusion de sa mémoire.

Dans un dernier article, Oliver Janz fait la présentation détaillée d'un programme scientifique transnational. Il s'agit de l'*Encyclopédie* en ligne de la Première Guerre mondiale, dont le contenu est publié depuis octobre 2014[1]. Cette encyclopédie, qui connaît un enrichissement régulier de ses entrées, est le produit de la coopération d'un grand réseau d'experts issus de nombreux pays. Elle vise deux objectifs principaux. D'une part, il s'agit de proposer une large couverture géographique, qui reflète la dimension véritablement globale de la Première Guerre mondiale. D'autre part, elle vise l'inclusion d'un nombre important d'approches thématiques, qui dépassent les limites des historiographies nationales et couvrent des aspects spécifiques de la guerre dans leurs dimensions régionales ou internationales.

Ce livre ne conclura pas définitivement le débat sur la mémoire de la Première Guerre mondiale. Le fait que ces textes soient publiés peu avant l'achèvement des commémorations soulève automatiquement une question, exprimée également par les nombreux contributeurs de ce volume : cet anniversaire, avec la multitude de ses manifestations, a-t-il contribué ou non à une évolution du paysage mémoriel en Europe ? Les initiatives – étatiques, locales, universitaires, privées, nationales ou internationales – ont-elles donné lieu à un repositionnement de la Première Guerre mondiale au sein de la communauté académique, mais aussi dans la conscience du citoyen européen moyen ? Il est certain que les réponses à ces questions vont occuper la communauté des spécialistes à partir de 2018. Il est opportun de contribuer à ce dialogue, en continuant la collaboration scientifique, avec une possible ouverture à des spécialistes d'autres pays. Nous pourrons alors établir un bilan des commémorations.

* * *

Cette brève introduction ne peut être conclue que par une série de remerciements à tous ceux qui, de diverses manières, ont contribué à la tenue du colloque de 2014 et à la publication du présent ouvrage.

Nous voudrions avant tout remercier les autorités de l'université de Patras qui, dès le premier moment, dans une phase de transition pour l'institution et au milieu d'une conjoncture globalement très difficile pour la recherche universitaire en Grèce, a chaleureusement accueilli l'initiative du colloque et de la publication des actes, en vertu d'une convention spéciale de coopération avec l'École française d'Athènes. Nous devons une mention spéciale à l'ancien recteur et à l'ancien vice-recteur aux affaires académiques de l'université, Georges Panagiotakis et Pantelis Kyprianos, qui ont permis, grâce à leurs efforts personnels, de surmonter à temps les écueils bureaucratiques et rendu possible

1. [en ligne]. URL : www.1914-1918-online.net.

la réalisation du colloque en mai 2014. De même, nous sommes reconnaissants envers Venetsana Kyriazopoulou, recteur actuel de l'université de Patras, ainsi qu'envers le vice-recteur aux affaires académiques Nicolaos Karamanos, qui ont montré un intérêt très actif pour la publication des actes et grâce à qui cette publication a pu être réalisée.

Le colloque et le présent volume, de leur conception jusqu'à leur achèvement, sont très liés à la coopération étroite avec l'École française d'Athènes, qui a été le co-organisateur du colloque de 2014 et qui a ensuite décidé d'en publier les actes. Nous adressons un remerciement tout particulier au professeur Alexandre Farnoux, directeur de l'École, qui a accueilli l'idée avec ferveur et offert le soutien moral nécessaire à toute autre action. Maria Couroucli, alors directrice des études modernes et contemporaines, a été la personne avec qui nous avons conçu et planifié cette coopération au cours de longues heures de travail ou de communications téléphoniques et électroniques. Le résultat a pleinement justifié nos efforts et démontré la valeur de la foi et de la persévérance dans l'achèvement d'un but commun. Nous adressons un remerciement tout particulier à son successeur à l'École française d'Athènes, Tassos Anastassiadis, qui a suivi de près la publication du livre tout en ayant la responsabilité d'un programme de recherche ambitieux de l'École sur la Première Guerre mondiale et plus précisément le front d'Orient, trop négligé par l'histoire et la mémoire de la guerre. Nous remercions aussi notre collègue et ami Nicolas Manitakis pour son soutien à la préparation du colloque.

Nous tenons également à remercier les membres de l'UMR IRICE (aujourd'hui SIRICE) à Paris, qui a été la troisième institution co-organisatrice du colloque de mai 2014. Nous remercions en particulier les professeurs Georges-Henri Soutou et Olivier Forcade pour leur soutien et les précieux conseils qu'ils ont donnés en tant que membres du comité scientifique du colloque. Leur contribution a doté la manifestation d'un grand prestige. Qu'il nous soit permis de faire ici une mention spéciale au professeur Georges-Henri Soutou. En tant que directeur de la thèse de doctorat que nous avons réalisée à l'université de Paris IV (Paris-Sorbonne), c'est la personne à qui nous devons, en grande partie, notre amour pour l'histoire du XXe siècle ainsi que notre formation de chercheur.

Nous devons aussi exprimer notre gratitude à la direction, aux autorités et au personnel de l'Institut Goethe à Athènes (Goethe-Institut Athen) et, en particulier, à Juliane Stegner pour sa volonté d'accueillir le colloque de mai 2014 dans l'auditorium de l'Institut. L'efficacité dans l'organisation de l'événement au sein de l'espace moderne et accueillant de l'Institut a été remarquable. Si la Première Guerre mondiale a été associée pour la plupart à la rivalité historique franco-allemande (et donc également aux manifestations commémoratives, – de la poignée de mains historique de 1984 à Verdun jusqu'aux récentes cérémonies du centenaire – et à la réconciliation historique de ces mêmes peuples au cœur du continent européen), nous dirons que le soutien de Juliane Stegner, et la contribution de cette institution allemande en général, ont eu une importance symbolique primordiale, à la fois pour l'image et pour le contenu du colloque.

Aucun événement, cependant, et aucun livre, ne peut exister sans les personnes qui ont participé à son effort en offrant les fruits de leur travail intellectuel. Nous tenons donc à remercier dans ces pages chacun des éminents collègues historiens qui ont répondu avec empressement à notre invitation au colloque d'Athènes, contribuant ainsi à la réalisation d'un débat scientifique particulièrement productif, et qui ont ensuite soumis leurs textes pour la publication de ce livre.

Nous adressons enfin une mention particulière aux responsables du programme de publications de l'École française d'Athènes, Géraldine Hue et Bertrand Grandsagne, et à tous ceux qui ont travaillé à la mise en page, l'impression et plus généralement à l'édition du présent volume. Nous remercions également Anne Amblard et Valentin Schneider pour leur relecture de notre article, ainsi que Christos Apostolopoulos pour la traduction du texte d'Oliver Janz, de l'allemand à l'anglais, et pour son soutien précieux à tous les niveaux tant pour l'organisation du colloque de 2014 que pour la publication de ce livre. Pour toute faute ou omission qui se serait éventuellement glissée dans l'ouvrage, la responsabilité incombe exclusivement à la directrice scientifique de l'ouvrage.

Ce volume est dédié à toutes les personnes, célèbres ou pas, qui, chacune à leur manière, ont contribué et façonné à leur niveau ce qu'actuellement nous appelons la mémoire de la Première Guerre mondiale ; de la simple lettre aux mémoires volumineux, une photographie fanée ou un travail scientifique, toutes les contributions ont leur valeur dans la vaste mosaïque de cette mémoire. Cet ouvrage est aussi tout particulièrement dédié à la mémoire de Dušan Bataković. C'est avec une grande tristesse que nous avons appris la mort soudaine de l'éminent historien et diplomate serbe, et l'un des contributeurs à cet ouvrage. Dušan Bataković a été l'un des principaux chercheurs serbes en histoire moderne et contemporaine, avec une activité de recherche et d'écriture sur la Première Guerre mondiale particulièrement riche. Nous souhaitons que son érudition et sa passion pour la recherche, qui se reflètent dans ses travaux et les empreintes de sa présence publique, constituent un héritage précieux pour les successeurs de son travail.

Existe-t-il une mémoire européenne de la Grande Guerre ?

Georges-Henri Soutou

Avant de proposer une réflexion sur la « mémoire européenne » de la Première Guerre mondiale, il convient de rappeler qu'il existe, à l'intérieur même de chaque pays, une pluralité de mémoires, qui varient selon les origines familiales, régionales et sociales, selon les préférences personnelles et selon les engagements politiques ou culturels de chacun. Cependant, les mémoires de la guerre de 1914 restent largement nationales. Le sujet s'avère donc assez délicat. Il n'est pas possible, en effet, de poser l'existence *a priori* d'un peuple européen. Il suffit de visiter les différentes capitales européennes, de Budapest à Belgrade, en passant par Berlin ou Paris, pour se rendre compte que la mémoire de la guerre demeure très hétérogène d'un pays à l'autre. Il s'agit donc de manier l'idée d'une « mémoire européenne » avec précaution, en ayant recours à une méthodologie spécifique : celle de l'histoire européenne comparée.

C'est d'abord à l'échelle nationale que l'on peut parler de mémoire collective. En effet, la place de la Première Guerre mondiale dans les mémoires, telles qu'elles se manifestent à travers les commémorations liées à son centenaire, varie beaucoup d'un pays à l'autre. C'est en Grande-Bretagne et en France qu'elle paraît avoir le plus de poids, en tant que conflit national, certes, mais aussi en tant que conflit européen et mondial. Les pays d'Europe centrale et orientale, qui doivent leur naissance ou leur renaissance à la Grande Guerre elle-même, sont bien sûr des cas très différents[1]. Mais cette estimation quantitative ne dispense pas d'une approche qualitative. En France, en particulier, on constate un divorce entre le programme commémoratif du gouvernement d'alors et les tendances spontanées de la population, telles qu'elles s'expriment, en province notamment. Le programme officiel entend relier la Première Guerre mondiale à la Seconde Guerre

1. Voir la contribution de Nicolas Offenstadt, *Le Monde* 2014.

mondiale, manifeste une volonté de réhabiliter les mutins et les « fusillés pour l'exemple » et met l'accent sur les combattants venus des colonies. Il s'avère donc très politique, voire idéologique. La population, quant à elle, qui s'intéresse plus qu'on ne pouvait s'y attendre à l'anniversaire de la Grande Guerre, manifeste une curiosité plus classique : elle exprime la volonté de savoir ce qui s'est passé et, en particulier, comment les soldats rescapés ont pu survivre dans des conditions aussi difficiles. Le titre, précurseur, du livre de Jean-Baptiste Duroselle, *La Grande Guerre des Français* (1994, Perrin), résume très bien la disposition de la population française à l'égard de la guerre. Il souligne notamment que c'est la dernière fois que les Français ont défendu leur pays – non pas seuls, bien sûr, mais largement par eux-mêmes – dans une guerre nationale dont la nécessité était acceptée par la grande majorité de la population. Il semblerait même que l'on ait affaire aujourd'hui, en France, à une affirmation identitaire, ou en tout cas nationale, dans une période où l'évolution de l'Union européenne et la mondialisation remettent justement en cause le cadre national auquel nous étions habitués. Le débat en Grande-Bretagne semble très similaire[2].

Parallèlement, il semble que les remémorations et les curiosités qu'expriment les différents publics européens commencent à converger. On constate, en effet, l'apparition de nouvelles thématiques assez comparables. Ces convergences sont favorisées par l'évolution de la muséographie, qui se développe parfois de façon très semblable dans différents pays. Il suffit de comparer, par exemple, l'Historial de la Grande Guerre à Péronne avec le traitement de cette guerre au Musée historique allemand de Berlin (*Deutsches Historisches Museum*). Dans les deux cas, tous les aspects de la guerre sont présentés, y compris, et même d'abord, ceux qui concernent les combattants les plus anonymes : c'est la « guerre vue d'en bas ». Et c'est bien de ce point de vue que partent, de nos jours, beaucoup de commémorations. Mais il ne faut pas pour autant oublier de faire la distinction entre la mémoire savante et la mémoire populaire. Celle-ci peut s'approprier la démarche des historiens, mais ce n'est pas toujours le cas. Cependant, la diffusion des médias et l'information croissante du public font que cette distinction n'est pas forcément appelée à rester une opposition. Rappelons que la traduction allemande du livre de Christopher Clark, *The Sleepwalkers*, a dépassé les 100 000 exemplaires vendus[3].

Il ne semble donc pas que l'on puisse parler d'une mémoire européenne globale, immédiate et homogène de la Grande Guerre. En revanche, on décèle dans certains domaines des approches convergentes dans différents pays, suffisamment répandues pour que l'on puisse commencer à parler d'une mémoire européenne. Mais il faut bien distinguer les thèmes : certains se prêtent mieux à l'émergence d'une forme de mémoire

2. C'est ce dont témoignent, par exemple, la refonte toute récente de l'Imperial War Museum à Londres et le numéro du *Spectator* du 2 août 2014.

3. Voir Clark 2012.

européenne partagée, sinon commune. Ces thèmes doivent être portés par la recherche et le souvenir doit être médiatisé par les chercheurs. En effet, s'il y a une mémoire européenne de la Grande Guerre, elle ne peut être que savante, au sens où elle est élaborée par la science historique. Mais il faut aussi que les thèmes soient adoptés par le public et qu'ils soient transposables à un niveau commun, le niveau européen.

L'ÉMERGENCE DE LA NOTION DE CATASTROPHE

La notion de catastrophe s'est substituée au clivage entre vainqueurs et vaincus, ou plutôt, elle s'est établie parallèlement à celui-ci. Il suffit de parcourir l'Europe centrale pour se rendre compte que le souvenir de la défaite de 1918 et de ses conséquences reste toujours vif chez les vaincus, tandis que les vainqueurs ont perdu l'enthousiasme de 1919. Mais, parallèlement, on constate qu'une appréciation partagée de la place de la Grande Guerre dans l'histoire du continent s'est largement établie.

Presque tout le monde s'accorde désormais pour dire que la Première Guerre mondiale a constitué, d'une certaine façon, la matrice du XXe siècle. Et c'est encore plus vrai si l'on considère que le nazisme et le communisme en ont aussi été, au moins en partie, des conséquences. Avec la Grande Guerre, on avait pour la première fois affaire à une guerre totale, qui mettait en jeu toutes les ressources nationales, qui mettait la science et la technique directement au service du conflit, et qui accroissait considérablement le rôle des États dans tous les domaines. Pour la première fois également, une guerre européenne faisait intervenir des acteurs extra-européens importants, comme les États-Unis d'Amérique et, dans une moindre mesure, le Japon, ce qui laissait présager une redistribution à l'échelle mondiale des pôles de puissance et, en particulier, l'ascension étasunienne.

D'une part, la Russie, vaincue et en révolution, sortait du système politique et économique européen tandis que les États-Unis d'Amérique et le Japon s'affirmaient comme grandes puissances : l'Europe n'était plus le centre exclusif du monde. D'autre part, les grandes métropoles européennes, dont l'affrontement avait eu des répercussions jusque dans les colonies (qu'elles avaient engagées massivement dans le conflit, aussi bien sur le plan économique que sur le plan humain), voyaient leur emprise aussi ici de plus en plus contestée.

La guerre introduisait donc un premier germe de déclin des empires coloniaux européens et, ainsi, dans la domination mondiale de l'Europe. Sans parler des conséquences qu'elle eut pour la vie intellectuelle, culturelle et artistique européenne, et plus généralement pour la conscience optimiste que les Européens avaient d'eux-mêmes, sur les plans politique, social, culturel et moral. L'appauvrissement généralisé, frappant en particulier les classes possédantes traditionnelles et les classes moyennes, allait avoir de profondes conséquences sociales et politiques, qui ont souvent abouti à une remise en cause du libéralisme. Plus généralement, la guerre a marqué le début d'une période de remise en question des valeurs de l'Europe du XIXe siècle, dont l'idée de Progrès, au point que certains ont pressenti la fin du modèle européen (considéré comme universel), y compris la légitimité des empires coloniaux européens.

Très tôt vécue par certains Européens (certes longtemps minoritaires) comme une guerre civile, voire comme une forme de suicide collectif, la Grande Guerre est aussi à l'origine, par réaction, de la naissance d'un mouvement d'union européenne, et ce dès les années 1920. Tous ces points font l'objet, aujourd'hui, d'un très large consensus.

LA NOTION DE « GUERRE TOTALE » ET LA NOTION DE « GUERRE DE TRENTE ANS »

Même si la notion de « guerre totale » semble moins consensuelle à l'échelle européenne, les interprétations de la guerre semblent se rapprocher de plus en plus. Dans les années 1950, il était courant de distinguer, en Allemagne pour des raisons évidentes mais aussi dans d'autres pays, la Première Guerre mondiale – certes considérée comme terrible mais aussi classique, « honorable », puisque les combattants avaient pu revenir la tête haute –, de la Seconde, celle de 1939-1945, idéologique, totale et monstrueuse.

Depuis les travaux de Fritz Fischer dans les années 1960 et les réflexions des années 1970 et 1980[4], la distinction entre une « bonne » Première Guerre et une « mauvaise » Seconde Guerre mondiale a complètement disparu. C'est plutôt l'idée d'une continuité entre les deux conflits et la notion d'une « guerre de trente ans » qui dominent aujourd'hui[5].

Certes, cette vision n'est pas unanime, et je ne la partage pas forcément moi-même. Il reste que la guerre de 1914-1918 a été la première guerre européenne menée sans négociations officielles pendant le conflit. Ce rejet de la diplomatie et de la notion même d'une paix négociée, véritable rupture d'une tradition politique européenne, correspondait à l'ascension aux extrêmes du conflit lui-même ainsi qu'aux objectifs de la guerre. D'autre part, la haine de l'ennemi dépassait toutes les limites anciennes, au moins pour l'Europe, depuis la fin des guerres de Religion. Il ne s'agissait plus simplement de vaincre, mais aussi de détruire physiquement l'adversaire. La guerre a été vécue dans les deux camps comme une croisade, y compris dans de nombreux milieux intellectuels et religieux que l'on aurait pu penser plus modérés. Et cette croisade ne fut pas, ou pas seulement, un thème de la propagande officielle : elle fut profondément ressentie par une proportion considérable des populations, à la suite d'une mobilisation largement spontanée.

Incontestablement, tout cela a préparé les esprits à la Seconde Guerre mondiale. Et cela est désormais largement intégré à la mémoire historique et populaire. La distinction

4. Voir Fischer 1961 ; Renouvin 1968 ; Droz 1973 ; Becker 1985 ; Soutou 1989.

5. Voir Bell 1986.

radicale des années 1950 entre une guerre terrible mais classique en 1914-1918 et une guerre idéologique en 1939-1945 demeure désormais minoritaire.

LA NOTION DISCUTABLE DE « BRUTALISATION » DE LA GUERRE

L'historiographie de la Première Guerre mondiale s'est largement renouvelée depuis les années 2000. À côté des thèmes classiques (l'histoire militaire, la stratégie, la diplomatie) sont apparus des champs nouveaux : la vie des combattants et de l'arrière et, surtout, la notion d'une « brutalisation » des sociétés européennes provoquée par le conflit. Ce concept, très en vogue, est pourtant discutable. D'abord, on confond « brutalisation » et guerre totale : la conduite des opérations, le long de fronts en général immobiles, entre militaires, et respectant dans l'ensemble les lois de la guerre, a été moins brutale qu'en 1870-1871, par exemple, ou que pendant la Seconde Guerre mondiale. Ensuite, la notion de crime de guerre est justement apparue au cours de la Première Guerre mondiale et a été retenue dans le traité de Versailles : les brutalités allemandes commises en Belgique ou dans le Nord de la France, terribles mais pas plus graves que celles qui ont eu cours lors de conflits antérieurs, ont suscité une vive réaction, au lieu de la résignation fataliste des générations passées. Enfin, le premier conflit mondial a sans doute souvent conduit à une exaltation et à une mythification de la guerre, mais aussi, par réaction, au pacifisme et à un rejet de la guerre en tant qu'instrument légitime de règlement des conflits, thèmes qui étaient encore très rares auparavant.

En fait, la Grande Guerre a surtout marqué une nouvelle avancée du libéralisme et de la démocratie en Europe. Même si la vague a reflué dans les années 1930 devant la montée des totalitarismes, les années 1914-1919 constituent une étape essentielle dans le processus de démocratisation du continent européen, qui est né au XVIIIe siècle et qui se poursuit aujourd'hui. Quant à la rupture, il faut la rechercher autant du côté de la délégitimation de la guerre que sur l'autre versant, du côté de son exaltation. Sur ce point, il semble que la mémoire des Européens est mal informée, déformée qu'elle est par le télescopage mémoriel entre les deux guerres mondiales[6].

DÉBATS SUR L'ORIGINE DE L'IDÉE EUROPÉENNE MODERNE

La question de l'origine de l'idée européenne moderne dans l'esprit de nos contemporains est encore largement débattue. Est-elle née après 1919, en réaction à la Grande Guerre ? A-t-elle constitué une réponse de l'Europe occidentale à la guerre froide, dans les années 1950 ?

6. Voir Soutou 2007.

Ou doit-elle surtout son développement à la résistance au nazisme, comme semble le penser aujourd'hui la majorité de nos contemporains et, certainement, les milieux officiels au sein de nombreux pays membres de l'Union européenne et à Bruxelles ? Les enjeux sont clairs : si l'idée européenne est effectivement née après 1919, c'était en réaction au suicide d'un ensemble européen reconnu comme tel, c'est-à-dire d'une civilisation commune et d'un système politique informel où les puissances sont équilibrées (le « Concert européen »). Il s'agissait donc de sauver ou de redresser l'Europe en affirmant son identité propre, que ce soit face aux nations européennes ou face au monde extérieur.

À l'inverse, l'idée que la construction européenne moderne est née avec la guerre froide est assez volontiers accueillie dans l'opinion des anciens pays satellites de l'URSS. Elle est, au contraire, souvent considérée avec suspicion en Europe de l'Ouest, car elle porte les stigmates de l'atlantisme.

Si, en revanche, l'on nie toute efficacité ou même tout sérieux aux balbutiements européens des années 1920 et 1930, de la « Paneurope » au plan européen de Aristide Briand, si l'on qualifie la conception européenne « occidentale » des années 1950 d'atlantisme et de suivisme à l'égard des États-Unis d'Amérique, si l'idée européenne véritable n'est apparue qu'en réaction face au national-socialisme, elle est alors beaucoup plus liée à la notion de valeurs universelles qu'à une vision identitaire de l'Europe ou à une vision générale de l'Occident. Cela rejoint tout le débat sur l'identité de l'Europe, qui ne peut être restitué dans le cadre de cet article, entre ceux qui voient l'histoire et la culture comme le fondement de cette identité et ceux qui ne veulent voir que la démocratie et l'État de droit.

Les trois points de vue se tiennent, nous semble-t-il, mais, en ce qui concerne l'information pouvant être apportée par les historiens à leurs contemporains pour éduquer leur mémoire, une double démarche semble nécessaire. D'une part, il s'agit pour eux de rappeler qu'après 1919 certains Européens allaient parvenir à une nouvelle conscience européenne, à la suite d'une guerre qui leur apparaissait comme une véritable guerre civile. La conception savante moderne de l'Europe est largement née à la suite et à cause de la Grande Guerre. L'historiographie de l'Europe, par exemple, commença à se construire selon un modèle différent. On constate à partir des années 1920 et 1930 l'existence d'un courant historique qui a relativisé les limites nationales et qui a pris en compte des champs d'analyse nouveaux et transnationaux, dans l'histoire culturelle, économique et sociale en particulier. Tout cela a permis de dégager, à partir de cette époque, une notion essentielle, qui représentait une rupture avec l'historiographie très nationale du XIXe siècle : l'histoire des civilisations. Ces recherches mettaient en lumière la notion essentielle de civilisation européenne. À partir de ce moment-là, les Européens les plus lucides commençaient à prendre conscience de leur identité.

Inversement, il faut rappeler à nos contemporains l'ambiguïté de l'usage de la notion d'Europe pendant la Seconde Guerre mondiale. Cette idée est en fait très instrumentalisée.

Elle ne se fonde pas uniquement sur des conceptions philosophiques ou politiques sincères. Concernant l'Allemagne, si l'on conçoit certainement la formation d'un grand espace européen comme un objectif de guerre essentiel, c'est aussi un moyen qui permet de rationaliser et de justifier l'hégémonie du Reich sur le continent. L'Europe en question serait antimondialiste, antilibérale, antiaméricaine et antisémite. Mais si certains mouvements de résistance reprennent l'idée européenne, c'est parfois moins par conviction profonde que pour ne pas abandonner aux Allemands le thème européen, qui est incontestablement populaire auprès de nombreux Européens, même dans les pays occupés[7]. La mémoire des Européens s'avère confuse et imprécise à propos de tout cela. Il serait souhaitable de sortir de ce flou, car la notion d'Europe charrie de fait des interprétations très différentes, et parfois discutables ou inquiétantes, comme c'était le cas en 1939-1945.

DE L'EXALTATION MÉMORIELLE DE L'UNION SACRÉE AU REJET D'UN UNANIMISME INSTRUMENTALISÉ

L'un des souvenirs les plus marquants, après 1919, était celui d'une unité nationale qui aurait régné, au début de la guerre, dans tous les pays, que ce soit l'« Union sacrée » en France ou le *Burgfrieden* en Allemagne. Il y a une tendance très répandue, aujourd'hui, à considérer l'existence de telles unités nationales comme un mythe ou comme une manipulation, montés de toutes pièces par les dirigeants et par la presse afin de rallier les opposants au système d'avant 1914 autour du drapeau, en particulier les socialistes. Mais c'est sans doute excessif. Il semble, en effet, que l'Union sacrée française, certes construite et mythifiée, a aussi été une réalité en France, en 1914 et de nouveau en 1918. Et il ne s'agissait pas d'une simple manipulation : en France comme en Allemagne, l'union sacrée reposait sur une véritable tradition politique. En France, de Jeanne d'Arc à Valmy, et en Allemagne depuis 1813, l'union sacrée avait des précédents historiques. C'est cependant beaucoup moins le cas de la Grande-Bretagne, qui depuis les *French Wars* se glorifiait au contraire de continuer les controverses au Parlement en pleine guerre.

La réaction actuelle s'avère donc excessive. En revanche, il semble que la mémoire contemporaine surévalue les résistances ainsi que le rôle des fusillés pour l'exemple et des dissidents de toute nature. Ce qui, avec le recul, paraît frappant pour l'historien, en dehors bien sûr du cas de la Russie, c'est que le front et l'arrière ont tenu malgré de terribles conditions. Après le mythe de l'union nationale patriotique naît donc un nouveau mythe : celui de l'opposition radicale. Cela s'explique par le fait que l'on a tendance à projeter sur les contemporains de la Grande Guerre les schémas de pensée et les réflexes actuels, qui sont apparus avec les guerres coloniales.

7. Voir Soutou 2014a ; Soutou 2014b ; Bruneteau 2003.

LA QUESTION DES RESPONSABILITÉS EN 1914 : VERS UN NOUVEAU CONSENSUS

Peu de thèmes avaient davantage divisé les Européens depuis 1914 et freiné l'émergence d'une mémoire européenne commune de la guerre que la question des responsabilités dans son déclenchement. Mais depuis Fritz Fischer[8], un consensus a émergé, même en Allemagne : le Reich est alors considéré par la plupart des historiens comme le premier responsable (mais non l'unique, évidemment) du déclenchement de la guerre. Ce consensus connaît actuellement une révision complète. Sean McMeekin, dans *The Russian Origins of the First World War*, nous invite à remettre au premier plan le rôle généralement attribué à la Russie[9]. S'il y a beaucoup de vrai dans son livre, il fait aussi l'objet de critiques et, en tout cas, n'est pas parvenu à la connaissance du grand public[10].

Ce n'est pas le cas, en revanche, du *Sleepwalkers* de Christopher Clark, qui est devenu un grand succès de librairie[11]. Outre que le livre soit très bien écrit, son succès tient largement à la démonstration de l'auteur, bien que la question des responsabilités, qu'il n'évacue pas pour autant, n'a pas grand sens. Dans le système international tel qu'il existait, avec le poids de l'organisation diplomatique et de la défense notamment, les responsables politiques pouvaient difficilement parvenir, dans un processus qui a comporté de nombreuses étapes, à d'autres décisions que celles effectivement prises. Ce que la mémoire européenne va probablement retenir après le cycle actuel des commémorations et des publications, c'est que ce vieux débat, si passionné, ne conduit à rien.

LA CONDAMNATION DU TRAITÉ DE VERSAILLES : UN NOUVEAU CONSENSUS

Aujourd'hui, le consensus semble s'établir pour affirmer que le traité de Versailles a été une erreur. Les propos très critiques de Margaret Macmillan paraissent désormais donner la note, et il existe un accord assez général, même en France, pour condamner le traité de Versailles[12]. Au fond, John Maynard Keynes a gagné : on admet désormais que le traité était trop dur, alors qu'en France, à l'époque, beaucoup le critiquait au contraire pour sa mollesse.

Les historiens font parfois timidement remarquer qu'à partir du moment où l'Allemagne était vaincue, le traité ne pouvait pas être très différent : il n'était pas question, par exemple,

8. Voir Fischer 1961.
9. Voir McMeekin 2011.
10. Une réfutation : Krumeich 2014.
11. Voir Clark 2012.
12. Voir Macmillan 2001.

que Berlin pût conserver l'Alsace-Lorraine ou les régions polonaises. La suite aurait été sans doute très différente si le Sénat américain n'avait pas refusé de ratifier le traité : sans la participation américaine, son exécution se trouva complètement déséquilibrée. Enfin, le traité était tout de même plus souple qu'on ne l'a dit : s'il autorisait une politique dure envers l'Allemagne, il permettait aussi de mener une politique plus souple. Les accords de Locarno, en 1925, en témoignent. De plus, on mit en place, outre des plébiscites qui permirent dans certains cas de consulter les populations quant à leur sort, un système international de contrôle du traitement des minorités (qui restaient nombreuses dans les nouveaux États). Et, pour la première fois, on affirmait l'égalité des droits de toutes les puissances, grandes ou petites, ce qui constituait une considérable innovation. Tous les malheurs des années 1930 ne sont donc pas la conséquence du traité.

Néanmoins, le traité de Versailles, trop juridique, pas assez réaliste et trop marqué par les préoccupations des vainqueurs, n'a de toute évidence pas permis de reconstituer un ordre européen stable, à la différence des traités de Vienne en 1815. Très dur pour l'Allemagne, il a immédiatement suscité un puissant révisionnisme. Les nouveaux États reconstitués ou agrandis en 1919 et 1920 ont posé, avec leurs minorités importantes mais peu satisfaites, autant de problèmes qu'ils ont permis d'en résoudre. Plus personne aujourd'hui, parmi les responsables politiques ou les opinions, ne défend ce traité, malgré les avancées sur le plan du droit international qu'il a permises et le fait qu'il a été beaucoup plus humain que le règlement opéré à Potsdam en 1945 (avec en particulier 12 millions d'Allemands brutalement expulsés d'Europe orientale).

CONCLUSION

On constate donc la coexistence de mémoires nationales assez diverses et d'une certaine mémoire européenne en formation. Cette dernière se développe surtout à travers des thèmes assez spécifiques, qui sont portés par les recherches récentes.

La mémoire européenne est assez révisionniste, comme on l'a vu à propos des responsabilités du déclenchement de la guerre et du traité de Versailles. Les mémoires nationales ne sont plus des mémoires « héroïques ». Elles sont devenues elles-mêmes très critiques, y compris chez les anciens vainqueurs, et si l'unanimité n'est pas complète, elles vont dans le même sens : on y voit là l'incompréhension et le rejet d'une légitimité éventuelle de l'usage de la force.

Le devoir de mémoire a ainsi pris un tout autre sens qu'à de la fin de la guerre. Et les débuts hésitants d'une mémoire européenne de la Grande Guerre nous en disent autant sur l'Europe actuelle que sur la guerre elle-même. Si l'on est optimiste, on dira que les peuples européens ont enfin trouvé la sagesse. Si l'on est pessimiste, on dira qu'ils aspirent à sortir de l'histoire…

Abréviations bibliographiques

Becker 1985 = Becker Jean-Jacques, *La Première Guerre mondiale*, Paris, Belin, 1985.

Bell 1986 = Bell P. M. H., *The Origins of the Second World War in Europe*, Londres, Pearson Education Limited, 1986.

Bruneteau 2003 = Bruneteau Bernard, *« L'Europe nouvelle de Hitler » : Une illusion des intellectuels de la France de Vichy*, Monaco, Éditions du Rocher, 2003.

Clark 2012 = Clark Christopher, *The Sleepwalkers. How Europe Went to War in 1914*, Londres, Allen Lane, 2012.

Droz 1973 = Droz Jacques, *Les causes de la Première Guerre mondiale*, Paris, Le Seuil, 1973.

Fischer 1961 = Fischer Fritz, *Griff nach der Weltmacht. Die Kriegszielpolitik des kaiserlichen Deutschland 1914/1918*, Düsseldorf, Droste, 1961.

Krumeich 2014 = Krumeich Gerd, *Juli 1914. Eine Bilanz*, Paderborn, Ferdinand Schöningh, 2014.

Macmillan 2001 = Macmillan Margaret, *Peacemakers. The Paris Conference of 1919 and its Attempt to End War*, Londres, John Murray, 2001.

McMeekin 2011 = McMeekin Sean, *The Russian Origins of the First World War*, Cambridge (Mass.)/Londres, Belknap Press of Harvard University Press, 2011.

Renouvin 1968 = Renouvin Pierre, *L'armistice de Rethondes*, Paris, Gallimard, 1968.

Soutou 1989 = Soutou Georges-Henri, *L'Or et le Sang. Les buts de guerre économiques de la Première Guerre mondiale*, Paris, Fayard, 1989.

Soutou 2007 = Soutou Georges-Henri, *L'Europe de 1815 à nos jours*, Paris, PUF, Coll. « Nouvelle Clio », 2007.

Soutou 2014a = Soutou Georges-Henri, « Jean-Marie Soutou, Altiero Spinelli et le Manifeste des Résistants européens de 1944 », dans Bachem-Rehm Michaela, Hiepel Claudia et Türk Henning (éds), *Teilungen überwinden. Europäische und internationale Geschichte im 19. und 20. Jahrhundert*, Munich, De Gruyter/Oldenbourg, 2014, p. 459-468.

Soutou 2014b = Soutou Georges-Henri, « Carl Schmitt et les "grands espaces" dans le contexte de l'Allemagne nationale-socialiste », dans Sur Serge (éd), *Carl Schmitt. Concepts et usages*, Paris, CNRS, Coll. « Biblis », 2014, p. 19-35.

* * *

Le Monde 2014 = *Le Monde,* hors-série (février 2014), *14-18. Les Leçons d'une guerre. Les enjeux d'un centenaire.*

Spectator, 2 août 2014.

The Transnational History of the Great War

Jay WINTER

TRANSNATIONAL HISTORY

A transnational history of the Great War is a narrative of the Great War written by transnational historians. To understand what this means, we need to provide a sketch of three previous generations of historical writing on the Great War.

The first was what I will term "the Great War generation". These were scholars, former soldiers and public officials who had direct knowledge of the war, either through their own military service or through alternative service to their country's war effort. They wrote history from the top down, by and large through direct experience of the events they described. The central actor portrayed in their books was the national or the imperial state, in its *dirigiste* forms at home or at the front. The most voluminous of these efforts was the 133-book effort to write the economic and social history of the war sponsored by the Carnegie Endowment for International Peace[1]. Most of these tomes were penned by men in essential positions, insiders who ran the war at home or at the front, and who had to deal with its aftershocks.

Les Effets économiques et sociaux de la guerre en Grèce was published in 1928 under the direction of Andréas M. Andréadès[2]. Polymath, he was economist, historian, philologist, literary critic and man of the theatre, all under different pseudonyms. He had taken a doctorate in law in Paris in 1899 and was a specialist on banking and economic issues.

Like Andréadès, the authors of all the books in the Carnegie project were well-placed men with vast academic and administrative experience. They were authorities, who knew what they were talking about. They also knew what they did not want to talk about –their

1. PROST, WINTER 2004.
2. ANDRÉADÈS 1928.

own mistakes of blindness or responsibility for the manifold disasters on both the winning and the losing sides.

This was evidently a literature of self-justification, a posture adopted in virtually all official histories of the armed forces. Many of them were written by former soldiers for the benefit of the various national staff colleges, trying one at a time to frame "lessons" for the future. Besides, these works were frequently highly technical and so detailed that they took decades to appear. The delay diminished their significance for planning the next war in more efficient ways.

The second generation may be called the generation "fifty years on". This group of historians wrote in the 1960s. And they wrote not only the history of politics and decision-making at the top, but also the history of society, defined as the history of social structures and social movements. Of course the two kinds of history, political and social, went together, but they were braided together in different ways than in the interwar years. Many of these scholars had the benefit of sources unknown or unavailable before the Second World War. The "fifty year rule" enabling scholars to consult state papers meant that all kinds of documents could be exploited by those writing in the 1960s, which threw new light on the history of the war.

In the 1960s, there was much more use of film and visual evidence than in the first generation, though in the interwar years battlefield guides and collections of photographs of devastation and weaponry were produced in abundance. After the Second World War, the age of television history began and attracted an audience to historical narratives greater than ever before. This became evident in the size of the audience for new and powerful television documentaries of the war. In 1964, the BBC launched its second channel with the monumental twenty-six-part series *The Great War*, exhaustively researched in film archives and vetted by an impressive group of military historians. Many of the millions of people who saw this series had lived through the war. In 1964, the young men who had fought and survived were mostly above the age of seventy, but what made the series a major cultural event was that the families of the survivors, and of those who did not come back, integrated these war stories into their own family narratives. The Great War thus escaped from the academy into the much more lucrative and populous field of public history, represented by museums, special exhibitions, films, and now television. By the 1960s, the Imperial War Museum in London had surpassed many other sites as the premier destination of visitors to London. It remains to this day a major attraction in the capital, just as does the Australian War Memorial, an equally impressive museum and site of remembrance in the Australian capital, Canberra.

There was more than a little nostalgia in the celebration by survivors of "fifty years on". By 1964, the European world that went to war in 1914 no longer existed. All the major imperial powers that joined the struggle had been radically transformed. The British Empire was a thing of the past; so was the *Algérie française* and the French *mission civilisatrice* in Africa and South Asia. The German empire was gone, and so were most of its eastern territories, ceded to Poland and Russia after 1945. Austria, Hungary and Yugoslavia were small independent states. And while the Soviet Union resembled Czarist Russia in some respects, these continuities were dwarfed by the massive transformation of Soviet society since 1917.

The nostalgia of 1964 was, therefore, for a world which had fallen apart in the Great War. For many people, the blemishes and ugliness of much of that world were hidden by a kind of sepia-toned reverence for the days before the conflict. "Never such innocence, / Never before or since", wrote Philip Larkin in a poem whose title referred not to 1914, but to the more archaic "MCMXIV". This poem was published in 1964[3].

In many historical writings, as much as in historical documentaries, the dramatic tension derived from juxtaposing this set of pre-lapsarian images with the devastation and horror of the Western front, and with the sense of decline, a loss of greatness, which marked the post-1945 decades in Britain and France, not to mention Germany and Italy. Whatever went wrong with the world seemed to be linked to 1914, that is to the time when a multitude of decent men went off to fight one war and wound up fighting a much more terrible one.

Decencies were betrayed, some argued, by a blind elite prepared to sacrifice the lives of the masses for vapid generalizations like "glory" or "honour". This populist strain may be detected in much writing about the war in the 1960s, and in the study of social movements which arose out of it. The fiftieth anniversary of the Gallipoli landing provoked a surge of interest in the Great War in Australia and New Zealand, where the loss of the battle was eclipsed by the birth of these two nations. Similarly heroic were narratives of the Bolshevik Revolution, celebrating its fiftieth anniversary in 1967. It is hardly surprising, therefore, that many scholars of the second generation told us much more about the history of labour, of women, of ordinary people during the conflict than had scholars working in the interwar years.

The third generation may be designated as the "Vietnam generation". Its practitioners started writing in the 1970s and 1980s, when a general reaction against military adventures like the war in Vietnam took place in Britain and Europe as well as in the United States of America. This was also the period in Europe when public opinion turned against the nuclear deterrent and when the 1973 Middle Eastern war had dangerous effects on the economies of the developed world. The glow of the "just war" of the Second World War had faded, and a new generation was more open to a view that war was a catastrophe to both winners and losers alike.

This was the environment in which darker histories of the Great War emerged. There were still scholars who insisted that the Great War was a noble cause, won by those who

3. Larkin 1964.

had right on their side. But there were others who came to portray the Great War as a futile exercise, a tragedy, a stupid, horrendous waste of lives, producing nothing of great value aside from the ordinary decencies and dignities thrown away by blind and arrogant leaders.

The most influential works were written by three very different scholars. Paul Fussell, a veteran of the Second World War wounded in combat, produced a classic literary study in 1975, *The Great War and Modern Memory*[4]. He was a professor of literature, who fashioned an interpretation of how soldiers came to understand the war they found in 1914-1918 as an ironic event, one in which anticipation and outcome were wildly different. It was a time when the old romantic language of battle seemed to lose its meaning. Writers twisted older forms to suit the new world of trench warfare, one in which mass death was dominant and where, under artillery and gas bombardment, soldiers lost any sense that war was a glorious thing. Fussell termed this style the "ironic" style and challenged us to see war writing throughout the xxth century as built upon the foundations laid by the British soldier writers of the Great War.

Sir John Keegan produced a book a year later which paralleled Fussell's. An instructor in the Royal Military College at Sandhurst, but a man whose childhood infirmities ensured he would never go to war, Keegan asked the disarmingly simple question: "Is battle possible?" The answer, published in *The Face of Battle* in 1976[5], was perhaps yes, long ago, but in the xxth century, battle presented men with terrifying challenges. The men who fought at the Battle of Agincourt in 1415 could run to the next hill to save their lives. Foot soldiers converging on Waterloo four centuries later could arrive a day late. But in 1916, at the Battle of the Somme, there was no escape. Given the industrialization of warfare, the air above the trenches on the Somme was filled with lethal projectiles from which there was no escape. Mass death in that battle and in the other great conflict of 1916 at Verdun, pushed soldiers beyond the limits of human endurance. Nothing like the set battles of the First World War followed in the Second World War, though Stalingrad came close to replicating the horror of the Somme and Verdun. Here was a military historian's book, but one whose starting point was humane and to a degree psychological. The soldiers' breaking point was Keegan's subject. With power, subtlety, and technical authority, he opened a new chapter in the study of military history as a humane discipline.

In 1979, Eric Leed, a historian steeped in anthropology, wrote a similar path-breaking book: *No Man's Land: Combat and Identity in World War I*, borrowed subtly from the work of the anthropologist Victor Turner[6]. He had examined people in a liminal condition, no longer part of an older world from which they had come, and unable to escape from the midpoint, the no man's land, in which they found themselves. That was the emotional

4. Fussell 1975.

5. Keegan 1976.

6. Leed 1979; Turner 1967.

landscape of the trench soldiers of the Great War. They were men who could never come home again, for whom war was their home, and who recreated it in the years following the Armistice. That was the world of shell-shocked men, but also that of the Freikorps, militarized freebooters of the immediate postwar period, who prepared the ground for the Nazis.

In all three cases, and by reference to very different sources, the subject at hand was the tragedy of the millions of men who went into the trenches and who came out, if at all, permanently marked by the experience. They bore what some observers of the survivors of Hiroshima called the "death imprint", that is the knowledge that their survival was a purely arbitrary accident. We may see there some traces of the antinuclear movement, putting alongside one another Japanese civilians and Great War soldiers. The moral and political differences between the two cases are evident, but the wreckage of war, so these writers seemed to say, is at the heart of the civilization in which we live. It is probably not an exaggeration to say that these three books, alongside others of the time, helped create a tragic interpretation of the Great War; one in which victimhood and violence were braided together in such a way as to tell a fully European story of the war; one to which the founders of the European Union clearly reacted. From the 1970s on, European integration was an attempt to move away from the notion of the nation-state as that institution which had the right to go to war, as Raymond Aron put it[7]. The result has been a progressive diminution of the role of the military in the political and social life of most European countries. James Sheehan asked the question in a recent book: *Where Have All the Soldiers Gone?*[8]. The answer is, they and most (though not all) of their leaders have fled from the landscape of war so devastatingly presented in the works of Fussell, Keegan, Leed and others.

Here we are in a fourth generation of writing on the Great War. I would like to term it the "transnational generation". This generation has a global outlook. The word "global" describes both the tendency to write about the war in more than European terms and the tendency to see the conflict as trans-European, trans-Atlantic, and beyond. That was the first war among industrialized countries to reach the Middle East and Africa, the Falkland Islands and China, and to draw soldiers into the epicenter in Europe from Vancouver to Cape Town, to Bombay and to Adelaide. That was a war that gave birth to the Turkey of Atatürk and to the Soviet Union of Lenin and Stalin. Demands for decolonization arose from a war that had promised self-determination and had produced very little of the kind. Economic troubles arose directly out of the war, and these were sufficiently serious to

7. Aron 1966.
8. Sheehan 2008.

undermine the capacity of the older imperial powers to pay for their imperial and quasi-imperial footholds around the world.

A word or two may be useful to distinguish the international approach, common to many of the older histories of the war, from what I have termed the "transnational approach". For nearly a century, the Great War was framed in terms of a system of international relations in which the national and imperial levels of conflict and cooperation were taken as given. Transnational history does not start with one state and move on to others, but takes multiple levels of historical experience as given, levels which are both below and above the national level[9]. Thus the history of mutiny is transnational, in that it happened in different armies for different reasons, some of which are strikingly similar to the sources of protest and refusal in other armies. So is the history of finance, technology, war economies, logistics, and command. The history of commemoration also happened on many levels, and the national is not necessarily the most significant, not the most enduring.

The peace treaties following the Great War show the meaning of the transnational in other ways. Now we can see that the war was both the apogee and the beginning of the end of imperial power, spanning and eroding national and imperial boundaries. Erez Manela's work on "the Wilsonian moment" is a case in point[10]. He reconfigures the meaning of the Treaty of Versailles by exploring its unintended consequences in stimulating movements of national liberation in Egypt, India, Korea, and China. Instead of telling us about the interplay of Great Powers politics, he shows how non-Europeans invented their own version of Woodrow Wilson in their search for a kind of self-determination that he, alongside David Lloyd George, Georges Clemenceau and Vittorio Emanuele Orlando, was unprepared to offer to them. Who could have imagined that the decision these men took to award rights to Shandung Province, formerly held by Germany, not to China but to Japan, would lead to major rioting and the formation of the Chinese Communist Party?

Many historians of the revolutionary moment in Europe itself between 1917 and 1921 have approached their subject as a transnational phenomenon. After all, both revolutionaries and the forces of order who worked to destroy them were well aware of what may be called the cultural transfer of revolutionary (and counter-revolutionary) strategy, tactics and violence. In recent years, these exchanges have been analyzed at the urban and regional levels, helping us to see the complexity of a story somewhat obscured by treating it solely in national terms. Comparative urban history has established the striking parallels between the challenges urban populations faced in different warring states. Now we can answer in the affirmative the question as to whether there is a metropolitan history of warfare. In important respects, the residents of Paris, London, and Berlin shared more

9. For some discussions of the emergence of transnational history, see: Iriye 2004; Bayly *et al.* 2006; Heilbron *et al.* 2008.

10. Manela 2007.

with one another than they did with their respective rural compatriots. These experienced communities had a visceral reality somewhat lacking even in the imagined communities of the nation.

We must be sensitive to the way contemporaries used the language of nation and empire to describe loyalties and affiliations of a much smaller level of aggregation. A journalist asking British troops on the Western front whether they were fighting for the Empire got a "yes" from one soldier. His mates asked him what he meant. The answer was that he was fighting for the Empire Music Hall in Hackney, a working-class district of London. This attachment to the local and the familiar was utterly transnational[11].

Another subject now understood more in transnational than in international terms is the history of women in wartime. Patriarchy, family formation and the persistence of gender inequality were transnational realities in the period of the Great War. Furthermore, the war's massive effect on civilian life precipitated a movement of populations of staggering proportions. Refugees in France, the Netherlands and Britain from the area occupied by the Western front numbered in the millions. So did those fleeing the fighting in the borderlands spanning the old German, Austro-Hungarian and Russian empires. One scholar has estimated that perhaps 20% of the population of Russia was on the move, heading for safety wherever it could be found during the Great War. And that population current turned into a torrent throughout Eastern Europe during the period of chaos surrounding the Armistice. What made it worse was that the United States closed its gates to such immigrants, ending one of the most extraordinary periods of transcontinental migration in history. Thus population transfer, forced or precipitated by war, transformed the ethnic character of many parts of Greece, Turkey, the Balkans and the vast tract of land from the Baltic states to the Caucasus. Such movements antedated the war, but they grew exponentially after 1914. This is why it makes sense to see the Great War as having occasioned the emergence of that icon of transnational history in the xxth century, the refugee, with his or her pitiful belongings slung over shoulders or carts. The photographic evidence of this phenomenon is immense.

The cutting edge history of the Great War is transnational in yet another respect. We live in a world where historians born in one country have been able to migrate to follow their historical studies and either to stay in their adopted homes or to migrate again, when necessary, to obtain a university post. Christopher Clark was born in Sydney, studied in Berlin and finished his studies in Cambridge, where he still teaches. John Horne was born in Adelaide, trained at Oxford and teaches in Dublin. Sean McMeekin studied at Berkeley and taught at Koc University. Norman Stone was trained at Cambridge and now is at Bilken University in Turkey. Fifty of the seventy authors of the three-volume *Cambridge History of the First World War*, which I edited, are transnational scholars, practicing history

11. Winter 1999.

far from their place of birth, and enriching the world of scholarship thereby. Seeing the world in which we live at a tangent, in the words of Cavafy[12], opens up insights harder to identify from within a settled world. The world of scholarship today may be described in many ways, but the term "settled" is not one of them. This unsettledness is a major advantage, one which will enable more transnational histories to emerge alongside national histories, and for each to enrich the other.

It is important to repeat that these new initiatives in transnational history have built on the work of the three generations of scholars that preceded them. The history of the Great War that has emerged in recent years is additive, cumulative and multifaceted. National histories have a symbiotic relationship with transnational histories; the richer the one, the deeper the other. No cultural historian of any standing ignores the history of the nation, or of the social movements which at times have overthrown them. To do so would be absurd. No military historian ignores the language in which commands turn into movements on the field of battle. War is such a protean event that it touches every facet of human life. Earlier scholars pointed the way; we, transnational scholars, acknowledge their presence among us, in our effort to take stock of the current state of knowledge in this field.

THE HISTORIAL PROJECT

There is a French dimension to the emergence of transnational history to which I would like to draw attention. Its origins may be located in the 1920s, when Marc Bloch and Lucien Febvre came to Strasbourg to rekindle French scholarship there and founded *L'École des Annales*, a school of historical interpretation. Named after the journal they founded in 1929, this school practiced transnational history from the outset. Following in their footsteps, Fernand Braudel wrote a history of the Mediterranean[13] and Emmanuel Le Roy Ladurie wrote on the history of climate[14], neither of which being in any sense comprehensible within a national framework. Others pioneered work in population history and economic history, which are no respecters of national borders either.

While those in the Annales tradition focused on the medieval and early modern periods, others in the 1980s and 1990s turned to the First World War. The occasion for one such fruitful initiative was clearly transnational. In 1986, local politicians in the *département de la Somme* in France were encouraged by the retired Minister of Defence Max Lejeune to fund the construction of a new museum of the Battle of the Somme. That is to create a war museum where it actually happened, in a department which had no other tourist sites

12. Cavafy 2004.
13. Braudel 1949.
14. Le Roy Ladurie 1983.

within many kilometres. The battle was the most massive encounter of the British army in the war, and it engaged millions of German and French soldiers for six full months of futile combat, yielding little gain for the Allies, but over one million casualties. Having a British, a French and a German dimension suggested the need to create a multinational museum of the battle, a rarity at the time. They approached me to offer a British perspective, not because I was British –I was born in New York but studied and taught at Cambridge for thirty years– but because I was the only historian of the Great War in Britain who could work in French. This brought me together with Jean-Jacques Becker, the distinguished French historian of the war, and Wolfgang Mommsen, from Düsseldorf.

My contribution was both to help design the museum and to persuade the *élus* and the *fonctionnaires* of the Somme territory that to avoid early atrophy, a museum had to have an organic link to the academy. Otherwise, it would turn dusty and cold. The necessary link could be provided, I argued, by creating a research centre on the history of the First World War, before the museum was opened. Thus historians could help design the museum and then carry on the necessary work of locating its activities within the wider community of scholarship developing all over the world. In a parking lot in the French provincial city of Amiens, Max Lejeune, whose father fought in the war and came back a broken man, heard my plea and, to my immense surprise, accepted it. He included as a line item in the budget of the museum the existence of a research centre, to be funded annually on the provincial level. It retains this status to this day.

My French colleagues were amazed that I had gotten that far, but were still not convinced that I could get the finest scholars from all over the world to join in the work of this centre. The *fonctionnaires* said there was only one way to find out. They gave me the money to run a meeting in Amiens, and low and behold, forty eminent First World War scholars turned up. At this point, French skepticism and cynicism gave way. I persuaded two young and very promising scholars, Stéphane Audoin-Rouzeau and Annette Becker, to join the team and to take over running the research centre when the museum opened in 1992.

Between 1989, when the research centre was launched, and 1992, when the museum was inaugurated –in the presence of Ernst Jünger, guest of honour, who had fought in Péronne seventy-six years before–, the research centre designed the museum, with the full support of the Somme's autorities.

The foundation of both this research center and this museum was a transnational project from the start. And there were two innovations in design. The first was the placement in the showcases of artefacts purchased in the vast antiquarian market selling real First World War memorabilia, organized on parallel shelves, first German, then French, then British, Dominions and Empire. This spatial contiguity of objects showed how similar were the cultural artefacts produced during the war across national boundaries. Already, this was daring, in that equating French and German propaganda stripped each of the label "good" and "evil", so universally accepted at the time. What came to be called "cultures of war", signifying practices enabling men and women to endure the cruelties and hardships of war, emerged visually in planning the museum. This is a theme Annette Becker and Stéphane Audoin-Rouzeau have made their own, and I am sure that they would agree that working with objects in the construction of the *Historial de la Grande Guerre de Péronne* changed the way they wrote and still write history.

The second transnational aspect of the construction of the Historial is one I know personally. In 1986, just when starting the project, I took my family from Cambridge to Switzerland. Walking in Sils Maria was and remains one of the great pleasures of my life. Getting there from Cambridge is a two-day drive. We always stopped in the same village in Alsace, Kaysersberg, just to the North of Colmar. And from there we took a bit of time to see the Kunstmuseum in Basel. There I saw a painting that almost knocked me over. It was Hans Holbein's *Christ in the Tomb* (**fig. 1**). Dostoevsky's Prince Mishkin saw it too, a century before, and said it almost made him lose his faith[15].

What is amazing about this painting is its overwhelming horizontality. There are no angels, no Marys, no Joseph of Arimathea, no human or celestial figure accompanying the body of the dead Christ. This is a dead man, so realistically rendered that Holbein has shown the dislocation of his index finger in his crucified hand. This is also the purest painting of the Protestant Reformation: it is through faith alone that you can hold to the view that this dead man will rise in a day. Andrea Mantegna had opened this engaged with horizontality and Vittore Carpaccio explored this optic in Venice. But Holbein took it one step further. In the xx^th^ century, Käthe Kollwitz explored the horizontal axis in her treatment of the grief of a widow in 1922 (**fig. 2**). As for me, I was writing about mourning in the Great War when Holbein's image struck me with such considerable force. Here was the way the museum I had just begun to design had to be seen: through a downward vector, since horizontality was the language of mourning and verticality the language of hope.

Over the next years, that horizontal axis became the guiding principle of our work on the *Historial de Péronne*. In the first room, the exhibition separates points of conflict

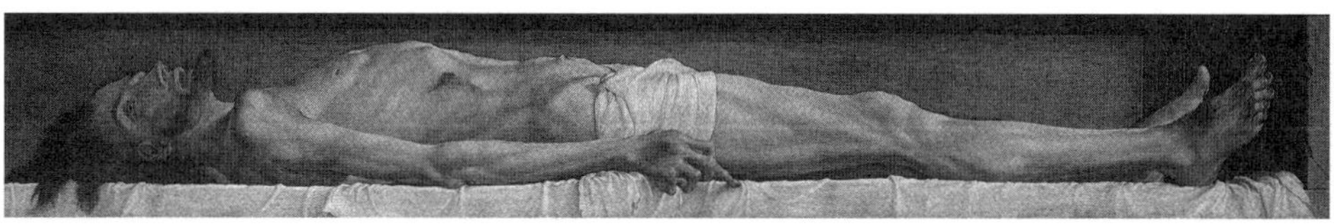

Fig. 1 — Hans Holbein, *Christ in the Tomb* (1522). Oil and tempera on panel (30,5 cm × 200 cm; Kunstmuseum, Basel).

15. Dostoevsky 1957, p. 68.

Fig. 2 — Käthe Kollwitz, *The Widow* (1922). Woodcut from a portfolio of seven woodcuts and one woodcut cover (© 2018 Artists Rights Society [ARS], New York / VG Bild-Kunst, Bonn).

horizontally displayed with points of amity and commerce vertically displayed across national boundaries. Then comes the "hall of portraits", with ordinary civilian life rendered vertically (**fig. 3**) and Otto Dix's shocking series *Der Krieg*, rendered horizontally behind it (**fig. 4**). Turning to the first large exhibition room, which covers the years 1914 to 1916, we chose to use horizontality to portray the world of trench warfare as virtually identical for French, German and British soldiers. We did so by designing shallow dug-outs (*fosses*, in French) which resemble both archeological digs and shallow graves. We placed real artefacts in stylized poses, to avoid even the slightest trace of pseudo-realism, so that you can "really" see what the trenches were like (**fig. 5**). The third room is dominated by dugouts, covering the years 1916 to 1918. At the entrance, there is a visual syllogism: three dugouts are returned, one showing fire power, a second showing the frail defensive cover soldiers had and a third showing the outcome –surgery and medical repair. This last dug-out contains in particular the surgical kit of the French surgeon and writer Georges Duhamel and the flute which kept him sane between long bouts of surgery.

There is much more to say about the museum. Its design won many European awards. But two points stand out: the relentless transnational approach to the design and the way in which the use of the horizontal axis –unique among war museums, I believe– provides a visual language of mourning. That is, after a conflict that took ten million lives, a transnational cloud of bereavement which covered many parts of the world after 1914.

Fig. 3 — Vertical normality, horizontal horror. Portraits room (© Historial de la Grande Guerre, Péronne, Somme).

Fig. 4 — Otto Dix, *Der Krieg, Soldier with a Stomach Wound* (1924) (Drawings © 2018 Artists Rights Society [ARS], New York / VG Bild-Kunst, Bonn).

a|

b|

Fig. 5a-b — The Horizontal axis: the kit of French and German soldiers in *fossés* (© Historial de la Grande Guerre, Péronne, Somme).

THE *GREAT WAR AND THE SHAPING OF THE XXth CENTURY*

The second step towards constructing a platform for transnational history grew directly out of the Historial project. At the opening of the museum in 1992, an American television producer saw what we had done and was determined to take our approach and turn it into a television series on the First World War. I joined him in this effort as co-producer and co-writer: the result was *The Great War and the Shaping of the XXth Century*, which was broadcast in 1996 and won a year later an Emmy award for the best television documentary of the year.

This series displays an extended discussion of shell shock, revealing in one instance how transnational history profits from the existence of the vast visual archives of the war. These images, taken from French medical training films showing doctors what shell shock looked like, simply explodes any idea that you can write the history of psychological injury in wartime from a national perspective. I will return to the question of the incidence of this condition, but it is blatantly absurd to differentiate between a German, a British and a Turkish soldier driven mad by the war.

THE *CAMBRIDGE HISTORY OF THE FIRST WORLD WAR*[16]

Since the appearance of the BBC / PBS series, I have been involved in two huge projects of transnational history. The first is a history of capital cities at war, focusing on Paris, London and Berlin[17]. We identified a level of war experience –the metropolitan experience– in which inhabitants of these three cities had more in common with each other than they did with their compatriots in farms a few hundred kilometres away. Exploring the vast archives of this subnational population enabled us to show with fine detail how the Central Powers lost the war on the home front, by failing to distribute goods and services effectively as between military and civilian claimants. In Paris and London, the well-being of the home population was roughly maintained, and in some cases improved, where after early 1916, Berliners faced increasing shortages of food and other vital commodities and had to break the law to stay alive. A thriving black market showed the failure of the state system of distribution. It was not the Allied blockade which destroyed the German home front. It was the irrational system of military dictatorship which brought the home front to its knees in the summer of 1918, precisely at the moment the German army was beaten in the field. Thus there was a stab in the back at the end of the war. The knife was wielded by Hindenburg and Ludendorff and the German military elite, whose remobilization of the

16. Winter 2014.
17. Robert, Winter 1997.

German war economy ruined it, and ensured that when the March 1918 offensive came to a halt, Germany would lose the war. Studying this process on the local level went well beyond previous national histories, which conflate too many local variations to provide a sharply defined picture of what went wrong. The German war effort was destroyed from within. Only by comparative and transnational work, has this become clear.

This finding has been reviewed and confirmed in the latest project in transnational history –*The Cambridge History of the First World War*. The structure of the work itself is transnational: there is not a single national chapter in the three volumes and all chapters are transnational in character. Thus there is a chapter on war crimes, but not on German atrocities in 1914; a chapter focusing on the maltreatment of civilians and the spread of detention camps straddling the globe, but not one on the Russian pogroms of 1915; a chapter on the Spanish influenza epidemic, but not one on its incidence in Britain; a chapter dedicated to shell shock, but not one on the British way of handling it. The first volume is entitled *Global War*, introducing the second dimension of transnational history –the escape from a sole focus on the Western front, or from treating the war as simply a reflection of the Franco-German or Anglo-German antagonism. The images used in a visual essay I wrote in the first volume provided photographic evidence of what global war looked like.

Much of transnational history focuses on population movements, refugee flows and the transport of labour around the world. The Great War was probably the largest moment of displacement to date in global history: it occurred over a short time and after a thirty year period of out-migration from Europe to the Americas and the Antipodes, numbering perhaps thirty million people. The numbers on the move in the 1914-1918 conflict were greater still. There were seventy million men in uniform fighting usually at a considerable distance from home, and assisting them were millions of non-white labourers.

The ethnic, racial and national mix of war was staggering in its dimensions. The illustrations show Africans from all over the continent in a German prisoner-of-war camp, with their nationalities displayed as a key (**fig. 6**). The encounter between a wounded Senegalese soldier and a German medical orderly on a French battlefield shows what imperial and transnational warfare was all about. The need for medical care brought together an Egyptian doctor and a Vietnamese labourer suffering from beriberi (**fig. 7**). The African contribution to the defence of France was saluted in popular culture too, sometimes in racial stereotypes, but at other times, with literally a touching affection.

The unlikely juxtapositions of war were captured by soldiers themselves, some of whom produced photo albums for their families and perhaps also for their own reminiscence. The French physician docteur Beurrier captured his time on the Isle of Vido, dealing with the sick and wounded opposite the town of Corfu. His self-portrait opens his portfolio of photographs, many of which show dying or dead Serbian soldiers, with whom he had

Fig. 6 — French Imperial Soldiers in German POW Camp.

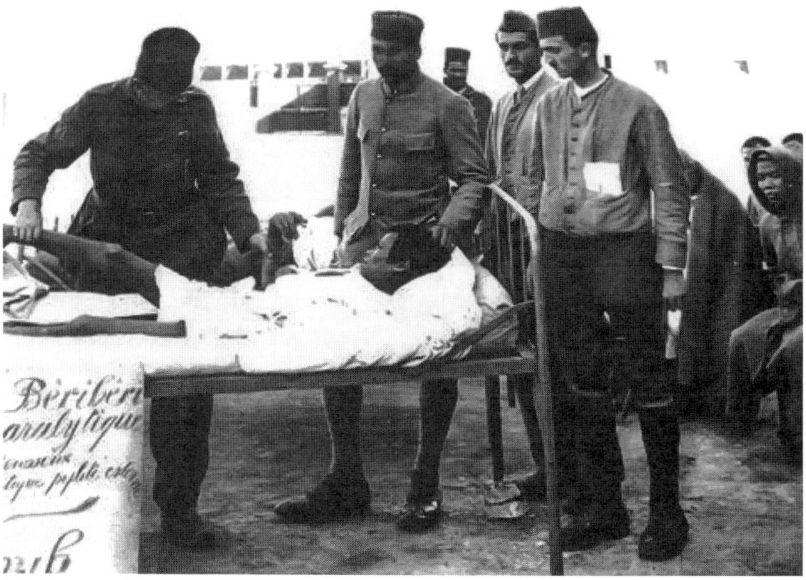

Fig. 7 — Egyptian doctor treats Vietnamese labourer for paralytic beriberi.

to deal daily. One he entitled *Charron's barque* (**fig.** 8) shows the steady gaze of the physician. A thousand miles away, in Volhynia, on the Eastern front, a Jewish Viennese physician found himself in contact with a very different group of his co-religionists. The poor Jews of the Pale of Settlement had little in common with doctor Bardach, a painter as well as a photographer. He photographed them at prayer from a cultural distance. Examining Jewish prostitutes for venereal disease in this remote part of what is now Western Ukraine was an unlikely destination for a Viennese doctor. One can note the woman in the window on the right looking at prostitutes shielding their faces from the camera.

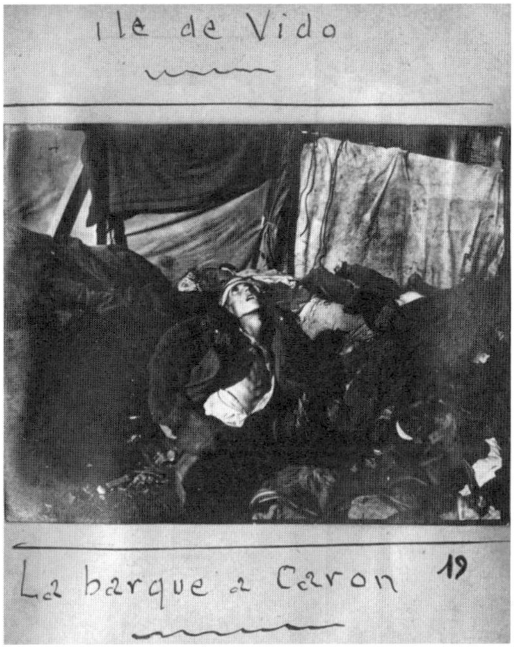

Fig. 8 — Dr Beurrier: Charon's Bark (BDIC).

The second facet of the world war which photographs highlight is the sheer variety of landscapes of battle soldiers and sailors faced for fifty months of combat. If we shift our optic away from the Western front at first, we can see vastly different topographies. We can see, for example, a Hungarian mountain corps unit scaling the sheer cliff faces of the Italian front. The freezing terrain of "the white war" is obvious in the image of Monte Pasubio, South of Rovereto, where intense fighting took place in 1916. Evacuating the wounded from this terrain was extremely difficult, as **fig.** 9 shows. The Eastern front was huge. To describe its variety is impossible, since its length would describe a line extending from Scotland to Morocco. Still doctor Barbach gives us some sense of its endlessness in his photographs, and also of the devastation while attending fighting in villages and towns all over what is now Poland and Ukraine.

The air war created new possibilities and new vistas in which fighting took place. Bardach caught the mix of old and new in his photograph of horses dragging an airplane to a destination on the Eastern front (**fig.** 10). And Londoners would not have much difficulty in identifying the cigar-shape and huge size of the Zeppelin, which established civil defence as one of the prerequisites of states at war. The global reach of the naval war was truly extraordinary. The H.M.S. Inflexible started the war in the Mediterranean, helped sink two armoured cruisers during the Battle of

Fig. 9 — Transporting the wounded on the Italian Front.

Fig. 10 — Airplane hauled by horses, Volhynia (Laeo Baeck Institute).

the Falklands in 1914[18]. In a photo, we can see her rescuing German sailors after the battle. In 1915, she shelled the Dardanelles, but was damaged by enemy fire. Back in service in 1916, she took part in the Battle of Jutland in 1916. Nothing could better illustrate the global war than a picture showing a Japanese cruiser in protective duty off the coast of Vancouver.

18. Kennedy 2014, p. 322.

Mud was the colour of much of the combat terrain of the Western front and of the men forced to fight there. We can imagine the odd character of a landscape resembling the dark side of the moon after a celestial flood. Horses sunk to their chests and men dwarfed by mountains of mud described a kind of war difficult to convey and even more difficult to endure. The "puncta" in photographs of the Western front arise from uncanny mixtures of the ordinary and the surreal. One of them shows a half horse in a tree and, in many instances, the suffering of animals brought out the humanity of soldiers, who could express emotion about horses more easily at times than about men. It is not at all surprising that there were charitable events at home to collect money for sick and injured horses. They were an integral part of the most industrialized war in history, not at all made redundant by the selective appearance of the tank, more readily accepted in Allied armies than in the Central Powers.

The third way in which photographs can introduce us to the radically new character of the First World War is by revealing the extent to which the deployment of new weapons and new tactics challenged the laws of war. Flame-throwers were chemical weapons, but much more radical weapons were introduced early in the war. Under pre-war international protocols, the use of poison gas weapons was deemed illegal. Starting in 1915, all armies developed stockpiles of such weapons and deployed them. First came chlorine, then phosgene and then mustard gas. They all added to the horrors of the battlefield without changing the strategic balance in any sector. Their effectiveness depended more on the wind than on gas masks and other counter measures hastily adopted for men and animals alike. Medical photographs showed the ravages caused by these weapons and helped outlaw them after 1918.

The treatment of civilians was just as worrying, in that they seemed to tear up the laws of war. They certainly were trampled on in the case of the abuse and murder of the Armenian population of the Ottoman Empire. Photographic evidence –some gathered by outraged German officers in Turkey– enables us to see the aftermath of the horror (**fig. 11**). Photographs also open up the world of humanitarian aid throughout Eastern Europe and the Middle East, which was another element of the global war. Transnational generosity extended to many groups of refugees, those who had lost everything and were on the move by the millions during and after the war.

There are visual essays accompanying the learned studies in the second volume on the state and in the third volume on civil society at war. They all illustrate the absurdity of approaching the history of a global war through national optics alone. It is not that national history is dispensed with. On the contrary, my claim is that by moving outside national boundaries, but taking account of regional, continental and transcontinental facets of war, scholars will write better national histories.

Fig. 11 — Armenian survivors, 1915, near Aleppo.

WHAT ARE SOME OF THE NEW FINDINGS?

We can enumerate at least five new findings allowed by transnational history.

1) Total war deaths have been significantly underestimated. This finding was possible only by investigating the premises on which all national studies of war casualties were made. Once we do so, we can see the omissions and errors which led many scholars (including the present writer) to miss roughly one million war-related deaths never before included in national accounts;

2) approximately one in five men wounded in the war suffered from psychological injuries. Disclosing this underestimation fundamentally changes our understanding of the extent to which the war created an army of disabled men whose disabilities were not disclosed, treated, or compensated by pension payments. Perhaps 500 000 men in Britain case and 6 million world-wide suffered from lingering psychological or neurological damage in the post-war decades. This hidden army of the wounded were treated by families, like those of Pat Barker and Doris Lessing, whose writings about the war generation are fundamental sources for the extent to which women's lives were disturbed profoundly by the need to care for men broken by the war;

3) Germany did not lose the war because of the Allied blockade or due to the strength of the Royal Navy, but due to its catastrophic domestic management of the war economy. This finding of several chapters in the *Cambridge History* shows that hunger in the Central Powers arose from within, but was exacerbated from without. This is a reversal of older interpretations –German and British– which saw the blockade as strangling the Central Powers. To a degree this was true, but only after the Armistice. And when the blockade

continued until June 1919, it constituted a war crime –war against the old and the sick at the time of the worst influenza pandemic in history. In effect, as Paul Kennedy argues[19], compared to the Napoleonic Wars and the Second World War, sea power was a marginal force in the Great War. He will not win friends in the Admiralty with that argument, but it will stand nonetheless;

4) the fourth finding worth noting is that the Armenian genocide is a central part of the narrative of the Great War. Once we escape form focusing solely on the Franco-German or Franco-British embrace, we can consider the war as producing disasters all over the world, not least among which was the murder of over one million Armenians.

What made it part –indeed an essential part– of total war is that a dictatorship at war used the occasion to take a long-standing ethnic conflict and to finish it, just as the Nazis sought to finish the "Jewish problem" in the 1940s. Murderous violence happened before the First World War in Anatolia and before 1941 in Europe, but in 1915 and 1941, both the Ottoman Turks and the Nazis aimed and successfully carried out a programme of extermination to finish off the enemy within;

5) the fifth worthy of note is that the war did not end in 1918, but the violence it unleashed in what has been called the "shatter zones of empire" carried on well into the 1920s –in Ireland, in Palestine, in Turkey, in India, in China, in Egypt. The most important transnational feature of the period of the Great War was its porous boundaries; no 1815 or 1945 here, not even a 1989. Ethnic, national, revolutionary and counter-revolutionary violence went on and on, describing the landscape of what Pasternak called the ice age.

Has that ice age vanished? Yes and no, as John Horne shows in his accounting chapter in the third volume of the *Cambridge History of the First World War*. What was thinkable and tolerable in the sphere of violence was transformed by the Great War, the first fully industrialized war in history. Verdun and the Somme transformed what we understand by the term "battle" and the sheer weight of bereavement and of the care of the mutilated transformed what we mean by "victory". The British poet Ted Hughes put it many years ago that the Great War was a defeat on whose neck someone placed a victory medal[20]. I would adjust that phrase slightly to say that the Great War was a common catastrophe, a transnational catastrophe, the consequences of which we live with to this day.

19. Kennedy 2014.

20. Meyers 2013.

Bibliographic abbreviations

ANDRÉADÈS 1928 = ANDRÉADÈS M. Andréas, *Les Effets économiques et sociaux de la guerre en Grèce*, Paris, PUF, 1928.

ARON 1966 = ARON Raymond, *Peace & War: A Theory of International Relations* (trans. by Richard Howard and Annette Baker Fox), New York, Doubleday, 1966.

BAYLY *et al.* 2006 = BAYLY Christopher Alan *et al.*, "AHR Conversation: On Transnational History", *American Historical Review*, 111/5 (2006), p. 1441-1464.

BRAUDEL 1949 = BRAUDEL Fernand, *La Méditerranée et le monde méditerranéen à l'epoque de Philippe II*, Paris, Armand Colin, 1949.

CAVAFY 2004 = CAVAFY C.P., *The Canon* (trans. by Stratis Haviaras), New York, Hermes Publishing, 2004, p. 110.

DOSTOEVSKY 1957 = DOSTOEVSKY Fiodor, *The Idiot* (trans. by Eva M. Martin), London, Dutton, 1957.

FUSSELL 1975 = FUSSELL Paul, *The Great War and Modern Memory*, Oxford/New York, Oxford University Press, 1975.

HEILBRON *et al.* 2008 = HEILBRON John *et al.*, "Toward a Transnational History of the Social Sciences", *Journal of the History of the Behavioral Sciences*, 44/2 (2008), p. 146-160.

IRIYE 2004 = IRIYE Akira, "Transnational History", *Contemporary European History*, 13 (2004), p. 211-222.

KEEGAN 1976 = KEEGAN John, *The Face of Battle*, London, Allen Lane, 1976.

KENNEDY 2014 = KENNEDY Paul, "The war at sea", *in* Jay WINTER (ed.), *The Cambridge History of the First World War*, Cambridge, Cambridge University Press, 2014, vol. 1, p. 321-348.

LARKIN 1964 = LARKIN Philip, "MCMXIV", *The Whitsun Weddings*, London, Faber & Faber, 1964.

LEED 1979 = LEED Eric, *No Man's Land: Combat and Identity in World War I*, Cambridge, Cambridge University Press, 1979.

LE ROY LADURIE 1983 = LE ROY LADURIE Emmanuel, *L'Histoire du climat depuis l'an mil*, Paris, Flammarion, 1983.

MANELA 2007 = MANELA Erez, *The Wilsonian Moment: Self-Determination and the International Origins of Anticolonial Nationalism*, Oxford/New York, Oxford University Press, 2007.

MEYERS 2013 = MEYERS Jeffrey, "Ted Hughes: War poet", *Antioch Review*, vol. 71, no. 1 (2013), p. 31.

PROST, WINTER 2004 = PROST Antoine, WINTER Jay, *Penser la Grande Guerre*, Paris, Le Seuil, 2004, p. 18.

ROBERT, WINTER 1997 = ROBERT Jean-Louis, WINTER Jay, *Capital Cities at War, 1914-1919. Paris, London and Berlin*, Cambridge, Cambridge University Press, 2 vols, 1997 and 2007.

SHEEHAN 2008 = SHEEHAN James, *Where Have All the Soldiers Gone? The Transformation of Modern Europe*, Cambridge (Mass.), Harvard University Press, 2008.

TURNER 1967 = TURNER Victor, *The Forest of Symbols: Aspects of Ndembu Ritual*, Ithaca, Cornell University Press, 1967.

WINTER 1999 = WINTER Jay, "British Popular Culture in the First World War", *in* STITES Richard, ROSHWALD Aviel (eds.), *Popular Culture in the First World War*, Cambridge, Cambridge University Press, 1999, p. 138-159.

WINTER 2014 = WINTER Jay (ed.), *The Cambridge History of the First World War*, Cambridge, Cambridge University Press, 2014.

* * *

The Great War, BBC, 1964.
The Great War and the Shaping of the XX*th Century*, PBS, 1996.

Histoire et mémoire de la Grande Guerre en France un siècle après

Frédéric Guelton

Comment les Français se représentent-ils la Grande Guerre aujourd'hui ? Ont-ils conscience de son caractère mondial ou bien la considèrent-ils uniquement comme un affrontement franco-allemand ? Ces questions m'ont souvent été posées dans le cadre des interventions que j'ai prononcées au cours des années 2013 et 2014, que ce soit en France ou ailleurs. Ma réponse est constante. Les Français qui s'intéressent à la Grande Guerre, conscients de son caractère mondial, la définissent inconsciemment de la manière suivante : « la Grande Guerre fut bel et bien une guerre mondiale, qui opposa pendant quatre ans, de la mer du Nord à la frontière suisse… les Français et les Allemands ! »

Ce préambule permet de rappeler, et c'est tout le propos de cet article, que l'histoire et la mémoire sont deux genres intellectuels différents. Parfois concurrents, parfois opposés, ils sont aussi parfois soumis l'un à l'autre (la mémoire soumettant l'histoire à sa volonté) et parfois, enfin, complémentaires[1].

L'histoire, cette enquête sur le passé qu'avait en son temps défini son père, Hérodote, demeure aujourd'hui, dans sa démarche comme dans ses méthodes, une activité scientifique. Elle est, d'après la définition de Henri-Irénée Marrou dans *De la connaissance historique*, une connaissance, scientifiquement élaborée, du passé connu[2]. Elle diffère en cela de la mémoire, qui est tout à la fois une activité politique et une occupation sociale du temps présent. Fondée sur l'émotion, la mémoire peut se développer hors du champ de la recherche historique en se limitant à y piocher les exemples qui contribuent à la réalisation de ses objectifs.

En ce qui concerne plus directement la Grande Guerre, le professeur Antoine Prost, qui préside le conseil scientifique de la « mission du Centenaire », écrit dans ses *Douze*

1. Nora 1984-1992 ; Nora 2011 ; Coq, Bacot 1999.
2. Marrou 1954.

leçons sur l'histoire que « le temps de la mémoire se construit contre celui de l'histoire ». Il ajoute que, lorsque l'on aborde les questions liées à la mémoire, on quitte « le registre froid et serein de la raison » pour pénétrer dans celui « plus chaud et plus tumultueux des émotions »[3]. La mémoire est donc une émotion propre aux vivants, qui cherchent à faire revivre un passé révolu, souvent méconnu, parfois inconnu. N'apportant aucune connaissance historique nouvelle sur la guerre – qu'elle en célèbre les victoires ou en commémore les moments douloureux –, elle nous renseigne donc principalement sur ceux qui la convoquent, l'évoquent et l'invoquent simultanément. En d'autres termes, l'étude des commémorations françaises de la Grande Guerre nous renseigne davantage sur la société française du XXIe siècle qu'elle ne rend compréhensible celle des années 1914-1918.

Dans le cas français – qui n'est pas généralisable à l'ensemble des États d'une Europe qui s'étend, comme le rappelait le général de Gaulle, « de l'Atlantique à l'Oural »[4] –, la mémoire de la Grande Guerre n'est pas *célébrée* : comment célébrer, en effet, la mort de 1 400 000 jeunes hommes ? Non, elle n'est pas célébrée, mais elle est *commémorée*, c'est-à-dire qu'elle est conservée dans la mémoire collective et les mémoires individuelles pour la préserver de l'oubli. Cette évolution mérite d'être explicitée en quelques mots en raison de sa spécificité française. Entreprise progressivement à partir de l'an 2000, elle a vu le haut comité aux Célébrations nationales devenir en 2012 le haut comité aux Commémorations nationales. Ce changement fut tranché, comme le rappelle lui-même l'un de ses instigateurs principaux, Jean-Noël Jeanneney, dans son ouvrage *La Grande Guerre si loin, si proche*, lorsqu'une polémique éclata, en 2011, autour de la place à accorder à un homme qui fut « aussi » un combattant de la Grande Guerre, Louis-Ferdinand Céline[5].

Céline, considéré comme l'un des grands écrivains français du XXe siècle avec son *Voyage au bout de la nuit*[6], roman dans lequel il évoque la guerre et la définit comme un « abattoir international en folie », fut également et tout à la fois pacifiste, anarchiste, Docteur en médecine, antisémite virulent et collaborateur pendant la Seconde Guerre mondiale, devait-il en conséquence, ou non, occuper une place, et si oui, laquelle, dans la « mémoire nationale » ? Les uns estiment, à la suite d'André Malraux, que le « pauvre type » ne pouvait être « célébré », les autres estimant, à la suite du même Malraux, que le « grand écrivain » devait être commémoré[7]. Il en fut ainsi. La commémoration remplaça la célébration. Il n'y a désormais pas, en France, officiellement du moins, de célébration de la Première Guerre mondiale, mais bien une commémoration.

3. Prost 1996, p. 23, ainsi que : Prost, Winter 2004.
4. Cette formule, ancienne dans la pensée du général de Gaulle, apparaît comme telle en 1959 dans un discours prononcé au cours du mois de novembre à Strasbourg lorsqu'il déclare : « Oui, c'est l'Europe, depuis l'Atlantique jusqu'à l'Oural, c'est l'Europe, c'est toute l'Europe, qui décidera du destin du monde ! ».
5. Jeanneney 2013.
6. Céline 1932.
7. Jünger 1989.

Mais que commémore-t-on au juste en France ? Il existe de nombreux niveaux de commémoration, donc de nombreuses mémoires de la guerre, qui sont autant de mémoires parallèles, peu miscibles les unes dans les autres. Parmi elles, une mémoire officielle, « une mémoire d'en haut », décrétée par l'État au sens strict du terme, une mémoire intellectuelle, principalement fondée sur le travail des historiens, et une mémoire charnelle individuelle ou familiale de la guerre, une « mémoire d'en bas », dont on parlait peu jusqu'à récemment, avant qu'elle ne devienne omniprésente, mais aussi largement anachronique et difficilement conciliable avec la recherche historique.

Les Français ne commémorent pas un objet intellectuel « la Grande Guerre » – expression apparue en France avant 1914 chez les doctrinaires de la guerre future –, mais « la guerre 14 » qui appartient à la mémoire charnelle de chaque famille française et qui est ainsi qualifiée dès la fin de 1914. Ainsi, dans le village du Nord de la France où je suis né, et dont les chemins environnants sont les terrains de jeu de mon enfance, proche de ceux empruntés par les soldats portugais avant la bataille de la Lys et parcourus à la même époque par Ernst Jünger qu'il décrira dans *Orage d'acier*[8], les « Vieux » – hommes et femmes confondus, titulaires au mieux du certificat d'études primaires – ne parlaient encore dans les années 1960 que de la « guerre 14 ». Je les remercie pour cela car ce sont eux qui me donnèrent mes premières leçons sur la guerre et c'est à eux que je dois mon intérêt à leur « guerre 14 ».

Un mot supplémentaire sur le chiffre « 14 ». La mémoire de la « guerre 14 » est, cent ans après, omniprésente et envahissante. Dans le combat des mémoires et de leurs commémorations, 1914 a, à court terme, « gagné la guerre » contre sa rivale conjoncturelle de 1944 même si, au cours des deux années écoulées le combat fut parfois rude entre les tenants de l'une, de l'autre ou d'un amalgame des deux. De fait, ce combat a créé une hiérarchie des mémoires. La Grande Guerre se trouve aujourd'hui sur le haut du podium avec, un peu derrière elle, celle de 1944, c'est-à-dire celle du débarquement de Normandie de juin 1944 et, presque accessoirement, du débarquement de Provence d'août 1944.

Ces deux séquences commémoratives occupent la quasi-totalité du spectre mémoriel français en 2014. Elles le saturent même chez les éditeurs et dans les médias. Par exemple, la série télévisée *Apocalypse : la Première Guerre mondiale*, contestée par quelques historiens, a été vue en *prime time* par environ six millions de téléspectateurs sur France Télévisions[9]. La vente des DVD associés a longtemps été en tête des ventes de la FNAC, devançant des séries américaines et le DVD de la série a même été mis en place dans tous les Instituts français à travers le monde.

8. Jünger 1989. La première édition allemande, intitulée *In Stahlgewittern: aus dem Tagebuch eines Stosstruppführers*, est parue en 1920 à Berlin chez Mittler und Sohn.

9. Mesure d'audience, France Télévisions.

Cette omniprésence de la commémoration de la Première Guerre mondiale estompe, occulte et exclut largement de la mémoire collective le souvenir de la fin de la guerre d'Indochine et de la bataille de Diên Bien Phu (7 mai 1954) – qui fut pour les officiers français la deuxième guerre la plus meurtrière de l'histoire de France après la Grande Guerre – et les débuts de la guerre d'Algérie (novembre 1954). C'est également le cas de la campagne de France de 1814, qui se termine par l'abdication de Napoléon et l'occupation de Paris par l'armée russe, de la bataille de Bouvines de 1214, qui est l'un des moments marquants de la naissance de la conscience nationale française et enfin, conséquence de la Grande Guerre complétement oubliée, de l'assassinat, à Marseille, le 9 octobre 1934, du roi Alexandre Ier de Yougoslavie alors que celui de l'héritier du trône à Sarajevo est, à l'inverse, largement instrumentalisé.

Qu'en est-il maintenant de la mémoire de la Grande Guerre, dans une France entendue comme espace géographique ? La question paraît extrêmement simple. Elle nécessite néanmoins quelques précisions. En effet, la mémoire de la guerre en France impose d'inclure les mémoires de tous ceux qui y ont participé sur son sol. Elle inclut de la sorte, en théorie du moins, au-delà des Français – civils et militaires, hommes et femmes, directement ou indirectement impliqués dans la guerre –, les combattants des deux camps sur le front français, les prisonniers de guerre étrangers et tous les travailleurs étrangers. Cela concernerait donc aussi bien les Français que, entre autres, les Portugais, les Anglais, les Allemands, les Vietnamiens, les Indiens, les Canadiens, les Sud-Africains, les Chinois, les Polonais, les Italiens, les Algériens, les Russes, les Somaliens, les Malgaches, les Américains, etc. Il faudrait en fait énumérer, en tenant compte de l'organisation politique du monde actuel, plus d'une centaine d'États. Ainsi, pour revenir à ma référence initiale, mon village compte à lui seul quatre cimetières britanniques, qui regroupent quatre fois plus de tombes que le cimetière communal. Les mémoires commémorées sur le sol français incluent donc, au-delà de celles des Français, celles :

- des 72 194 combattants britanniques, presque tous disparus lors de la bataille de la Somme de juillet 1916 avec le mémorial de Thiepval (80) ;
- des Canadiens à Vimy (62) ;
- des Terre-Neuviens à Beaumont-Hamel (80), etc.

Soit 854 cimetières et mémoriaux situés sur les territoires français et belges pour le seul Commonwealth. Il faut y ajouter :

- la mémoire des 40 000 Russes qui servirent dans les rangs de l'armée française, dont le mémorial se trouve à Saint-Hilaire le Grand (51), près de Reims ;
- celle des Tchécoslovaques conservée à La Targette (62) ;
- ou encore celle des 1 831 soldats portugais enterrés près de la chapelle Notre-Dame de Fatima dans le cimetière militaire de Richebourg (62), au Nord de Lens.

Toutes ces mémoires étrangères connaissent sur le sol français, et dans leurs relations avec la France, des destins très différents les uns des autres, fruits de l'histoire mais, surtout, révélateurs du temps présent. Prenons deux exemples qui complètent celui donné du Commonwealth. La mémoire que la France met le plus en avant est celle du « couple franco-allemand », comme s'il s'agissait de poser un jalon nouveau sur le chemin ouvert en 1962 par Charles de Gaulle et Conrad Adenauer à Reims, « théâtre de maints affrontements des ennemis héréditaires », comme l'écrivait le général dans ses *Mémoires*[10], puis emprunté par François Mitterrand et Helmuth Kohl à Verdun en 1984. Et pourtant, les deux États et les deux peuples portent des regards différents sur la guerre. Omniprésente en France, la mémoire de la Grande Guerre demeure limitée en Allemagne. Il faut que, pour ces deux nations, la mémoire de la Première Guerre mondiale devienne aujourd'hui, quoi qu'il se soit passé il y a cent ans et depuis lors, un élément de rapprochement, d'union, voire de fusion entre deux peuples que les gouvernements respectifs puis la guerre avaient poussé à se haïr.

À l'inverse, le temps présent peut perturber la commémoration, si l'on considère ce qui se passe, et ce qui ne se passe pas, entre la France et l'autre grande nation de la Triple Entente qu'est la Russie. Après avoir connu un moment de fort rapprochement mémoriel en 2011, avec l'inauguration à Paris, près du pont Alexandre III, d'un monument à la mémoire du corps expéditionnaire russe en France par Vladimir Poutine et François Fillon, la France éprouve des difficultés, que je qualifierai ici de conjoncturelles, à commémorer l'alliance militaire qui la lia, à partir de 1894, à l'empire russe. Et ce même si cette alliance sauva probablement la France de la défaite en septembre 1914 grâce aux offensives russes de Prusse orientale qui imposèrent au commandant en chef allemand le général von Moltke de déplacer en hâte plusieurs corps du front français vers le front prussien menacé. Ce qui permit la victoire de la Marne.

Si l'on restreint le propos au cas français, le premier constat qui peut être fait est celui d'un glissement de la commémoration d'État, la « commémoration d'en haut », vers une commémoration réappropriée par la société, par les communes, par les familles elles-mêmes, c'est-à-dire par la « France d'en bas ». Ce glissement se double de la disparition, quasi généralisée, d'une forme de célébration. Celle qui conduisait, il y a quelques dizaines d'années, les enfants des écoles devant le monument aux Morts de leur commune où ils récitaient à la population rassemblée en « vêtements du dimanche » *Les Chants du crépuscule* de Victor Hugo[11]

> Ceux qui pieusement sont morts pour la patrie
> Ont droit qu'à leur cercueil la foule vienne et prie. [...]
> Gloire à notre France éternelle !
> Gloire à ceux qui sont morts pour elle !

10. de Gaulle 1959.
11. Hugo 1836.

> Aux martyrs ! aux vaillants ! aux forts !
> À ceux qu'enflamme leur exemple,
> Qui veulent place dans le temple [...]

est dorénavant oubliée, voire vouée aux gémonies. À la célébration d'un héroïsme parfois exclusif qui négligeait ou ignorait ceux qui n'appartenaient pas à cette catégorie exceptionnelle, même si l'héroïsme fut d'abord quotidien pendant la guerre, a succédé une commémoration de la « victimisation, de la violence et de la mort de masse, des fusillés pour l'exemple, etc. », tout aussi exclusive, exclusive et intéressante à observer pour l'historien, et encore plus pour l'anthropologue.

Les monuments aux Morts y jouent un rôle nouveau. Abandonnant leur caractère sacré et collectif, ils sont devenus le lieu d'une quête individuelle qui s'efforce de répondre à une question devenue sans réponse : qui étaient-ils ? Qui étaient ces 1 400 000 hommes dont les noms sont gravés sur les monuments aux Morts des 36 000 communes françaises ? Comment ont-ils vécu l'enfer sur terre, comment ont-ils tenu jusqu'au sacrifice suprême ?

Cette évolution de la célébration vers la commémoration, tout comme l'interrogation existentielle sur le vécu des huit millions de soldats mobilisés, exprime au moins deux phénomènes.

Elle traduit d'abord l'incapacité des contemporains à appréhender l'épreuve subie par la société française lors de la guerre. Faute de pouvoir comprendre comment les Poilus, âgés en moyenne de vingt-cinq ans, ont pu tenir et à défaut de pouvoir imaginer que la poésie de Victor Hugo comme celle de Charles Péguy aient pu avoir un sens il y a cent ans et en aient encore aujourd'hui lorsque le second écrit[12]

> Heureux ceux qui sont morts pour la terre charnelle, mais pourvu que ce fût dans une juste guerre [...]. Heureux ceux qui sont morts dans les grandes batailles, couchés dessus le sol à la face de Dieu. [...] Heureux ceux qui sont morts d'une mort solennelle...

ils interrogent la guerre à l'aune de leurs préoccupations actuelles et demeurent frappés de stupeur. La reconstruction mémorielle qu'ils réalisent alors nous renseigne surtout sur leurs inquiétudes actuelles face à la crise économique, au chômage de masse, à un monde en plein bouleversement et dans une société en proie à une crise identitaire profonde. Confrontés à une crise qu'ils peinent à appréhender et hésitent à affronter, ils semblent incapables de comprendre comment leurs devanciers parvinrent à surmonter la guerre, et ce souvent au prix du sacrifice de leur vie.

Cette réappropriation exprime également les évolutions d'une société qui émiette sa mémoire collective. Les quelques 1 400 000 « morts pour la France » qui appartenaient jusqu'à présent à la mémoire nationale deviennent peu à peu 1 400 000 individus qui

12. Péguy 1975.

appartiennent, avant tout, et peut-être exclusivement, à chaque mémoire familiale. Cette évolution mémorielle, qui traduit à l'évidence l'individualisation de la société, s'appuie sur un socle fort et très compréhensible : celui de la mort de masse qui, héroïque ou subie, est une des réalités de la Première Guerre mondiale. Prenons un nouvel exemple. En croisant les bases de données de l'INSEE, du site Internet *Mémoire des Hommes* et de quelques autres, on constate que le patronyme le plus porté dans la France de 1914, forte de quelque quarante millions d'habitants, est celui de Martin. Il l'est par quelque 140 000 personnes, dont 7 030 sont tuées pendant la guerre. Ces 7 030 Martin morts pour la France renvoient à une réalité du temps qui parle aux Français d'aujourd'hui beaucoup plus que le taux de pertes de l'armée française, qui fut néanmoins de 23 % en moyenne, dans la mesure où il indique qu'un Martin sur quatre âgé de 20 à 30 ans fut tué au combat entre 1914 et 1918. Cela signifie que chaque famille fut touchée et que chaque famille l'est toujours aujourd'hui, étant donné que tout le monde, en France, connaît un Martin dans son entourage. Cette remarque explique le rythme effréné de la consultation du site *Mémoire des Hommes*[13], qui atteint jusqu'à 5 000 connections quotidiennes, et de celui consacré aux *Journaux de marches et opérations*[14] de toutes les unités françaises de la guerre. Elle montre bien, à mon sens, l'individualisation de la mémoire de la guerre et sa réappropriation légitime mais récente par la « France d'en bas ». Combien de temps ce phénomène durera-t-il ? C'est la question que pose l'historien Stéphane Audoin-Rouzeau lorsqu'il déclare : « Est-ce que le centenaire [c'est-à-dire la période 2014-2018] fermera la Grande Guerre pour solde de tout compte [...][15] ? »

Aux antipodes de la mémoire individuelle, il y a la mémoire d'État. Présentée à la Nation par le président de la République lors d'un discours prononcé à l'Élysée le 7 novembre 2013[16], elle s'articule en quatre temps répartis entre juillet et novembre 2014. Ils montrent quel regard la « France d'en haut » porte sur la guerre et comment elle en construit et utilise politiquement la mémoire.

Examinons-les rapidement dans le cadre qui nous intéresse ici. Le premier évènement prit la forme d'une manifestation d'ampleur mondiale lors du 14 juillet 2014. Cette manifestation, qui est historiquement un défilé militaire, fut également, à travers un raccourci intellectuel intéressant, je cite le président de la République, « une grande manifestation pour la paix ». Vint ensuite une manifestation presque intime, franco-allemande, le 3 août, entre les deux présidents français et allemand, François Hollande et Joackim Gauck. Elle se déroula en Alsace et fut marquée par « une accolade qui en rappelle

13. Mémoire des hommesa.

14. Mémoire des hommesb.

15. La Grande Guerre, Blog Le Monde 2013.

16. Discours 2013.

une autre»[17], celle d'Helmut Kohl et de François Mitterrand à Verdun en 1984, comme l'écrivirent alors les journalistes. Ce moment, au-delà de la sincérité indiscutable de ses acteurs et des valeurs de paix, d'amitié et de fraternité qu'il véhicula, caractérise bien la fonction utilitaire de la mémoire. Notons pourtant qu'une telle commémoration, réduite à une rencontre franco-allemande, donne une image erronée des événements. Elle participe en effet à la construction d'une représentation qui exclut de la mémoire collective française les autres nations directement impliquées dans les premiers jours d'août 1914 au profit de l'objectif politique contemporain, aussi légitime soit-il.

Passons rapidement sur la commémoration de la bataille de la Marne, qui fut partiellement reléguée au second plan par le voyage de François Hollande en Irak au mois de septembre 2014, pour évoquer en deux mots l'inauguration du Mémorial international de Notre-Dame-de-Lorette le 11 novembre 2014. Au cœur de l'ancienne nécropole nationale de Notre-Dame-de-Lorette, un mémorial international, dit «anneau de la mémoire», d'une circonférence de 300 mètres, a vu le jour, gravés avec les noms de 600 000 soldats décédés dans le Nord et dans le Pas-de-Calais pendant le conflit de 1914-1918, sans distinction de camps, nationalités et de religions, ce qui en fait dorénavant «le mémorial gravé le plus important du monde[18]». Notons ici qu'il rejoint la recherche historique la plus récente qui s'efforce, avec des historiens comme Jay Winter à Princeton, d'aborder la guerre dans une perspective non plus internationale mais délibérément transnationale[19].

Plus généralement, au fil de son discours, le président de la République revient à plusieurs reprises et de façon significative sur le sentiment d'inquiétude des Français lorsqu'il évoque «l'appréhension qui s'empare de toute grande nation confrontée à un changement du monde». Jouant son rôle de président de la République, il invoque le général de Gaulle lorsqu'il écrivait dans ses *Mémoires de Guerre* : «Vieille France, accablée d'Histoire, meurtrie de guerres et de révolutions, mais redressée de siècle en siècle par le génie du renouveau[20] !» et invite les Français à puiser dans l'héritage légué par de ceux qui participèrent à la Grande Guerre les forces nécessaires pour affronter les difficultés du temps présent et du monde… «mondialisé».

Proche des préoccupations des Français du XXIe siècle, la mémoire française de la Grande Guerre en néglige aussi certains aspects. Comme s'il y avait des mémoires imposées et d'autres, négligées, ignorées voire interdites de la guerre. Ainsi, la mémoire des fusillés de la guerre – véritable sujet d'étude historique et drame humain pour ceux qui furent injustement passés par les armes, pour leur famille et leurs descendants –

17. Europe1 2014.

18. Chemins de mémoire.

19. Voir l'article de Jay Winter, *infra*, p. 23-45.

20. De Gaulle 1959.

est abordée autant à travers l'émotion qu'elle provoque *a posteriori* et à travers une expression qui frappe les esprits, celle de « fusillés pour l'exemple », qu'à l'aune des évènements contemporains des faits ; au point qu'ils occupent une place importante dans la nouvelle mémoire de la guerre. À l'inverse, la mémoire militaire de la guerre est actuellement relativement négligée, comme si les quelques 107 volumes *in quarto* des *Armées françaises dans la Grande Guerre* publiés au cours des années 1930 par le ministère de la Guerre se suffisaient à eux-mêmes[21].

Ainsi, à l'exception de quelques ouvrages récents, aucune interrogation ni aucune étude de fond n'existe sur les conditions dans lesquelles, par exemple, 25 000 soldats français furent tués en un seul jour lors de la bataille de Charleroi d'août 1914[22]. L'héroïsme enfin que chantait Hugo semble ne plus avoir voix au chapitre. Il y eut pourtant au quotidien des milliers de héros, puisque le simple fait de faire son devoir, dans la boue et le sang de Verdun, ou ailleurs, relevait de l'héroïsme le plus pur. Il en va ainsi et enfin de l'idée de victoire, qui semble bien appartenir au registre des mémoires interdites, comme si, relue à l'aune du temps présent elle avait perdu tout sens, toute substance et toute importance. Et pourtant, c'est bel et bien la victoire des uns et la défaite des autres qui termine les guerres, qui façonne la paix et structure le monde qui en résulte, donc celui dans lequel nous vivons.

Concluons par une interrogation : que restera-t-il demain, à partir de 2019, en France, de la mémoire de la « guerre 14 » ? Nous l'ignorons, bien évidemment. Gageons néanmoins que sa mémoire, qui est aussi une mode, sera passagère et s'estompera au fur et à mesure que d'autres mémoires occuperont le devant de la scène mémorielle. Il restera alors, peut-être, uniquement ce qu'en écrivait, avant sa mort en 2006, le grand historien de la Grande Guerre Guy Pedroncini, c'est-à-dire, un nom : Verdun, qui était pour lui, « le symbole et le sommet de la Grande Guerre. [Et] sans doute le seul nom qui survivra à l'oubli des siècles[23] ». Et cette mémoire, réduite à sa plus simple expression, suffira probablement, du moins doit-on l'espérer, pour que, au fil du temps, les générations se souviennent non pas de ce qui firent les combattants de la Grande Guerre, mais de l'esprit qui les anima.

21. *AFGG.*

22. Hormis le récent Baldin, Saint-Fuscien 2012.

23. http://www.verdun.fr/Terre-d-Histoire/Verdun-et-la-Grande-Guerre/Le-Symbole.

Abréviations bibliographiques

AFGG = *Armées françaises dans la Grande Guerre*, Paris, Ministère de la guerre, 1922-1939.

Baldin, Saint-Fuscien 2012 = Baldin Damien, Saint-Fuscien Emmanuel, *Charleroi : 21-23 août 1914*, Paris, Tallandier, 2012.

Céline 1932 = Céline Louis-Ferdinand, *Voyage au bout de la nuit*, Paris, Denoël & Steele, 1932.

Coq, Bacot 1999 = Coq Christian, Bacot Jean-Pierre (éds), *Travail de mémoire, 1914-1998, Une nécessité dans un siècle de violence*, Paris, Autrement, Coll. « Mémoires », 1999.

de Gaulle 1959 = de Gaulle Charles, *Mémoires de Guerre*, t. 3, *Le Salut*, Paris, Plon, 1959.

Hugo 1836 = Hugo Victor, *Les Chants du Crépuscule*, Bruxelles, A. Wahlen, 1836.

Jeanneney 2013 = Jeanneney Jean-Noël, *La Grande Guerre si loin, si proche. Réflexions sur un centenaire*, Paris, Le Seuil, 2013.

Jünger 1989 = Jünger Ernst, *Orage d'acier*, Paris, LGF, 1989 [1920].

Marrou 1954 = Marrou Henri-Irénée, *De la connaissance historique*, Paris, Le Seuil, 1954.

Nora 1984-1992 = Nora Pierre (dir.), *Les Lieux de mémoire*, 3 tomes : t. 1, *La République* (1984), t. 2, *La Nation* (3 vol., 1986), t. 3, *Les France* (3 vol., 1992), Paris, Gallimard, Coll. « Bibliothèque illustrée des histoires », 1984-1992.

Nora 2011 = Nora Pierre, *Présent, Nation, Mémoire*, Paris, Gallimard, Coll. « Bibliothèque des histoires », 2011.

Péguy 1975 = Péguy Charles, « Ève » (1913), dans Péguy Charles, *Œuvres poétiques complètes*, Paris, Gallimard, Coll. « Bibliothèque de la Pléiade », 1975.

Prost 1996 = Prost Antoine, *Douze leçons sur l'histoire*, Paris, Le Seuil, Coll. « Points. Histoire », 1996.

Prost, Winter 2004 = Prost Antoine, Winter Jay, *Penser la Grande Guerre : un essai d'historiographie*, Paris, Le Seuil, 2004.

* * *

Apocalypse : la Première Guerre mondiale, CC&C Clarke Costelle et Cie/Idéacom international/ECPAD, 2014.

Chemins de mémoire [en ligne]. URL : http://www.cheminsdememoire.gouv.fr/fr/le-memorial-international-de-notre-dame-de-lorette.

Discours 2013 = [en ligne]. URL : http://www.elysee.fr/declarations/article/allocution-pour-le-lancement-des-commemorations-du-centenaire-de-la-premiere-guerre-mondiale-4.

EUROPE1 2014 = « 14-18 : une longue accolade entre Hollande et Gauck », 03 août 2014 [en ligne]. URL: http://www.europe1.fr/politique/hollande-commemore-le-centenaire-de-14-18-en-alsace-2195457.

LA GRANDE GUERRE, BLOG LE MONDE 2013 = « Pourquoi appelle-t-on la première guerre mondiale la "Grande Guerre" ? », 4 décembre 2013 [en ligne]. URL: http://lagrandeguerre.blog.lemonde.fr/2013/12/04/pourquoi-appelle-t-on-la-premiere-guerre-mondiale-la-grande-guerre.

MÉMOIRE DES HOMMESa = [en ligne]. URL : http://www.memoiredeshommes.sga.defense.gouv.fr/article.php?laref=1.

MÉMOIRE DES HOMMESb = « Journaux des unités engagées dans la Première Guerre mondiale », [en ligne]. URL: http://www.memoiredeshommes.sga.defense.gouv.fr/fr/article.php ?larub=2&titre=journaux-des-unites-engagees-dans-la-premiere-guerre-mondiale.

Oh! What an Ambiguous War. The Contested Memory of the First World War in Britain

William PHILPOTT

In 1933, the English author and war veteran J. B. Priestley attended a reunion of the 10th Battalion The Duke of Wellington's Regiment, in Bradford, an English manufacturing town in the grip of the Great Depression. His reunion with his long lost comrades was euphoric: Priestley felt that he was returning to "a whole vanished epoch [...] we were happy, no doubt about that [...] lines of feasting warriors"[1]. Priestley was one among the many thousands of young Englishmen who had answered the Secretary of State for War, Lord Kitchener's famous call for volunteers for Britain's "New Armies" in 1914. He himself had been among the early wave of volunteers, joining up as a private soldier on 7 of September[2]: less out of any patriotic or moral impulse to save Belgium but more from a manly impulse to adventure he later claimed[3].

Although volunteering was not a uniquely British phenomenon, the "rush to the colours" of August and September 1914 remains one of the defining elements of British wartime experience and cultural memory. Unlike continental states, Britain did not have military conscription (which was only introduced in 1916) and the patriotic response to Germany's invasion of Belgium and France (with its concomitant threat to imperial security) was a new phenomenon. For the first time, Britain would raise a mass citizen army to fight a continental war of attrition. This some historians and commentators later suggested was an aberration. As a world power Britain had fought prolonged wars in and

1. PRIESTLEY 2009, p. 158. Priestley had been wounded in June 1916 (thereby avoiding the impending and costly Somme offensive) and had been commissioned and posted to another battalion after his recovery. Hence he was meeting with men with whom he had served after volunteering in 1914 and from whom he was violently and abruptly separated by an act of war.
2. VAN EMDEN, PIUK 2008, p. 299-311.
3. GRAY 2000, p. 11-12.

beyond Europe before, but with seapower and limited expeditionary warfare rather than by taking on the principal enemy in the main land theatre[4]. The resulting casualties would weigh heavily on the British people ever after: the "fallen", nearly 1 million in Britain and the empire, were the lasting legacy of this continental strategy. Whether this was a necessary sacrifice, or might have been avoided with a more traditional strategy (or even by staying out of the war), still provokes argument one hundred years later. This is the root cause of the ambiguity in British historical and popular memory of the First World War.

More than any group of British society, those enthusiastic young men who leapt to their nation's defence represent Britain's Great War, because they bore disproportionately the burden of blood-sacrifice. The sailors and merchant seamen who ensured that Britannia continued to rule the waves, the home front war workers who produced the wherewithal to fight and the conscripts who sustained Britain's military effort for most of the war, while perhaps more significant for the development and outcome of the conflict than these early-war volunteers, are not central to British war memory. This is often explained by the suggestion that it was these young men who fashioned the later memory of their war in postwar memoirs. A certain archetype of combatant –the young, educated, middle-class officer– commented on his war as it was taking place (as often as not in verse) and later as his literary career developed. Alongside Priestley (who never wrote a specific war memoir), Robert Graves, Edmund Blunden and Siegfried Sassoon, to name just the most famous of many, bombarded society with wartime memoirs in the late 1920s and early 1930s[5]. These memoirs, like Priestley's recollections, were very much products of their time[6]. But their publication coincided with a more general shift in representations and perceptions of the war, symbolized by Erich Maria Remarque's 1929 book *All Quiet on the Western Front* and by Lewis Milestone's 1930 Hollywood film of the novel[7]. These literary works were to become what the literary scholar Paul Fussell would later define in a seminal examination of the cultural legacy of Britain's war as the "modern memory" of the war[8]. By the time Fussell was writing in the 1970s, the memory of the war had shifted further from that which Priestley was presenting: there had been a Second World War and a younger generation, the grandchildren of the Great War generation, had started to challenge the values and actions of their forebears in a rising counter-culture movement.

4. See French 1990. His title borrows from the concept developed by the leading inter-war critic of British continental strategy, Basil Liddell Hart. For a review of the strategic background, see Howard 1972.
5. Blunden 1928; Graves 1929; Sassoon 1930 –in fact a heavily autobiographical novelisation, part of a trilogy covering the life of the fictional George Sherston. Bond 2008 discusses these literary works and others in the context of their authors' actual war experience.
6. They were only one strand of war literature produced between the wars, with more traditional forms being the "best sellers" in the 1920s. See Bracco 1993.
7. Remarque 1929; Milestone 1930.
8. Fussell 1975.

The essential ambiguity of Britain's cultural memory of the First World War can be found in the contrast between this iconic literature of war experience with its limited perspective (focused as it is on the trenches of France and Flanders) and the war's actual historical range and impact. One hundred years later, perceptions of "futility and slaughter", largely derived from this literary representation of a stalemated trench war that wasted young life and achieved nothing, persist. Meanwhile, scholarly history has spent decades examining the reality of the war, both its military campaigns and human experience, in an attempt to establish the origins, nature and validity of such cultural remembrance myths[9]. There is a certain degree of right-wing reaction against this so-called "poets' war" in the ongoing centenary commemorations[10], suggesting that historical scholarship is starting to influence public memory; and also that the memory of the war remains a cultural battleground. It remains to be seen whether the passing centenaries establish an alternative cultural memory, with a broader perspective based on more solid historical foundations.

Britain's ambiguous war memory is more complex than a mere contrast between the literary memory of military service and a historical narrative of military events. The young men who sat down to write their war memoirs were not only trying to narrate and to come to terms with their own war experience, but were also representing the shifting memory of the war that had started to form in its aftermath. Their own memories were intertwined with the earliest "histories" of the war, which were to be found in the contrasting memoirs of the war's statesmen and soldiers[11]. These presented them with a bigger picture of the conflict, one that they had lacked as participants, but one which had been refracted through wartime civil-military rivalry and postwar experience.

Priestley's voice will have to represent the perspective of the war generation as it attempted to come to terms with its experience. When setting down his recollections fifteen years afterwards, his memory of the war was conflicted, as evidenced in his lament for his fallen friends: "they were slaughtered in youth; and the parents of them have grown lonely, the girls they would have married have grown grey in spinsterhood, and the work they would have done remained undone". Priestley was elaborating one of the prevailing perceptions of the war, that it resulted in "a lost generation" of talented men sacrificed for

9. See Winter 2006, for a discussion of the phenomenon of historical remembrance in general and that of the First World War in particular. See Todman 2005, for a discussion of certain military myths versus historical reality. Parker 2009 offers an accessible introduction to how memory has developed down the years.

10. For example by the then Conservative education minister, Michael Gove, at the start of the centenary year, Gove 2014; and by the journalist and popular historian Max Hastings *in* Hastings 2013, p. xvii-xix.

11. The juxtaposition of perspective and differences in interpretation were already apparent in such works as the former Chief of the Imperial General Staff's memoirs, Robertson 1926, and the former First Lord of the Admiralty's memoir-history, Churchill 1923-1931.

no purpose. In going on to proclaim why that was so, Priestley neatly encapsulated all the negative socio-political tropes of British war memory[12]:

> They were killed by greed and muddle and monstrous cross-purposes, by old men gobbling and roaring in clubs, by diplomats working underground like monocled moles, by journalists wanting a good story, by hysterical women waving flags, by grumbling debenture-holders, by strong silent be-ribboned asses, by fear or apathy or downright lack of imagination.

By this time the memory of his war had become bitter, although the memory of being at war remained powerful; and like so many between the wars Priestley evoked the unifying spirit of the trenches as an antidote to the class divisions and economic hardships that had dashed his generation's hopes for a better tomorrow: "they had known [the] endearing quality of affectionate leadership in war but not in peace [...]. Are such emotions impossible except when we are slaughtering one another?[13]" By the 1930s Britain's willing volunteers had recast their war as a crime against its combatants by its directors. There had been no winners in this global trauma which produced a postwar world of poverty and social conflict: "it is not war that is right [...] but peace that is wrong, the civilian life to which they returned", Priestley judged, implying thereby that the effort made in the war was wasted[14].

The negative perspective of the war that had developed by the 1930s is not a unique British phenomenon. Priestley's musing followed the internationalist anti-war timbre of the times. It is no coincidence that inter-war pacifism peaked in these years. Perhaps they represent less a rejection of the war in which he had fought, more a realisation that it had been neither the "war to end war" or the wellspring of a better world. It is the contemporary poverty of his former comrades that angers Priestley –Britain like the rest of the world was gripped by the Great Depression at this point– more than the nature of the war that brought the world there[15].

Although these were particular issues and ambiguities of the inter-war years, this bitter memory of the First World War became fixed in Britain's cultural landscape long before professional historians were able to engage with and explain its events and outcomes. To understand why it is necessary to engage with the process by which memory and history have changed from generation to generation. Jay Winter and Antoine Prost's survey of the evolving historiography of the war, *The Great War in History*, posited three broad generational "configurations" of history: "military and diplomatic" between the wars; "social history"

12. Priestley 2009, p. 158.
13. *Ibid.*, p. 160.
14. *Ibid.*
15. *Ibid.*, p. 161-162.

after the Second World War; and "cultural and social" analysis around the turn of the XXIth century[16]. This is a useful framework within which to analyse British war memory, although it should be acknowledged that the appearance of new configurations of history does not supplant or gainsay the debates generated by earlier configurations that rumble on in studies by modern historians, if not in the mass media's representation of the war.

* * *

Priestley's judgements on his experience of the war must be identified as an unconscious product of the first configuration of Great War history formed before 1939. The virulent "battle of the memoirs" between statesmen and soldiers had set out the context for understanding the war in the 1920s and early 1930s: in essence, was it well managed by statesmen and badly fought by generals, or was it fought as best as it could be by generals given the constant interference of "amateur strategists"[17]?

Winston Churchill's *The World Crisis*, published and widely serialised in Britain and abroad during the 1920s, was the most influential memoir, written by a statesman who was also a veteran and who therefore sympathised with the ordinary soldier[18]. His lengthy critique of the Western front attritional strategy conducted by the military high command, his so-called "blood test", with its climactic dramatic set-piece, the costly British offensive on 1st of July 1916, lies at the root of future critiques of British strategy[19]. Of course his "memoir-history" was also at heart a post-facto argument for strategic alternatives which he had suggested but which had been rejected or had proved equally disastrous. In effect, this readable and powerful indictment was a personal reaction to the horrific reality of modern industrialised war (as were many memoirs) wrapped up in a polemical evaluation of what had happened and why. "History will be kind to me for I intend to write it", Churchill famously quipped, although in laying the foundation for many British myths and debates about the First World War Churchill has not been kind to history.

Moreover, lacking archives, early historians took such material, that did have privileged insight into policy making, as the source for their own widely read yet judgemental histories. The most influential inter-war historian (and veteran), Basil Liddell Hart, essentially sided with the statesmen in *The Real War* (1930) and popularised their perspective owing to his

16. WINTER, PROST 2005, p. 6-33. See Jay Winter's article *infra*, p. 23-45.

17. Discussed in BECKETT "Frocks and Brasshats", *in* BOND 1991, p. 89-112.

18. CHURCHILL 1923-1931. Churchill commanded an infantry battalion on the Western front for four months in 1915-1916. The historical basis of his memoir is assessed *in* PRIOR 1983.

19. One day of a 140-day battle has become symbolic both of the Somme offensive and of the war as a whole. Attention returns again and again to this deterministic event, which has become a shorthand metaphor for the war devoid of context or appropriate comparison. For an up-to-date assessment, see PHILPOTT 2009.

own disagreements with the inter-war British army establishment[20]. For Liddell Hart, the war was a strategic aberration: raising a mass army for continental war with its concomitant sacrifice was inappropriate for a maritime imperial power. This perspective endeared him to wartime Prime Minister David Lloyd George, who turned to Liddell Hart for historical guidance when writing his own war memoirs. It is no coincidence that the first volume of Lloyd George's scathing *War Memoirs* appeared (and was serialised widely) in 1933, the year in which Priestley was writing: incompetent generals stonewalling imaginative statesmen was becoming the leitmotif of Britain's war in its first historical configuration, and the lengthy casualty lists were the consequence[21].

The opening of Britain's 1914-1918 archives in the 1960s and subsequent historical revisionism suggests that the generals actually understood and conducted the war better than Britain's politicians. Readers still reach for their memoirs rather than modern histories, however. No doubt Priestley and others would have read such military and political memoirs and these would have helped to shape the opinions on the broader nature of the war that were forming among its participants by the early 1930s. Priestley's summary assessment would suggest that the statesmen had got the better of this debate in the public's eyes. Yet while Priestley censured the "strong, silent be-ribboned asses" of the military command, he was equally scathing of the groups in modern liberal society that sustained their war.

Winter and Prost identify that ordinary soldiers were omitted from this early history which followed established parameters of diplomatic and military history[22]. But the common soldier's war was recorded in war memoirs and novels which became historical documents in their own right. By the 1930s, "the voice of the trenches" was heavily refracted through postwar experience and reflection. But the influential and supposedly "anti-war" memoirs of Siegfried Sassoon, Robert Graves, Edmund Blunden and others are, if read carefully, all ambiguous about the war and being a soldier[23]. As with Priestley, the positives of wartime are occluded by the negatives of peacetime and undermined by the repressed grief of societal loss[24]. By the 1930s, Tommy's voice had become one of disillusionment. This might be contrasted with disenchantment which is a product of painful war experience, disillusionment being a product of postwar disappointment with the world the war made and the looming prospect of another war[25]. Now that it was clear that the war had not ended war, what meaning if any could be found in the war? The war

20. Liddell Hart 1930. The book is analysed critically *in* Strachan 1991, p. 45-53.

21. Lloyd George 1933-1936. For a critical discussion see Suttie 2005.

22. Winter, Prost 2005, p. 83-85.

23. There is no equivalent for British writers of the masterful analysis of the changing literary voice of France's First World War combatants *in* Smith 2007.

24. Becker, Audoin-Rouzeau 2002 recognize individual and collective "mourning" as one of the central elements of the experience and memory of the war.

25. Philpott 2011, p. 14.

which was represented as a necessary sacrifice in the early 1920s had been reshaped by the mid-1930s into a badly managed slaughter. The persistent ambiguities in British war memory were established early on.

* * *

The second configuration of history would follow and be shaped by another world war, while remaining rooted in inter-war writing and interpretations. A second world war had a profound effect in two ways. First, it became very difficult not to view and judge the First World War through World War Two's distorting lens; and second, everyone forgot temporarily about the first war because there was another war to historicize. Then there was a sudden resurgence of interest in the First World War in Britain around the time of its fiftieth anniversary in 1964, to be represented (it would be wrong to say reinterpreted) to a new generation in a new wave of popular histories, through a second outpouring of soldiers' memoirs and in the mass media. The First World War history at this point had three elements. First, a number of popularizing summarizers (journalists or popular historical authors) retold tales of the war in lively, readable narratives[26]. Second, sensationalists repackaged the controversies and critiques of the inter-war years into populist critiques: Liddell Hart had a strong influence over such works[27]. The most influential and long-lived, television historian A. J. P. Taylor's *The First World War: An Illustrated History*, was an anti-war book of the 1960s written by a pacifist intellectual rather than a thoughtful scholarly re-examination of the war[28]. But the first historical interpretations freed from the constraints imposed by personal experience also appeared. These attempted to strike a balance between the "grand narrative" of soldiers and statesmen and the experience of the ordinary soldiers[29]. This three-way distinction has continued in First World War historiography ever since.

26. For example, Gardner 1961, on the Battle of the Somme and Pitt 1962, on the final campaigns. Most influential perhaps was Tuchman 1962, a Pulitzer Prize winning study of the start of the war by an American journalist.
27. Bond 1991, p. 6-7.
28. Taylor 1963 and Clark 1961, are the most notorious of these works. That such books remain in print fifty years later, their tone being imitated by many other authors, that they sell steadily and are still taken as authoritative judgments on the war indicate how entrenched such perceptions are in British national memory. See Danchev, "'Bunking' and Debunking: The Controversies of the 1960s", *in* Bond 1991, p. 263-288.
29. For example, Horne 1962; Farrar-Hockley 1964 and 1967; Terraine 1960 and 1963. John Terraine was the most enduring and influential of these non-university historians. More balanced than other works of the time, these remain classics of military history, although historical knowledge and understanding have developed in the last half-century and their judgments are now dated.

These histories had a Western front focus and were particularly concerned with the more notorious attritional battles that had imprinted themselves on national memory. Wider dimensions of the war as conducted at sea, in other military theatres and on the home front, received rather less attention, a bias which it would take some decades to address. While these studies were intelligent and influential, what they had in common was a reliance on published sources, since national archives were only just starting to open to professional historians.

Around the same time in Britain the mass media discovered the war, particularly television. The broadcast by the newly launched channel BBC2 of the twenty-six part documentary series *The Great War* in 1964 was ground-breaking[30]: both in its contribution to the art of television documentary through its extensive use of contemporary source quotations and "talking head" veterans, and also because it popularized the history of the war. The stage and cinema also played a role. The left-wing Theatre Workshop's successful anti-war play and director Richard Attenborough's later film *Oh! What a Lovely War* popularized Liddell Hart and A. J. P. Taylor's anti-high command perspective at a time of a rising counter-culture and growing anti-establishment feeling associated with the baby boom generation. A. J. P. Taylor's *Illustrated History*[31] was dedicated to Joan Littlewood, the director of the play. That the play says more about class politics in Britain in the 1960s than it does about the First World War has not detracted from its popularity or longevity. Inevitably, it was revived in the war's centenary year, suggesting cultural myths have a life of their own, independent of historical judgment. The war as slaughter perspective predominated among a younger generation detached from the war itself but living in a conservative society whose values were those of the war generation that had led and governed Britain in the 1940s and 1950s –Prime Ministers Winston Churchill, Clement Attlee, Anthony Eden and Harold Macmillan were all Great War veterans. The war's fiftieth anniversary coincided with a step change in government and society as power passed to the children of the war generation, whose opinions and values were shaped by the Second World War. Meanwhile their own children were coming of age and seeking to distance themselves from the values of their forebears. The popular and highly influential Cambridge Footlights satirical review *Beyond the Fringe* included a powerful sketch in which one Second World War RAF officer called upon another to sacrifice his life: "We need a futile gesture [...]. It will raise the whole tone of the war[32]." Although the setting was the later war, the irony clearly harked back to the first. The values of military leadership were being mocked and the question was being asked of a new generation, whether they would

30. The Great War 1964.

31. Taylor 1963.

32. "Aftermath of War", *in* Bennett *et al.* 1963, p. 26-31: 29.

be prepared to sacrifice themselves for their country as their parents and grandparents had done?

Watching the BBC's documentary series *The Great War*, Oliver Lyttelton (a Guards officer in the war and now a retired conservative Cabinet minister and peer, one of the generation being lampooned)[33]:

> had many times to exclaim, "No, it wasn't like that". We, by which I mean both officers and men, did not feel so doom-laden, so utterly disenchanted. We thought we were fighting in a worthy cause and had no idea that our efforts would one day appear… as merely absurd. No one who has not experienced it can know the heart-beat of a battalion, or its discipline and corporate spirit, and how they sustain the individual man, and how the whole greatly exceeds the sum of its parts.

The fiftieth anniversary reinterpretation and belittling of their war by younger generations juxtaposed with some veterans' deeply held sentiment that the war had been right and, whatever the world that came afterwards, there was much that was positive in their war experience. To that extent, Lyttelton echoed Priestley in his judgement.

* * *

The fiftieth anniversary reengagement with the war was informed and shaped by inter-war controversies and Second World War experience. It also provided a broad canvas to which professional historians could add details over the following decades. In time they would start to paint new pictures. As they developed from the 1960s, the second and third configurations of the war's history were formed by two parallel developments. First, official archives were opened and university historians began to study the war. Second, social and cultural studies were developed alongside the political and military history of earlier years. Central to this new historiography were themes of war experience and representation; although old controversies about conduct and command were re-examined from a more detached, scholarly perspective.

The debate on how the war was fought and won has bëen drawn out and productive. British strategy has been re-examined both as a national enterprise and a coalition effort[34]. But most attention has been focused on the battlefield. The long-lived perception of poor military leadership and badly managed battles has been challenged in a systematic re-examination of the commanders and the methods employed on the battlefield[35]. The concept of a "learning curve" appeared early on in this reassessment –the appreciation

33. Chandos 1968, p. 83-84.

34. French 1986 and 1995; Philpott 1996.

35. For a scholarly evaluation of this perspective, see Travers 1987.

that the army faced difficult challenges on the entrenched, industrialised battlefield, that early battles were traumatic, but that from this experience emerged modern and effective military methods that underpinned victory on the Western front in 1918[36]. As the "learning curve" thesis developed it was informed by contemporary social science theories of military learning and the transformation of armed forces. The idea of the British army of 1914-1918 as a learning organisation now predominates (and British historians are applying this model to other armies) and its many component substructures have been investigated to explain how it worked and adapted to the challenges of modern war[37]. This re-examination has kept military historians busy for twenty-five years and shows no sign of reaching an end. It remains to be seen whether it impacts on public perceptions of the military conduct of the war over the passing centenaries.

Meanwhile, war experience has become a staple of popular historiography. What the war was like has almost completely eclipsed what it was about in the mass media's engagement with the war. To some extent this has provoked the public controversies associated with the centenaries[38]. Also, the focus remains firmly towards the Western front and the period of trench warfare from 1915 to 1917, which has become a representational motif of the war, devoid of historical context or nuance[39]. It is hoped that the centenaries will encourage the exploration of the war's other military fronts and experiences at sea and on the homefront.

Examination of the memory of the war –how the war was remembered by its participants, how war myths evolved, and their basis in historical events– has been a flourishing subgenre of historiography[40]. Such studies are an element of the third configuration of historiography that was starting as the negative perception of the war was firmly set. Fussell's defining text *The Great War and Modern Memory* (a work of literary scholarship that has profoundly influenced historical approaches and controversies) suggested that "irony" was the defining motif of British war experience and memory as reflected in its literature and poetry[41]. This central juxtaposition between the "poets'" representation of the war and the historical war as experienced characterised this configuration, although its tropes come from the early memoir history as much as postwar literature. The teaching of such war poetry on the British school curriculum with little historical counterpoint has served to widen the gulf between popular perception and historical understanding. In fact, such ironic war poetry was read much less by the war generation than by their grandchildren. Recent examination

36. Seminal texts supporting this thesis are Prior, Wilson 1992, Griffith 1994 and Sheffield 2001.

37. For example Boff 2012 and Beach 2013. Much of this work is at the level of the doctoral thesis, now being published in scholarly monograph series.

38. See note 10.

39. The trench memoir remains a publishing staple, although soldiers' diaries and antiquated veterans' memoirs add little to understanding of the phenomenon.

40. Bond 2002 and 2008; Todman 2005.

41. Fussell 1975.

of the conception of "heroic sacrifice" strongly held by the war generation and its cultural legacy have started to redress this imbalance[42].

In the third configuration, the tripartite distinction in history identified above persists. For example, in the debate on the British high command, which remains lively and shows no sign of reaching a definitive verdict. Popularizing summarizes attempt to sway public perceptions[43]. Sensationalists persist in immoderate and methodologically weak condemnations: such books sell well and are widely read because they pander to the prevailing perception of the war[44]. Scholars revisit long-running controversies and restate the case for or against command and commanders with archive-based assessments[45]. Although their assessments are more nuanced and balanced, their subject matter precludes simple, definitive judgments.

* * *

Undoubtedly it will be some time before the balance in modern historiography is reflected in public understanding of the conflict, but it is to be hoped that as its centenaries pass sustained reengagement with the war will furnish such an opportunity. The long-standing ambiguities persist, but historical scholarship has moved on.

The cultural representation of the war became detached from its history long ago and certain tropes of the war (viewed through the distorting lens of the Second World War) have supplanted the real war story. The pity of war overshadows the purpose. In the most influential representation of the war of the last twenty-five years, the 1989 BBC comedy series *Blackadder Goes Forth*, in the memorable and poignant final scene the heroes go "over the top" as machine-gun fire rattles round them. It is an iconic image evoking the cultural myth associated with 1st of July 1916. The scene then fades to a field of poppies, symbolic of the losses of the Western front, echoing the ending of the film version of *Oh! What a Lovely War* that climaxes on endless crosses representing the dead. Military historians will tell you that in 1917, the year in which *Blackadder* is set, a British offensive was likely to take most of its objectives with relatively limited casualties –three out of four of *Blackadder*'s heroes would most likely have lived to fight another day, but such prosaic detail does not suit the sentimentality with which we choose to endow our war memory. "Certain death" was the lot of the First World War soldier, even though 89% of those who put on a British military uniform returned home at the end of the war. The difficulty has

42. Bracco 1993; Watson 2004.
43. Neillands 1998; Corrigan 2004.
44. Laffin 1989; Winter 1991.
45. For example, the reputation of British Commander-in-chief Sir Douglas Haig. See Harris 2008 and Sheffield 2012.

perhaps been to establish a sense of perspective on the war. Certainly it had its horrific aspects, and the three-year stalemate on the Western front was unique. Still, war and warfare between 1914 and 1918 was an element on a longer continuum of conflict and war experience and should be judged as such[46].

Reflecting on the eightieth anniversary of the war, Annette Becker and Stéphane Audoin-Rouzeau highlighted the xx[th] century cult of the victim and "the weight of the dead on the living" as the factors which have entrenched this memory of the First World War[47]. This was perpetuated into a new century by the cult of the war veteran associated with the war's ninetieth anniversaries. This in itself revealed the confusion in memory and the ambiguities that veterans themselves had had to live with thereafter.

Harry Patch, one of the last surviving British veterans, "remembered" that when he fired his machine gun he aimed it low at the enemy soldiers' legs[48]. One wonders if this is a vivid memory ninety years later, or a latter day attempt to reconcile Patch's doing his duty as a soldier with modern sensibilities about "humanity" in war and sensitivity about killing. In a *Sunday Times* interview in November 2004 Patch stated: "To me, it's a licence to go out and murder. Why should the British government call me up and take me out to a battlefield to shoot a man I never knew, whose language I couldn't speak? All those lives lost for a war finished over a table. Now what is the sense in that?"[49] Patch eventually perceived his war in terms of the national war memory. Since veterans signed up to their grandchildren's view of the war rather than challenged it, "false" memory has taken hold.

* * *

While the history of the war has changed from generation to generation as participants and historians have explored and argued over its purpose, nature, impact and meaning, essential ambiguities persist. The fact that it has been interpreted and reinterpreted by participants as they aged alongside evolving history contributed greatly to such ambiguity. The war generation's great grandchildren have the opportunity to construct a fourth configuration of history as the war's centenaries pass, moving beyond the ambiguities of the earlier history and transcending the false memories of survivors, shaped as they are by later events. It is doubtful that such a configuration will establish a consensus about the history and significance of the war, although it is certain that professional historians will, in the absence of veterans, be key figures in shaping such a configuration.

46. See for example Philpott 2009, which attempts to situate the events of 1916 in their wider domestic, international and historical context.
47. Becker, Audoin-Rouzeau 2002, p. 1-2.
48. Parker 2009, p. 55.
49. *The Sunday Times* 2004.

Jay Winter and Antoine Prost emphasise the need to move from narrow national histories of the war into a shared history. "It may be refreshing for English readers to recognize how unusual their own thinking is on the Great War, when placed alongside that of readers who bring to this subject entirely different assumptions", they state[50]. Above all perhaps, the English perspective needs to emerge from the trenches to form an appreciation of the wider and multi-faceted war at home and abroad.

The wartime sacrifice still hangs heavily in Great Britain, while flawed understanding of the events that precipitated it misconstrues the effort and achievements of Britain's victorious armies and the people who sustained them in their struggle to defeat German militarism. Because this had to be done a second time the first encounter became imbued with a sense of "futility" in popular memory, grounded in inter-war arguments about the conduct and purpose of the war, but solidified by ironic post-Second World War representations of the war established as the values of a youthful generation clashed with those of authority figures formed by the war. Through this process, a false memory of the war, detached from history, had solidified by the 1980s. Professional historians have been challenging it for the past twenty-five years, although with limited success.

As the war's centenary has come, the ambiguity in modern Britons' relationship to the war and memory of it is becoming apparent: renewed arguments about the meaning of the war are breaking out. The old division persists however: "By giving a scholarly overview of campaigns and strategy military historians can usefully and instructively tell us what the war was about; but what really interests us is what it was *like*"[51] . Potentially, however, the country is passing through national reengagement with the war while there is now nobody left alive to tell people what it was like –increasingly people were being told it was like what postwar commentators and later generations had told veterans it was like! It remains to be seen whether historians can seize this opportunity to reconcile the ambiguity in national memory and historical understanding of Britain's war experience, and to finally shape an informed understanding of the war's place in British history. They will still be contesting against the summarizers and sensationalists, and it will be a long struggle to reverse deeply entrenched perspectives.

In Great Britain today the Second World War is remembered more positively that it should be –it was A. J. P. Taylor's "good war" against fascism– and the First World War more negatively than it ought to be. The Second World War has become a prism through which the first is viewed: what was an unfamiliar, difficult but essentially positive and nation-shaping war experience between 1914 and 1918 is now dismissed as the fount from which the xxth century's traumas sprang. The British government's centenary plans

50. Winter, Prost 2005, p. vii.

51. Parker 2009, p. 21-22, author's emphasis.

to reflect this, but these have also caused their own controversies[52]. There are arguments about whether this horrific war should be marked at all –and if so, what should be the tone of the commemoration? Should we acknowledge effort and outcome rather than dwell on trauma and disaster: mourn for the losses of the Somme and Passchendaele once more, but also recognize the success of 1918? What is clear is that if we are to reconcile such ambiguities historians must offer dispassionate, informed judgment on the events and outcomes of the war, to rebalance national memory. It remains to be seen if they have been.

Bibliographic abbreviations

BEACH 2013 = BEACH Jim, *Haig's Intelligence: GHQ and the German Army, 1916-1918*, Cambridge, Cambridge University Press, 2013.

BECKER, AUDOIN-ROUZEAU 2002 = BECKER Annette, AUDOIN-ROUZEAU Stéphane, *1914-1918: Understanding the Great War*, London, Profile Books, 2002.

BENNETT *et al.* 1963 = BENNETT Alan *et al.*, *Beyond the Fringe: A Revue*, London, Samuel French Ltd, 1963.

BLUNDEN 1928 = BLUNDEN Edmund, *Undertones of War*, London, Richard Cobden-Sanderson, 1928.

BOFF 2012 = BOFF Jonathan, *Winning and Losing on the Western Front: The British Third Army and the Defeat of Germany*, Cambridge, Cambridge University Press, 2012.

BOND 1991 = BOND Brian, *The First World War and British Military History*, Oxford, Clarendon Press, 1991.

BOND 2002 = BOND Brian, *The Unquiet Western Front*, Cambridge, Cambridge University Press, 2002.

BOND 2008 = BOND Brian, *Survivors of a Kind: Memoirs of the Western Front*, London, Continuum, 2008.

BRACCO 1993 = BRACCO Rosa Maria, *Merchants of Hope: British Middlebrow Writers and the First World War, 1919-1939*, Oxford, Berg, 1993.

CHANDOS 1968 = CHANDOS LYTTELTON Oliver, *From Peace to War: A Study in Contrast, 1857-1918*, London, Bodley Head, 1968.

CHURCHILL 1923-1931 = CHURCHILL Winston, *The World Crisis*, 6 vols., London, Thornton Butterworth, 1923-1931.

52. GOV.UK 2014.

CLARK 1961 = CLARK Alan, *The Donkeys*, London, Hutchinson, 1961.

CORRIGAN 2004 = CORRIGAN Gordon, *Mud, Blood and Poppycock: Britain and the First World War*, London, Cassell Military, 2004.

FARRAR-HOCKLEY 1964 = FARRAR-HOCKLEY Anthony, *The Somme*, London, B. T. Batsford Ltd, 1964.

FARRAR-HOCKLEY 1967 = FARRAR-HOCKLEY Anthony, *Death of an Army*, London, Arthur Baker, 1967.

FRENCH 1986 = FRENCH David, *British Strategy and War Aims, 1914-16*, London, Allen & Unwin, 1986.

FRENCH 1990 = FRENCH David, *The British Way in Warfare, 1688-2000*, London, Unwin Hyman, 1990.

FRENCH 1995 = FRENCH David, *The Strategy of the Lloyd George Coalition*, Oxford, Clarendon Press, 1995.

FUSSELL 1975 = FUSSELL Paul, *The Great War and Modern Memory*, Oxford, Oxford University Press, 1975.

GARDNER 1961 = GARDNER Brian, *The Big Push: A Portrait of the Battle of the Somme*, London, Cassell, 1961.

GOVE 2014 = GOVE Michael, "Why Does the Left Insist on Belittling True British Heroes?", *The Daily Mail*, 2 January 2014.

GRAVES 1929 = GRAVES Robert, *Goodbye to All That*, London, Jonathan Cape, 1929.

GRAY 2000 = GRAY Dulcie, *J. B. Priestley*, Stroud, Sutton Publishing Ltd, 2000.

GRIFFITH 1994 = GRIFFITH Paddy, *Battle Tactics of the Western Front: The British Army's Art of Attack, 1916-18*, New Haven, Yale University Press, 1994.

HARRIS 2008 = HARRIS John Paul, *Douglas Haig and the First World War*, Cambridge, Cambridge University Press, 2008.

HASTINGS 2013 = HASTINGS Max, *Catastrophe: Europe Goes to War 1914*, London, William Collins, 2013.

HORNE 1962 = HORNE Alistair, *The Price of Glory: Verdun 1916*, London, Macmillan & Co, 1962.

HOWARD 1972 = HOWARD Michael, *The Continental Commitment: The Dilemma of British Defence Policy in the Era of Two World Wars*, London, Temple Smith, 1972.

LAFFIN 1989 = LAFFIN John, *British Butchers and Bunglers of the First World War*, Melbourne, Macmillan, 1989.

LIDDELL HART 1930 = LIDDELL HART Basil, *The Real War*, London, Faber & Faber, 1930.

LLOYD GEORGE 1933-1936 = LLOYD GEORGE David, *War Memoirs*, London, Ivor Nicholson & Watson, 1933-1936.

NEILLANDS 1998 = NEILLANDS Robin, *The Great War Generals on the Western Front*, London, Robinson, 1998.

PARKER 2009 = PARKER Peter, *The Last Veteran: Harry Patch and the Legacy of War*, London, Fourth Estate, 2009.

PHILPOTT 1996 = PHILPOTT William, *Anglo-French Relations and Strategy on the Western Front, 1914-18*, London, Macmillan, 1996.

PHILPOTT 2009 = PHILPOTT William, *Bloody Victory: The Sacrifice on the Somme and the Making of the Twentieth Century*, London, Little, Brown, 2009.

PHILPOTT 2011 = PHILPOTT William, "Irony and All That: The Representation of War in First World War Soldiers' Writings", *Mars & Clio: The Journal of the British Commission for Military History* 30 (Spring 2011), p. 10-18, [online]. URL: http://www.bcmh.wildapricot.org/Resources/Documents/BCMH%20Research%20Notes/BCMH_Research_Note_Philpott.pdf.

PITT 1962 = PITT Barrie, *1918: The Last Act*, London, Cassell, 1962.

PRIESTLEY 2009 = PRIESTLEY John Boynton, *English Journey*, Ilkley, Great Northern Books, 2009 (reprint of London, William Heinemann, 1934 original).

PRIOR 1983 = PRIOR Robin, *Churchill's World Crisis as History*, London, Croom Helm, 1983.

PRIOR, WILSON 1992 = PRIOR Robin, WILSON Trevor, *Command on the Western Front: The Military Career of Sir Henry Rawlinson, 1914-18*, Oxford, Blackwell, 1992.

REMARQUE 1929 = REMARQUE Erich Maria, *All Quiet on the Western Front*, London, G. P. Putnam's Sons, 1929.

ROBERTSON 1926 = ROBERTSON William, *Soldiers and Statesmen, 1914-1918*, 2 vols., London, Cassell, 1926.

SASSOON 1930 = SASSOON Siegfried, *Memoirs of an Infantry-Officer*, London, Faber & Faber, 1930.

SHEFFIELD 2001 = SHEFFIELD Gary, *Forgotten Victory: The First World War, Myths and Realities*, London, Review, 2001.

SHEFFIELD 2012 = SHEFFIELD Gary, *The Chief: Douglas Haig and the British Army*, London, Aurum, 2012.

SMITH 2007 = SMITH Leonard, *The Embattled Self: French Soldiers' Testimony of the Great War*, Ithaca, Cornell University Press, 2007.

STRACHAN 1991 = STRACHAN Hew, "'The Real War': Liddell Hart, Cruttwell and Falls" *in* BOND Brian, *The First World War and British Military History*, Oxford, Clarendon Press, 1991, p. 41-68.

SUTTIE 2005 = SUTTIE Andrew, *Rewriting the First World War: Lloyd George, Politics and Strategy, 1914-1918*, Basingstoke, Palgrave Macmillan, 2005.

TAYLOR 1963 = TAYLOR Alan John Percival, *The First World War: An Illustrated History*, London, Hamish Hamilton, 1963.

TERRAINE 1960 = TERRAINE John, *Mons: The Retreat to Victory*, London, Batsford, 1960.

TERRAINE 1963 = TERRAINE John, *Douglas Haig: The Educated Soldier*, London, Hutchinson, 1963.

TODMAN 2005 = TODMAN Dan, *The Great War: Myth and Memory*, London, Continuum, 2005.

TRAVERS 1987 = TRAVERS Tim, *The Killing Ground: The British Army, the Western Front and the Emergence of Modern Warfare, 1900-1918*, London, Unwin Hyman, 1987.

TUCHMAN 1962 = TUCHMAN Barbara, *August 1914*, London, Constable & Co., 1962.

VAN EMDEN, PIUK 2008 = "J. B. Priestley", *in* VAN EMDEN Richard, PIUK Victor, *Famous, 1914-1918*, Barnsley, Pen & Sword, 2008, p. 299-312.

WATSON 2004 = WATSON Janet, *Fighting Different Wars: Experience, Memory and the First World War in Britain*, Cambridge, Cambridge University Press, 2004.

WINTER 1991 = WINTER Denis, *Haig's Command: A Reassessment*, London, Viking, 1991.

WINTER 2006 = WINTER Jay, *Remembering War: The Great War and Historical Memory in the Twentieth Century*, New Haven, Yale University Press, 2006.

WINTER, PROST 2005 = WINTER Jay, PROST Antoine, *The Great War in History: Debates and Controversies, 1914 to the Present*, Cambridge, Cambridge University Press, 2005.

* * *

ATTENBOROUGH Richard, *Oh! What a Lovely War*, 1969.

Blackadder Goes Forth, BBC, 1989.

GOV.UK 2014 = "First World War Centenary", [online]. URL: https://www.gov.uk/government/topical-events/first-world-war-centenary.

LITTLEWOOD Joan, *Oh! What a Lovely War*, 1963.

MILESTONE 1930 = MILESTONE Lewis, *All Quiet on the Western Front*, 1930.

THE GREAT WAR 1964 = *The Great War*, BBC, 1964.

The Sunday Times 2004 = *The Sunday Times*, interview with Ria Higgins, the 7th of November 2004.

The Attack on Belgium and the Defence of "German Freedom": German Historians and their Involvement in a War of Culture since August 1914

Christoph CORNELISSEN

Shortly after the outbreak of the First World War, the Heidelberg medievalist Karl Hampe entered a note in his diary about the German violation of Belgium's political neutrality. In the emergency of the German Reich at that moment –according to Hampe's comment on the 5th of August– only military utility should count, whereas moral considerations should come second as they were "only of minor importance"[1]. To be sure, the historian Hampe should not be ranked equal to the many German hotheads who began, at an early stage of the war, to adumbrate far-reaching visions for the future of a Belgian state under German hegemony. He did not belong either to the coterie of German academics, scientists or experts who regarded the outbreak of war as a welcome opportunity for plundering cultural assets in Belgium. This even included plans, as the historian Christoph Roolf demonstrated it in 2004, for the transportation of dinosaur skeletons from the small town of Bernissart to German natural history museum[2].

However, all of this must be seen as part of far wider reaching plans for the war pillage of documents, objects of art and other material gains by the German occupants since August 1914. In comparison to these sweeping activities Hampe's comments seem to be much more restrained, though he did not either really ponder much about the fate of the occupied country as various entries in his diary testify. Furthermore, it seems that

1. HAMPE 2007, p. 101.
2. ROOLF 2005.

his research on Belgian and Dutch history was soon met with a very positive echo by leading representatives of the military General-Government (*Generalgouvernement*) in Brussels. Therefore, he was officially invited to continue his studies in Belgian archives in the autumn of 1915. That led him to a memorandum on "Belgium and Holland" and a more or less similar book version on *Belgiens Vergangenheit und Gegenwart* later the same year[3]. While he was working on these texts, Hampe was also conceded some free time which he used for excursions to Anvers, Dinant, Namur and Louvain. Although the material destruction caused by the German conquest did not elude his attention, he tried to justify it indirectly by saying that considerable improvements had taken place since then. To prove this point to himself, he referred to the reconstruction of houses which had been organised by the German military government. He also stated quite frankly that many habitations had surprisingly survived the destruction of war. When he commented on the developments in Louvain, he briskly observed that the loss of the library building was not a real loss "due to reasons of taste" (*aus geschmacklichen Gründen*), leaving out not only the fact that German soldiers had set ablaze the priceless cultural heritage of this library, but also committed massive war crimes in the city as well as in other parts of Belgium[4].

The fact that the historian Karl Hampe glossed over these problems in his diary must be seen against a general denial of many German intellectuals, academics and politicians who rapidly formed a united front when faced with foreign reproaches accusing the German military of a serious violation of both international and martial law. The most famous or rather notorious instance of such an intervention became known as early as on the 4th October of 1914, when ninety-three prominent German scholars and artists published an appeal "To the world of culture" (*An die Kulturwelt!*)[5]. In six repetitively constructed passages, each of which begins by saying "It is not true…" (*Es ist nicht wahr…*), the counter-signing academics and artists denied all foreign reproaches according to which Germany should be blamed both for triggering the war and having committed war crimes in Belgium. In addition they went on to say that: "It is not true that our troops acted brutally against Löwen. And it is not true that our warfare ignored the rules of international law"[6]. Apparently, the foreign attacks against the German "cultural barbarians" (*Kulturbarbaren*) weighed heavily on many people's minds. The appeal was followed up by a plethora of official, semi-official and academic publications, all of which tried to demonstrate the same arguments.

Now, it could be easy to argue that all of this was the sorry consequence of war propaganda, possibly also of an overdose of nationalistic postures in times of war or,

3. Hampe 1915a.
4. Hampe 2007, p. 30.
5. Ungern-Sternberg von 1996.
6. *Ibid.*, p. 144.

perhaps, of the attempt by academics and intellectuals who tried to underline their own importance for the national war effort. Although there may be some truth in this, I will argue that these reasons cannot be regarded as a sufficient explanation for what happened in the wider "war of culture" which evolved after August 1914 and which should be regarded as an integral part of the "people's war" –the *Volkskrieg* as it was termed in Germany. One of the major challenges in this "war of the minds" (*Krieg der Geister*) –the term actually dates back to a book title from Hermann Kellermann in 1915[7]– was constituted by the fact that basically nobody could really define what Germany was fighting for, except for its own preservation and the maintenance of its position as a leading power in Europe. In contrast to this situation, England and France could mobilize the universal ideas of equality and freedom right from the beginning of the war, that is to say the ideas of 1789. And they could claim to fight for democracy, although they had to remain rather silent regarding the allied Tsar of Russia. The Germans, however, could not simply distance themselves from these universal values. But as their constitution and political culture was certainly neither democratic nor parliamentarian in a western sense, many academics and intellectuals tried to point a way out of this impasse by putting a high emphasis on Germany's singularity and its specific understanding of political freedom. Contemporaries in Germany often also spoke of the ideas of 1914, which they positioned against the ideas of 1789[8].

Thus the talk of a "*deutsche Freiheit*" (German freedom) turned into something like a topos during the war. It even moulded into some kind of propaganda formulae which supposedly helped to legitimate the attack on Belgium, on France and on their co-belligerents[9]. The idea of a specific "German freedom" was partly grounded on philosophical or more general ethical considerations, many of which represented a combination of Fichte's moralism and the pronounced anti-western attitudes of the late XIXth and early XXth centuries in German political culture. But it was also based to a great extent on historical interpretations. All of these ranked the semi-autocratic political culture of Imperial Germany as a case of its own, which could claim the support from all strata of the German society. Thus, for example, the conservative-liberal-minded historian Friedrich Meinecke from Freiburg argued in August 1914 that the Germans as a chosen "people of culture" (*Kulturvolk*) had gone to war in order to defend their specific understanding of political freedom[10]. Many more were to join him along the same line of argument. This included, for example, one of the few German historians in favour of the Social Democratic Party, Gustav Mayer, who argued that defending Germany's course meant to pursue higher cultural ideals. In his eyes, the war was led by Germany to ascertain the highest values of humankind –so he put in

7. Kellermann 1915.
8. Ungern-Sternberg von 2014.
9. Mommsen 1992. For more recent discussions on this topic, see Flasch 2000; Bruendel 2014.
10. Meinecke 1958.

October 1914. He even regarded the war as a tribute to the "eternal will of history"[11]. The Berlin historian Friedrich Thimme was to second him in a similar way several years later, in May 1917. His letter to Meinecke merits quotation as it explicitly defined the aim of defending German liberty and also because it neatly described the role Thimme assigned to the profession of historians during the war[12]:

> I would like it very much if we German historians could come together to stage a powerful appeal in favour of defending the "German liberty". Basically, all of us, perhaps with the exception of the hapless Dietrich Schäfer, are of the same opinion as to the aims of the war and peace, but also on home affairs. [...] We historians in particular, who administer the heritage of Bismarck and Treitschke, should be at the front line of both domestic and foreign politics.

It is interesting to note the fact that so many leading German historians voluntarily took part in explaining their country's war effort against "a world of enemies"[13]. And it is also interesting to realise that this attempt united historians over the whole political spectrum and from all confessions. All of them readily sided with their government when it came to explain the German attack on Belgium and also when denying the Belgian atrocities committed by the German army. What we witness in this connection can be understood as the result of a general moralisation of warfare which, as the German theologian Ernst Troeltsch argued in 1915, had become part and parcel of a modern people's war. In times of mass politics, so Troeltsch argued further, political leaders had to couch the national war effort in terms of a "war of defence". Therefore, both politicians and academics represented the war as a just cause to defend Germany's political existence and also to defend the specific moral fibre of its political culture[14].

In my view, this argument carries some weight because it underlines the importance of moral standpoints and thus a phenomenon which has remained to this day a corollary of modern warfare. If democracies attempt to win a war, they do not only have to win battles but they also need to gain the higher moral ground over their adversaries. The argument in itself was, to be sure, not new, neither in 1914 nor at the end of the First World War. But after August 1914, this challenge propelled many of the German historians into becoming fervent supporters of their country's cause. This proved quite a challenging task as Germany could not pretend to lead a war in the defence of universally acclaimed ideals. Against this background, the German government engineered several broad publicity campaigns to legitimise the attack on Belgium and at the same time to defend what is

11. Niedhart 2009.
12. Thimme 1994, p. 157.
13. Wilhelm, Walter 1914.
14. Quoted by Lübbe 1963, p. 228.

understood under the concept of "German freedom". These publicity campaigns were meant to convince both the public at home and the inhabitants of the neutral states of the just cause on the German side. However, this mobilization went, as I will argue, hand in hand with a broad self-mobilization of German intellectuals and academics, many of whom were renowned or less well-known historians.

In the following I would like to probe deeper into this phenomenon by concentrating on a selected number of public interventions by German historians during the war. To this purpose I will, firstly, try to give a rough sketch of the professional group of historians and its adherence to the idea of a German freedom. Secondly, I will analyse the relationship between mobilization and self-mobilization which ensured a wide circulation of the concept of German freedom. Thirdly, I will look a bit closer at some of the long-term consequences for the German historiography on the First World War. In all these passages, I will try to highlight the great importance of the German attack on Belgium as this weighed heavily on all moral and political debates since the outbreak of the war, but I will not confine myself to it. The historians' debate over Belgium needs to be integrated into the wider "war of culture" that took place between 1914 and 1918. It is only then that we can understand its wider implications.

A BRIEF GROUP PROFILE OF GERMAN HISTORIANS DURING THE FIRST WORLD WAR AND THE IDEA OF A "GERMAN FREEDOM"

Although it has been constantly repeated that the age of the mass university had already begun at the turn of the XIXth to the XXth centuries, this was, in quantitative terms, completely different to what we understand under the expression today. At the outbreak of the First World War, there were only eighty-six established chairs of history in Imperial Germany, seventy-six of which formed part of a university department. This situation ensured that a few opinion leaders usually sufficed to exert a relatively strong influence over their "guildsmen". During the war years, this concerns, above all, Hans Delbrück, Friedrich Meinecke and Hermann Oncken, to mention only some of the most renowned ones. The three of them represented figureheads of a liberal-conservative wing in German historiography, while Dietrich Schäfer, Max Lenz and Georg von Below turned into historiographical rabble-rousers during the war, favouring far-reaching war aims and a punitive peace against Germany's enemies. Together with numerous other colleagues, to whom we should add Karl Hampe as a specialist on Belgian history, they took part in massive publicity campaigns to legitimate the German war effort and also concrete military actions on the ground[15].

15. Cornelissen 1996.

But, perhaps, it is helpful to extend the borders of this group to better understand some of the motives which activated its members. This attempt should include some of the less well-known exponents of the field, such as the archivist Paul Richter from the state archive in Wetzlar, who came to occupied Belgium in 1915 in order to carry out a comprehensive search of German historical documents. What his motives were, he made clear in a letter to the Deputy-Director of the state archives in Berlin, Paul Bailleu, written in Anvers in July 1916: "It would be a real pity [as Richter formulated at that time] if one does not benefit from the present circumstances not only to gain the expected material values, but also idealistic ones"[16]. Obviously, Richter was thinking of important archival documents, of which the Germans should get hold of in order to relocate them into archives under German rule. This chimed in with one of the main war aims put forward by numerous directors of German museums, libraries and also archives who, at an early stage of the war, already called upon their government to ensure the restitution of the pillages during the Napoleonic Wars. This campaign concerned objects of art, historical manuscripts, books and archival documents in Belgium, France and Russia[17]. At times this led to far-reaching claims, as can be shown with regard to Friedrich-Wilhelm Bissing, the son of the General-Governor in Brussels, Moritz von Bissing. Friedrich-Wilhelm Bissing was an egyptologist at the University of Berlin and he may be ranked as quite an ominous figure in this context. In September 1914, Friedrich-Wilhelm Bissing wrote several revealing letters to Wilhelm von Bode, the General-Director of the Imperial Museum in Berlin, in which he underlined the importance of a transfer of significant objects of art from Belgium to Germany: "Yes, the complete Gent Altar needs to go to Berlin, including the missing part of the Dirk Bouts-Altar from Löwen. Perhaps, at a later stage, parts from Munich can be added to it in exchange for a Bavarian image or sculpture or even a good Rembrandt"[18]. Obviously, the war wet the experts' appetite for more, which went along with rather dire comments on the Belgian side. Thus Friedrich-Wilhelm Bissing commented in another letter to Bode (the 14th of September 1914)[19]:

> We must get hold of the Gent Altar at all cost; this is the price for saving the city hall in Löwen! I also do not believe that the Americans will hinder us to act this way. On the whole things in Belgium look rather gloomy. We may even reach the point when we have to destroy Brussels [*zusammenschiessen*]. But that would not really matter. As far as I have come to know Belgium and the Belgians, they are a rather awful sort.

16. This letter was passed on to me by Christoph Roolf.
17. Roolf 2009.
18. This letter was passed on to me by Christoph Roolf.
19. Roolf 2009.

To be sure, Bissing was not an exemption but rather a typical representative of many other German academics, scientists or experts from various fields who came to Belgium, Northern France and Paris in order to draw up long lists of claims for the restitution of the objects mentioned. In their eyes, the hunt for material objects was a good basis for a future peace treaty or, alternatively, it might be regarded as a security or bartering object in order to enforce Germany's will onto Belgium and France. This position however was constantly vetoed by the German Foreign Ministry, which partly explains why the self-mobilization of so many scientists and academics, who addressed their political or military superiors with long memoranda, went unnoticed for a very long time after the war. What is important in our context is the observation that to many academics (including historians) the war represented a phase of unprecedented opportunities. They were suddenly confronted with a very wide scope of action which, obviously, they were prepared to turn to Germany's advantage.

In a clear contrast to these very wide reaching aims by numerous experts, many of whom came to Belgium to carry out covert or even secret groundwork as advisors to the military, most of the leading historians literally worked in the background. That might partly explain their more reserved interventions compared to what the front-line experts said. But the result can also be understood as the consequence of their social background and professional training. The traditional avenues of school and university education ensured that German historians regarded themselves as high priests of a school of thought which strove to demonstrate a sort of positive historical continuity for their own country. Methodologically speaking, many of them adhered to the historicist school with strong neo-Rankean leanings and, politically, most of them belonged to the camp of a broad spectrum of governmentalism. A majority of them also regarded themselves as a public authority whose task was to shape public opinion. To achieve this, they tried to kindle a fairly uncritical identification of the public with its state and the nation. It seems that the historians' claim to public leadership was relatively successful because it formed part of a wider academic culture or an intellectual field, as Fritz Ringer has termed it[20]. Thus there was, both before and after 1914, a network of inter-related and explicit beliefs about academic practices of teaching, learning and research, but also about the social significance of these practices which guided historiographical output during the war years.

This means that German historians could expect a positive echo when they highlighted the uniqueness of their own particular state and its political culture. When it came to more concrete plans and controversial questions during the war, a majority of them were rapidly prepared to defend a territorial expansion of the German Reich. Simultaneously, they continued to praise the specific German constitutional set-up as the expression of a kind of German liberty which was, in their view, much more beneficial to the people

20. Ringer 1988, p. 97.

than western liberalism, derided again and again as corrupt and plutocratic. An epitome of this view may be found in a booklet by Hans Delbrück, then editor of the *Preussische Jahrbücher* and professor at the university of Berlin, which first came out in 1913 under the title *Government and the People's Will*[21]. According to Delbrück's argument, the idea of the sovereignty of the people merely represented a fictitious model. In contrast to the sham respect of the people's will in the countries of the West, as he saw it, the German system ensured the effective combination of democratic representation with administrative rule. At the same time, he postulated that the German model was able to ensure a much better and adequate social security for the inhabitants than in Britain or in France.

These ideas were taken up by many of his colleagues during the war. They became part and parcel of a constant battery of politico-historiographical arguments which were directed repeatedly against wartime claims from foreign historians, according to which German society was suffering from a rift between Prussian militarists and the ideals of a humanistic culture. In this context it is interesting to note that although the war actually activated more and more German historians to throw down their gauntlet against the enemy, the range of their arguments remained comparatively stable. On the whole roughly forty German historians came out with statements and publications during the war, which may be regarded as a significant contribution to "the war of words". But it seems that this constant increase in public statements often did not really further the debate in intellectual terms. Delbrück's 1913 book remained more or less canonical. His colleagues ensured that his ideas found a very wide circulation in countless publications.

But when more attention is paid to their speeches and published works, much more comes to the fore. We should not expect to meet with the kind of books written, for example, by the sociologist Werner Sombart on *Traders and Heroes* which contained extreme anti-English diatribes[22]. This was not exactly the style most German historians preferred, although the majority of them were deeply convinced of the idea that Britain had willingly unleashed the war to hold down Germany and its people. But in their publications most German historians remained more restrained in their statements. Perhaps that was much more effective than the open propaganda of the type of Sombart and his fellows produced. We may indeed assume that this kind of "intellectual poison" administered by historians was even more harmful in the final analysis, as it met a wide approval amongst the German bourgeois reading public.

The Heidelberg historian Karl Hampe, already mentioned, may be a good case in point, because he began at a very early stage to raise the question of Belgium's future after the war. Very much in line with many of his colleagues, he regarded the coexistence of the Flemish and Walloons in a united Belgian state as "unnatural" and therefore pleaded in October

21. Delbrück 1914.

22. Sombart 1915.

1914 for a "more healthy reconstruction" (23 October 1915)[23]. Between December 1914 and May 1915, Hampe worked on a historical survey of Belgium which mainly centred on modern and contemporary history, while putting a great emphasis on its status as a neutral power. It really did not take him long to conclude that Belgium had justly lost its status as a neutral power due to the rapprochement with the Entente Powers. In his eyes, the secret talks of 1906 and 1912 –the *conversations anglo-belges*– meant that Belgium had given itself up politically to the English and culturally to the French. The fate of the country, which had solely sought to fortify itself to the East, could only be understood as a kind of "antique tragedy", as Hampe concluded[24].

Many of Hampe's historical arguments remained rather vague. They did not reach out as far as the ones produced by many experts over the future fate of Belgium. But it cannot be overlooked that by and by the historians also began to be carried away by their country's desperate military situation. Thus Hermann Oncken, in a speech held in October 1914 in Heidelberg, went to great lengths to explain the German war aims in Belgium. Although he pleaded against those who called for a complete annexation of Belgium, he made clear that it would be useful to hand the occupied territories as a kind of security, which would then allow to dictate the conditions of a future peace treaty to England[25]. Erich Marcks, Willy Andreas or Gustav Mayer argued in a similarly equivocal way in their statements, because on the one hand they favoured leaving the Belgians free to administer their internal affairs, while on the other hand they favoured a close control of their foreign policy in order to avoid a new rapprochement with England or France. Another central question consisted of the status of the Flemish in Belgium[26]. Many German historians proved to be adherents to romantic ideas of a considerable ethnical vicinity between the Flemish and the German "tribes". Be it the national economist Gerhard von Schulze-Gaevernitz or the staunch conservative historian Georg von Below, they all identified a powerful Flemish movement which deserved the political support of Imperial Germany in order to improve its status in a reconstructed Belgian state[27]. At the same time, it cannot be overlooked that these or similar arguments put forward amongst others by Georg von Below, Hermann Schumacher and also by Eduard Meyer, basically served to legitimate far reaching plans for turning Belgium into a German protectorate. At times, some of those who knew better, as, for example, Gustav Mayer, had inklings that the whole situation looked a lot different and he even spoke of the "curse of horrific deeds". And others like the renowned historian

23. Hampe 2007.
24. Hampe 1915a.
25. Quoted by Hampe 2007, p. 297f.
26. See Wende 1969.
27. *Ibid.*

of Antiquity Eduard Meyer and Friedrich Meinecke already mentioned were not prepared to give up completely their belief in a common European heritage during the war.

On the whole, however, the members of the politically moderate camp amongst German historians also sided with their more hard faced colleagues when they discussed the important Belgian questions during the war. We could, therefore, enumerate a whole series of pamphlets and books in which German historians violated central historiographical virtues such as detachment and impartiality, and there is much to be said in favour of the argument that the noble dream of the objective, as Peter Novick has aptly called it, was lost sight of again and again[28]. The historiographical discourse over Belgium furthered this trend considerably and must be seen as a pivotal debate for the increasing international isolation of German historians both during and after the war.

THE INTERPLAY OF HISTORIOGRAPHICAL SELF-MOBILIZATION AND OFFICIAL MOBILIZATION

When we consider the massive surge of historical publications as from August 1914, it is obvious that many historians did not find it difficult at all to extoll the virtues of their respective country. The constant increase in manifestoes and pamphlets can be explained by the fact that each historical statement by one side inspired a counter-argument by historians of the respective enemy state on the other side. Thus in September 1914 historians of the University of Bonn set in motion a spiral of denouncing manifestoes against Britain and English politics which was quickly countered by a series of academic pamphlets in Britain. "Why We Are at War" was a project by Oxford dons of September 1914. In this series, the authors equated Germany with the glorification of war and they described England, by contrast, as the epitome of the rule of law and the protection of small nations[29]. This was only one of many other historiographical projects that came into being as the outcome of a spontaneous mobilization of historians without any government interference or any official cooperation.

But neither the British nor the German surge of war-time publications remained independent of state influence as it might seem on the surface. Thus it has been shown that even the famous *Appeal to the Civilized World* (*Aufruf an die Kulturwelt*) had been officially initiated by the propaganda department of the German Naval Office. A similar and quite important project was initiated in 1915 under the title *Germany and the World War* (*Deutschland und der Weltkrieg*), about which it may be useful to go a bit more into

28. Novick 1988.

29. Oxford 1914.

detail[30]. The project was initiated by Friedrich Schmidt-Ott, a higher civil servant in the Ministry of Culture and from 1917 Minister of Culture. Schmidt-Ott cooperated with leading German historians to counteract the allied intellectual propaganda. Their main aim was to win over the public in the neutral states like the United States of America, Italy, Holland, Switzerland or in Scandinavia.

To achieve this aim, the initiators of the project brought up the idea of a well-researched book to defend the German case in moderate historiographical terms. The whole thing was to be a scholarly response to the Allied accusations and largely free of the strident note of the manifestoes. Once Schmidt-Ott had developed the idea, it was rapidly taken up by historians like Hermann Oncken, Otto Hintze and Friedrich Meinecke. Additional support came from the ranks of the national economists, amongst whom Hermann Schumacher took on a leading role[31]. Karl Hampe was assigned the task of writing about Belgium. Hampe, at first, hesitated because he felt that this knowledge was not good enough to take on such a task. But he finally accepted and produced, with the financial help of the regional ministry in Stuttgart, the article the editors had asked him to write. Basically, it consisted of a summary of his publication on the same subject, which means that Hampe firstly gave a survey of Belgium as a neutral power before he entered into a critical evaluation of its misuse and also of its precarious ethnical situation due to a strong cleavage between the Flemish and the Walloons. To put it short, the whole argument was a justification of Germany's invasion, which betrayed the strong influence of the idea of a close relationship between Germans and the Flemish. While in his text Hampe could nowhere identify signs of a "soul of the Belgian people", he gave almost everywhere the proof of a close flemish-germanic connection[32]. This remained the case until the end of the war.

Illusions of this kind explain why the whole project failed miserably. The wide-raging expectations invested into the project could not possibly have been fulfilled. The idea is nonetheless noteworthy because it demonstrates clearly the multitude of problems which beset the participating historians once they got involved in semi-official historiographical missions. Some of the letters exchanged by the historians involved in the project are quite revealing. Thus Hermann Oncken gave vent to his frustrations in letters to Friedrich Meinecke in 1916[33]:

> We historians cannot live up to the expectations of either side. Due to the many considerations by the editors, I was forced to make concessions in my article. Therefore historians regard my work as a kind of official-apologetic diplomatism; the diplomats, however, do berate me for not knowing and not saying what was really important.

30. Schumacher *et al.* 1915. See Cornelissen 1996.

31. *Ibid.*

32. Hampe 1915b.

33. See Cornelissen 1996.

All of this would leave the historians in a very uncomfortable position. Furthermore, the war brought with it permanently changing constellations which the contributors found difficult to bring into line with their historical arguments.

We cannot go into more detail at this point. Obviously the rule of objectivity was extensively violated in this work and, in retrospect, many of the historical arguments turned out to be much less "sober" than they had originally been claimed by their authors. In the final analysis, the project did not fulfil the wider political aims which had been invested into it. The American translation was met only with a scant and predominantly negative echo. In consequence, both the Ministry of Culture and the German Foreign Office lost their interest in taking historiographical projects of this type any further.

Despite this failure, *Germany and the World War* did not remain the only project which mobilized German historians via official channels. There was a whole series of other projects which testify to the constant interplay between official planning and self-mobilization. Friedrich Thimme had a hand in several of these projects, above all when the German historians began to dwell on the advantages of the "German social kingdom". These projects found a powerful prop in the works of national economists like Gustav Schmoller and the Weber brothers; but Meinecke, Delbrück and Oncken, to whom we should add Walter Goetz, also played a prominent role in highlighting the advantages of Germany's early welfare state in comparison with foreign examples. Thus in 1915 Thimme initiated together with leading social democrats and trade unionists a book project entitled *The New Germany*, which was meant to attract members of the educated working class in particular[34]. Again the project failed to achieve its aims, as the historians continued to feel very uneasy in their work with representatives of the organized Labour movement. Rather it turned out that the radical historians on the political right like Schäfer and von Below were much more efficient in whipping up public political sentiments. This was due to their willingness to use modern methods of mass political participation whereas the politically more moderately minded historians continued to place a high value on their direct links to government circles. But once Bethmann Hollweg's government had been turned over in July 1917, this wing lost much of its political influence. As a consequence the interplay between the semi-official mobilization and the self-mobilization of German historians came to a standstill.

When Walter Goetz co-edited another project in 1918, entitled *Germany and the Peace* (*Deutschland und der Friede*), an obvious corollary to the aforementioned *Germany and the World War*, he marked the end of a series of historical academic failures during the war[35]. The book only served, after its publication in the middle of 1918, to vilify the German peace attempts as many contributors were still arguing for moderate German war aims

34. Thimme, Legien 1915.

35. Goetz 1918.

in a situation when the German army had lost its final major campaign. Now, it would definitely go too far to say that Germany lost the war because of the academic failures described above. But in retrospect they did not really help the German effort either. In addition, as Germany lost the war, many historians had in the end to realize that by letting themselves be drawn into semi-official propaganda work they had seriously violated the criterion of academic objectivity. This constituted one of the reasons for their surprising silence on the concrete events of the war after 1918, although many of them posed first-hand experience of the events, either as writers in the shadow of the military front or as soldiers with first-hand experiences of many battles.

SOME OF THE LONG-TERM CONSEQUENCES FOR THE HISTORIOGRAPHY AND THE LONG NEGLIGENCE OF THE BELGIAN ATROCITIES

The end of the war did not mean at all that the "war of the minds" also drew to an end. On the contrary, the latter went on and to a considerable extent it focused on the question of German atrocities in Belgium. That is shown by a large number of books, articles and pamphlets published on this subject from the 1920s and the 1930s[36]. Many of them were written by specialists on international law or publicists, but the historians were part of the revisionist movement right from the very beginning. Once again, one of the first texts resulted from a public appeal engineered amongst others by the historian of Antiquity Eduard Meyer who came out in 1919 and who demanded "Honour, Truth and Justice" for Germany[37]. This was followed up by a treatise by Walter Goetz from the University of Leipzig on the atrocities, published in 1922[38]. Later, it was to be accompanied by numerous further historiographical and juridical papers against the "unfounded reproaches" of German barbaric deeds in Belgium. All of them more or less came to the conclusion, already formulated by Walter Goetz, that the myth of German atrocities had no substance at all and would, therefore, explode just as much as the idea of Germany's responsibility for the war.

It is interesting to note that the majority of German historians both before and after 1945 held on to these views, which meant they continued to rely on the official view of the military and the German Foreign Office. Gerhard Ritter belonged to this group, as he still argued in the 1960s that the intellectual interventions by his predecessors during the First World War and its aftermath should be ranked as "politically harmless attempts

36. Horne, Kramer 2001.

37. Meyer 1919.

38. Goetz 1922.

of a modern nation of culture" to come to terms with the fate of a total war[39]. Even in the 1980s, in his much acclaimed history of Imperial Germany[40], Thomas Nipperdey described the invasion of Belgium in a way that still showed traces of the German white book on the Belgian atrocities. According to Nipperdey, Belgian *francs-tireurs* had caused a strong "nervousness" in the ranks of the German soldiers and "small instances [...] and the destruction of cultural monuments" had been used by the allied propaganda, so he argued, "to accuse German soldiers of 'horrific barbarism against women and children' or even to speak of 'German atrocities'"[41]. The same view found entry into one of the best known German encyclopaedias, the *Brockhaus*, which in 1996 explained that "*Franktireurs*" stood for armed civilians who fought against German soldiers in Belgium in the hinterland of the military front[42].

Now, Nipperdey was certainly not a specialist on Belgian history, but that does not explain why he ignored the book by Leo Wieland on *Belgien 1914* which had come out in 1984[43]. This raises, of course, important questions about the long-lasting effects of the propaganda from the First World War on German historiography. But instead of going into the details here, I would like to conclude by indicating at least why so many important aspects of the "war of the minds" continued to dominate the minds of many German historians.

Firstly, many Germans possessed first-hand experience of the war but preferred not to speak of them after 1918, even though these had been cardinal events in their lives[44]. Secondly, the impact of the war experience was nonetheless there and that should not be overlooked. Thus, we can witness on the one hand the emergence of a so-called "people's history" (*Volksgeschichte*) since the 1920s which began to widen the social and cultural scope of former historicist approaches. On the other hand, the continuity of the war can be observed in the historians' rhetoric, in their political positioning and, last but not least, in their incapability (which I mentioned before), their failure to come to terms with their personal experience of war.

In this regard, the category of intellectual generations may be helpful to make some further differentiations[45]. In a very general sense, we should distinguish between representatives of an older generation like Walter Goetz, who had volunteered at the age of forty-seven in 1914. He was, however, rather the exception than the rule, because

39. Ritter 1964, p. 39. See Cornelissen 2001.
40. Nipperdey 1993.
41. *Ibid.*, p. 760.
42. *Brockhaus* 1996.
43. Wieland 1984.
44. See Cornelissen 2002.
45. *Ibid.*

most of the historians of his age group acted on the home front. The age groups drafted as soldiers, that is those who had been born between 1879 and 1899, were quantitatively much more important. Of the latter, I have been able to identify approximately fifty German university historians in the 1920s and 1930s who had undergone some kind of war experience, many of them quite harsh ones. In my biography of the Freiburg historian Gerhard Ritter, I mention one example of this group of German historians who took part in many well-known battles of the First World War, who suffered serious physical injuries and who, something we should certainly not forget, underwent traumatic experiences with long-term-consequences[46]. Ritter had already finished his first round of academic socialization before the outbreak of war and, therefore, he found it easier to integrate his personal war experience into his academic career. But the same cannot be said for the younger members of the front generation. These tended to react in a much more radical way and thus it is certainly no coincidence that numerous members of their ranks opted for a much clearer distancing from bygone historiographical concepts after the war than was the case with the elder fellow-soldiers.

To those who had been mobilized as soldiers, the experience of the war and the German revolution in 1918 engraved itself much deeper than in the minds of their academic teachers. Whereas Meinecke and Oncken, for example, proved capable to analyze the events in quite a detached mode, even while there were going on, the younger ones reacted much more passionately and much less restrained. The wartime letters and the after-war correspondence of Gerhard Ritter, Hermann Aubin, Richard Salomon, Lüdwig Dehio, Hans Rothfels and many others testify to this result: during the war, their mental map had remained relatively blank as to what they had observed and experienced. But when it finally dawned on them that their country, that they themselves had lost the war, they reacted by introducing important historiographical modifications. Aubin, for example, entered upon the way of regional and folk studies. Ritter became a proponent of a new kind of neo-Rankean universal history which tried to retain its national roots. And as from the middle of the 1920s Rothfels embarked on a historical-political mobilization of young university scholars, the results of which have been discussed in a very controversial way over the past years. To put it short, the younger, the more radicalized the rhetoric of our war historians became; the younger they were, the more they favoured a methodological break with the past, though this does not represent a hard rule. After the war, however, it took most of them almost two decades before the majority felt able to turn back their minds actively on their own war experience. Interestingly enough, Hitler's foreign and military policy after 1933-1935 paved the way for a fresh reflection on the history of the World War.

46. Cornelissen 2001.

I have already considerably trespassed on the chronology of my topic, but in my view this is the direction which we should take if we really want to advance the present state of research. I will end by offering a second closing remark. The mobilization and self-mobilization of German historians produced an intellectual disaster because common standards of our profession were massively violated. Historical virtues such as objectivity, detachment and impartiality were easily shed to assist the national war effort. In retrospect, this development represented the first major step in the dehumanization of historiographical values which was to find a much more pronounced expression during the Second World War[47]. The historical interpretation of the Belgian atrocities can be regarded as an early instance of this development which was to have very serious consequences.

Bibliographic abbreviations

Brockhaus 1996 = *Brockhaus*, Enzyklopädie, 20 Aufl. (1996-2001), Griterloh, F. A. Brockhaus, 1996.

Bruendel 2014 = Bruendel Steffen, *Zeitenwende 1914: Künstler, Dichter und Denker im Ersten Weltkrieg*, Munich, Herbig, 2014.

Cornelissen 1996 = Cornelissen Christoph, "Politische Historiker und deutsche Kultur. Die Schriften und Reden von Georg v. Below, Hermann Oncken und Gerhard Ritter im Ersten Weltkrieg", *in* Mommsen Wolfgang J. (ed.), *Kultur und Krieg: Die Rolle der Intellektuellen, Künstler und Schriftsteller im Ersten Weltkrieg*, Munich, Oldenbourg, 1996, p. 119-142.

Cornelissen 2001 = Cornelissen Christoph, *Gerhard Ritter. Geschichtswissenschaft und Politik im 20. Jahrhundert*, Düsseldorf, Droste, 2001.

Cornelissen 2002 = Cornelissen Christoph, "Die Frontgeneration deutscher Historiker und der Erste Weltkrieg", *in* Dülffer Jost, Krumeich Gerd (eds), *Der verlorene Frieden. Politik und Kriegskultur nach 1918*, Essen, Klartext, 2002, p. 311-337.

Delbrück 1914 = Delbrück Hans, *Regierung und Volkswille*, Berlin, Stilke, 1914.

Flasch 2000 = Flasch Kurt, *Die geistige Mobilmachung: die deutschen Intellektuellen und der Erste Weltkrieg; ein Versuch*, Berlin, Fest, 2000.

Goetz 1918 = Goetz Walter, *Deutschland und der Friede. Notwendigkeiten und Möglichkeiten der deutschen Zukunft*, Leipzig, Teubner, 1918.

Goetz 1922 = Goetz Walter, *Die Kriegsgreuel*, Frankfurt am Main, Frankf. Societäts-Druckerei, 1922.

47. Schulze, Oexle 1999.

HAMPE 1915a = HAMPE Karl, *Belgiens Vergangenheit und Gegenwart*, Leipzig/Berlin, Teubner, 1915.

HAMPE 1915b = HAMPE Karl, "Belgien und die grossen Mächte", *in* SCHUMACHER Hermann *et al.* (eds), *Deutschland und der Weltkrieg*, Leipzig, Teubner, 1915, p. 348-392.

HAMPE 2007 = HAMPE Karl, *Kriegstagebuch 1914-1919*, ed. by REICHERT Folker, WOLGAST Eike, 2nd edition, Munich, Oldenbourg, 2007 (first edition : 2004).

HORNE, KRAMER 2001 = HORNE John, KRAMER Alan, *German Atrocities, 1914. A History of Denial*, New Haven, Yale University Press, 2001.

KELLERMANN 1915 = KELLERMANN Hermann, *Krieg der Geister. Eine Auslese deutscher und ausländischer Stimmen zum Weltkriege 1914*, Weimar, Vereinigung Heimat und Welt, 1915.

LÜBBE 1963 = LÜBBE Hermann, *Politische Philosophie in Deutschland. Studien zu ihrer Geschichte*, Basel/Stuttgart, Schwabe, 1963.

MEINECKE 1958 = MEINECKE Friedrich, "Politik und Kultur", *in* MEINECKE Friedrich *et al.* (eds), *Deutschland und der Weltkrieg*, Darmstadt, 1958, p. 76-82.

MEYER 1919 = MEYER Eduard (ed.), *Für Ehre, Wahrheit und Recht. Erklärung deutscher Hochschullehrer zur Auslieferungsfrage*, Berlin, Curtius, 1919.

MOMMSEN 1992 = MOMMSEN Wolfgang J., "Die 'deutsche Idee der Freiheit'. Die deutsche Historikerschaft und das Modell des monarchischen Konstitutionalismus im Kaiserreich", *Staatswissenschaft und Staatspraxis* 3 (1992), p. 43-63.

NIEDHART 2009 = NIEDHART Gottfried (ed.), *Gustav Mayer: Als deutsch-jüdischer Historiker in Krieg und Revolution 1914-1920. Tagebücher, Aufzeichnungen, Briefe*, Munich, Oldenbourg, 2009.

NIPPERDEY 1993 = NIPPERDEY Thomas, *Deutsche Geschichte 1866-1918*, vol. 2, *Machtstaat vor der Demokratie*, 2nd edition, Munich, Beck, 1993 (first edition: 1984).

NOVICK 1988 = NOVICK Peter, *That Noble Dream: The "Objectivity Question" and the American Historical Profession*, Cambridge, Cambridge University Press, 1988.

ONCKEN 1917 = ONCKEN Hermann, *Das alte und das neue Mitteleuropa: Historisch-politische Betrachtungen über deutsche Bündnispolitik im Zeitalter Bismarcks und im Zeitalter des Weltkrieges*, Gotha, F. A. Pethes, 1917.

OXFORD 1914 = Members of the Oxford Faculty of Modern History, *Why We Are At War. Great Britain's Case*, Oxford, Clarendon Press, 1914.

RINGER 1988 = RINGER Fritz K., "Das gesellschaftliche Profil der deutschen Hochschullehrerschaft 1871-1933", *in* SCHWABE Klaus (ed.), *Deutsche Hochschullehrer als Elite: 1815-1945*, Boppard am Rhein, Boldt, 1988, p. 93-104.

RITTER 1964 = RITTER Gerhard, *Staatskunst und Kriegshandwerk*, vol. 3, Munich, Oldenbourg, 1964.

ROOLF 2005 = ROOLF Christoph, "German Scientists in Belgium at the First World War between Occupation Policy and Planning of Plundering Cultural Assets –the Case Example of Palaeontology", *in* JAUMAIN Serge *et al.* (eds), *Une guerre totale? : La Belgique dans la Première Guerre mondiale. Nouvelles tendances de la recherche historique ; actes du colloque international organisé à l'ULB du 15 au 17 janvier 2003*, Brussels, Archives Générales du Royaume, 2005, p. 271-281.

ROOLF 2009 = ROOLF Christoph, "Eine 'günstige Gelegenheit'?: Deutsche Wissenschaftler im besetzten Belgien während des Ersten Weltkrieges (1914-1918)", *in* BERG Matthias *et al.* (eds), *Mit Feder und Schwert. Militär und Wissenschaft -Wissenschaftler und Krieg*, Stuttgart, Steiner, 2009, p. 137-154.

SCHULZE, OEXLE 1999 = SCHULZE Winfried, OEXLE Otto Gerhard (eds), *Deutsche Historiker im Nationalsozialismus*, Frankfurt am Main, Fischer, 1999.

SCHUMACHER *et al.* 1915 = SCHUMACHER Hermann *et al.* (eds), *Deutschland und der Weltkrieg*, Leipzig, Teubner, 1915.

SOMBART 1915 = SOMBART Werner, *Händler und Helden. Patriotische Besinnungen*, Munich/Leipzig, Duncker & Humblot, 1915.

THIMME 1994 = THIMME Annelise (ed.), *Friedrich Thimme 1868-1938. Ein politischer Historiker, Publizist und Schriftsteller in seinen Briefen*, Boppard am Rhein, Boldt, 1994.

THIMME, LEGIEN 1915 = THIMME Friedrich, LEGIEN Carl (eds.), *Die Arbeiterschaft im neuen Deutschland*, Leipzig, Hirzel, 1915.

UNGERN-STERNBERG VON 1996 = UNGERN-STERNBERG VON Jürgen, UNGERN-STERNBERG VON Wolfang, *Der Aufruf "An die Kulturwelt!": Das Manifest der 93 und die Anfänge der Kriegspropaganda im Ersten Weltkrieg. Mit einer Dokumentation*, Stuttgart, Steiner, 1996.

UNGERN-STERNBERG VON 2014 = UNGERN-STERNBERG VON Jürgen, "Making Sense of the War (Germany)", *in* DANIEL Ute *et al.* (eds), *1914-1918-online. International Encyclopedia of the First World War*, Berlin, Freie Universität Berlin, 2014, [online]. URL: http://dx.doi.org/10.15463/ie1418.10350.

WENDE 1969 = WENDE Frank, *Die belgische Frage in der deutschen Politik des Ersten Weltkrieges*, Hambourg, E. Bohme, 1969.

WIELAND 1984 = WIELAND Lothar, *Belgien 1914. Die Frage des belgischen "Franktireurkrieges" und die deutsche öffentliche Meinung von 1914-1936*, Frankfurt am Main, Lang, 1984.

WILHELM, WALTER 1914 = WILHELM I. R., WALTER Max, "Das deutsche Volk in Waffen gegen eine Welt von Feinden", *Monatshefte für deutsche Sprache und Pädagogik* 15 (1914), p. 229-234.

War Victimization and the Memory of the First World War in Germany after 1918

Nils Löffelbein

INTRODUCTION

The First World War posed a catastrophe of civilization of unforeseen proportions. As the "seminal catastrophe of the xx^th^ century"[1], it is regarded as the first real global conflict in history, not only with reference to the grave political and social-economic consequences for the xx^th^ century, but also because of the unimaginable number of victims: more than nine million soldiers were killed on the battlefields of the continent by the massive deployment of new weapons technology; around twenty million men were wounded. The mass army of war invalids proved to be one of the most bitter long-term consequences of the industrial war: many millions of soldiers worldwide returned home, often with horrific injuries; in Germany alone, more than 2.7 million disabled veterans fought for social welfare and social recognition after 1918[2]. The surviving dependants, widows, orphans and parents of fallen soldiers, as well as the relatives of those severely injured, were also directly affected by the violence of the war. The war left communities devastated; there was hardly one family from which the war had not taken at least a child, a brother or father. In some cases, entire generations of young men had been wiped out. Altogether, the First World War brought about a magnitude of victims that had never been seen previously and for which none of the belligerent nations had been prepared.

Against this background, cultural history has identified in increasing detail the extent to which the mass death and destruction of the war came to shape the conceptual world

1. Kennan 1979, p. 3.
2. See the numbers in Overmans 2009.

and political culture of European societies during the 1920s and 1930s[3]. To the post-war nations, the mass loss of family members therefore presented the central and decisive experience –something which Europeans, despite their national difference, all shared. The remembrance of those who died or were injured in the war remained an omnipresent part of everyday life for people after 1918: tens of thousands of war memorials sprang up in every town and every remote village in all of Europe, remembering those who had fallen and the boundless suffering that the "Great War" had brought across the European continent[4]. With this came the huge number of disabled veterans who shaped the image of everyday life; they were to be seen on every street and also needed to be integrated into social and economic life. In this context, the historian Jay Winter has described the culture and politics of the inter-war period above all as a process of collective mourning[5].

However, the process of working through the social and mental effects of the war varied greatly and did not only remain closely connected to the issue of victory and defeat. In France, whose population suffered by far the most from the devastation of the First World War, remembrance of the dead and wounded after 1918 quickly solidified itself as a community-strengthening symbol of national unity and republican order. In England too, mourning for the victims of the war and the war dead brought together the community –despite internal political disputes[6].

On the contrary, Germany had lost the war and was subsequently confronted by a defeat which for many Germans had come unexpectedly: the inglorious end to the First World War and the conditions of the Treaty of Versailles were perceived by many as a national humiliation; it represented a deeply traumatic experience, which made it difficult for many to accept the transition to peace[7]. Even the Social Democratic Party of Germany (*Sozialdemokratische Partei Deutschlands*, SPD) Chairman Friedrich Ebert greeted troops returning home by saying that they had been "overcome by no enemy"[8]. The remembrance of the war in the Weimar Republic therefore remained quite literally a deeply "contested terrain" (*umkämpftes Terrain*)[9]. As the historian Richard Bessel has observed, in the defeated nation of Germany especially, dealing with the "inherited burden of the lost war" proved a difficult legacy for the politically and ideologically deeply fractured society, which failed to find a collective language of mourning and remembrance following the war[10].

3. Hirschfeld 1993; Dülffer 2002; Hardtwig 2005; Janz 2009; Winter 2009; Horne 2012.
4. Becker 1994.
5. Winter 1995.
6. See contributions in: Hettling 2013.
7. Barth 2003.
8. Cited from Hoegen von 2007, p. 141.
9. Ulrich 1997; Ziemann 2013.
10. Bessel 1993; Schivelbusch 2001.

Surprisingly, historians have underestimated the degree to which millions of disabled veterans and bereaved family members of the war dead were a burden on the young Weimar democracy, whereas the war invalids, their relatives and surviving dependents as victims of the war all together made up around one tenth of the German population. Their welfare provision at times brought the crisis-ridden Weimar Republic to the brink of its financial capabilities. Yet, until the 1980s, historians hardly paid attention to the treatment of war invalids and surviving dependents after the First World War[11]. Whilst older historical research has already dealt with the social and economic consequences of the huge numbers of war invalids[12], the question as to what extent the phenomenon of the millions of disabled war veterans shaped the republic's social self-perception after 1918 –and thereby also the handling of the victims of the war– has hardly been paid attention. The sole turn from social history to the "new" cultural history in the 1990s allowed historical research into the consequences of the war to start to examine in more detail the following question: how enduring the experience of mass war disablement had an effect on the self-perception of the Weimar Republic, as well as on the memory of the First World War in the 1920s[13]?

In the following, I want to show that within the political culture of the Weimar Republic the war invalids precisely became a symbol of war and defeat, which in return strongly affected the memory regarding the First World War as a whole. Furthermore, it should be pointed out that the contested memory of the First World War in the Weimar Republic complicated the social reintegration of the war victims into society.

At first, I will illustrate the reasons for the failed integration of the war victims in post-war society. Secondly, I will show to what extent the contradictory discourses about questions of war victims shaped the political culture of the Weimar Republic. As research has recently been able to demonstrate, the symbol-political exploitation of the experience of the First World War in the Weimar Republic represents one considerable reason for the rise and the success of the National Socialist movement. Thus the never fully achieved settlement for the German war victim movement with relation to the state significantly contributed to the destabilization of its political order. The unresolved question of the war victims finally gained new urgency during the world economic crisis and the sweeping rise of the National Socialists at the beginning of the 1930s especially. The Nazis staged themselves as real successors or heirs of the front soldiers like no other political group[14]. So finally it was precisely National Socialism that reversed the marginalization of the victims

11. The book of Robert W. Whalen is still regarded as a canonical standard work for the history of the German war victims after the First World War. Until the 1990s, Whalen remained the only author who stressed the fundamental social and political consequences of war-injuries on a mass-scale: Whalen 1984; see also Diehl J. M. 1985; Krumeich 1990; Ulrich 1993.

12. Geyer 1983; Whalen 1984; Diehl J. M. 1993.

13. Kienitz 2008.

14. Krumeich 2010; Weinrich 2013.

of war in the public consciousness after 1933 and glorified the war invalids and bereaved as "honoured citizens" (*Ehrenbürger*) with great organizational and propagandistic effort[15]. As it will be illustrated, the National Socialists not only recognized the propagandistic potential of the war invalids for their military and political goals, but also pushed the female bereaved and surviving dependents into the centre of public attention in a specific way, in order to channel part of the widespread mood of protest amongst the milieu of the victims of the war.

"MEMORIALS OF HORROR"[16]: WAR VICTIM POLITICS IN THE WEIMAR REPUBLIC

As historical research has already shown, the treatment of the high numbers of war victims by the European post-war states differed substantially. In the victorious nations of France and Britain, war victims were included in the collective remembrance of the war from the very beginning, in marked contrast to those in the Weimar Republic. As early as the large allied victory parade in July 1919 in Paris, a thousand of war invalids led the main procession. The significance of this political gesture can hardly be underestimated[17]. In Britain too, public gestures of gratitude and appreciation to the veterans and their relatives were an integral part of the national remembrance of the victims of the First World War. With this sentiment, the revenues from the sale of the artificial poppies on "Remembrance Day", the wearing of which was soon upheld as a national duty by the population, were donated for the benefit of the veterans and their relatives[18].

A different situation occurred in Germany: while the governments of Great Britain and France had no problems in honouring the sufferings and sacrifices of the war victims in public, Weimar Germany failed to establish official signs of remembrance and appreciation for this large section of the population. Those who engaged in the politics of remembrance largely excluded war victims, who felt overlooked and misunderstood. With regards to the symbolic vacuum of Weimar policy for war victims, it was therefore only characteristic that in 1926 not even one single representative of the war victim associations was invited to the discussions for the planning of the Empire Memorial (*Reichsehrenmal*) for those fallen in the war, much to their annoyance[19]. Thus the relations between the war victims and the Republic during the entire Weimar period remained tense, even though the war

15. Löffelbein 2013.
16. Kuttner 1920.
17. Beaupré 2009, p.116.
18. Barr 2005; Goebel 2013.
19. Weiss 2005, p. 186, n. 10.

invalids were financially much better provided for than in other belligerent nations. Due to preferential treatment on the job market, guaranteed by the state, they were also able to return to work much quicker, in comparison to Great Britain, for example, where unemployment amongst veterans remained disproportionately high into the 1930s[20]. Antoine Prost even estimated that in France, almost three quarters of the war invalids had to manage without a single pension payment[21]. Nevertheless the veterans and relatives were a social fringe group in the Weimar Republic which ultimately never found its place in German post-war society.

What was the reason for the marginalization of the disabled veterans and bereaved in the public space?

The social history of the 1980s and the 1990s ascribed the responsibility of the increasing marginalization of war victims from the community above all to the specific structure of welfare provision for war victims in Germany. It also highlighted the problems for veterans in the job market and in their dealings with state authorities[22]. The Weimar system of welfare provision for war victims was solely geared towards the vocational rehabilitation of veterans, as opposed to the paternalistic "warrior welfare" of the German Reich. Unlike before 1918, pension levels were no longer set according to military rank, but by the level of work ability. In order to be able to reintegrate war invalids into the world of work at every price, Weimar social experts developed complex social-political measures and instruments, which were unique in Europe: a location-dependant, graded system of basic and supplementary pensions added to vocational and medical care enabled a comprehensive social-political control of the welfare system through state-run authorities and agencies. They also established numerous additional payments such as allowances for the severely disabled, families or carers and additional payments based on location and death allowances to complete the system. With the introduction of universal pension entitlement after 1918, the welfare for war victims proved to be the pacesetter for the modern welfare state, the essential features of which continue to shape the pension system of the Federal Republic until today[23].

Despite its social and technical efficiency, the apparatus of welfare provision was often perceived by those reliant upon it as anonymous and impersonal. The confusing process and subject matter, which could often be understood only by experts, as well as the constantly changing classification criteria and the dominance of administrative professionals and consultative medics, offered war victims few possibilities to identify with the new state form of provision. There was no official representation of interests for the

20. Geyer 1983; Leese 1997; Cohen 2001.

21. Prost 1983.

22. Führer 1990; Frie 1994; Kleinschmidt 1994.

23. Hudemann 1991.

issues affecting war victims in Germany, as had been realized in France and England with the creation of their own pension ministry[24]. Furthermore, the politically deeply divided war victim associations in Germany at no point managed to occupy a position in society which matched their size in terms of numbers or which could have lent their demands more political leeway. They were demoted to little more than the thankless role of an interest group for the purposes of welfare support[25].

However, the social exclusion of the disabled veterans in the Weimar Republic cannot be explained by a German welfare-political *Sonderweg* alone. In this sense, more recent studies no longer show the return to civil life for the many millions of disabled men as a purely social-political problem of the State, but rather point at the collective psychological effects for the German post-war society as a whole, arising from the experience of mass war disablement[26]. According to this, the inability of German society to overcome defeat led to a repression of the problem of the war victims in the political and social spheres of the Republic. Indeed, it would appear clear that the war victims hardly showed themselves in the Weimar Republic. This lack of official representation was frequently and publicly denounced by the war victim organizations. In their publications and during countless demonstrations in the 1920s and early 1930s, war victims' organizations scandalized the refusal of succeeding governments to grant them a special place in society. The Bavarian Association for Disabled Veterans and Surviving Dependents (*Bayerischer Bund Kriegsbeschädigter und Kriegerhinterbliebener*), on the occasion of the unveiling of a memorial, for example, complained bitterly how society honoured the fallen "heroes" with pathos, whilst the thousands of "living monuments" to the war still around were met with disdain[27].

In recent years, the long held dominant perspective about which pro-republican government party underestimated the political importance of public symbolic actions and gestures (or failed to recognize them at all) has been called into question[28]. Moreover, after 1918, the landscape of associations for German war veterans and victims was not as strongly influenced by a nationalist or anti-republican stance as previously assumed[29]. In this connection, Benjamin Ziemann recently referred to the Social Democratic National Association of Disabled Veterans, Combatants and Bereaved, "Reichsbund" hereafter (*Reichsbund der Kriegsbeschädigten, Kriegsteilnehmer und Kriegshinterbliebenen*). With at times over 800 000 members, this association was by far the largest veteran and war victim association

24. Geyer 1983.
25. *Ibid.*
26. Kienitz 2008.
27. Bundes-Nachrichten 1922, p. 121.
28. Buchner 2001; Rossol 2010.
29. Diehl J. M. 1971 and 1977.

in the Republic. It shared the democratic values and ideals of the Republic and, at the same time, as part of the Weimar "never again war" movement, it was a pronounced exponent of pacifism[30]. In this respect, the Reichsbund association represented the driving force in the field of international veteran and war victim reconciliation during the 1920s, by which veterans organized themselves in the hope that a future war could be prevented after the catastrophe of civilization of the First World War[31].

Nevertheless, regarding the war invalids, neither the state nor society succeeded in establishing a ritual of remembrance and recognition in the public sphere, whereas that could have retroactively given some meaning to the military deployment during the war, considered as an "act of sacrifice" (*Opfergang*) by the victims[32]. The Republic's symbol-political departure from the swashbuckling style of the Wilhelmine German Reich was widely welcomed by the majority of the pro-republican war victim associations. Nevertheless, even the Reichsbund association bitterly registered the apparent unwillingness of Weimar governments to grant war victims a special place in society. That ultimately led them to pursue all the more vehemently their claims for national gratitude in the form of financial benefits from the state, with devastating consequences, as it became apparent during the world economic crisis of the early 1930s.

Obviously, the absence of representation for the war victims in the political self-portrayal of the Weimar Republic was also true regarding the surviving dependents. Indeed, the large associations expressly represented the interests of female war victims. On the boards of the associations, the proportion of women was nevertheless negligible. The same was true for the number of female surviving dependents and veterans who participated in the official openings of military cemeteries and remembrance ceremonies[33]. Comparative studies of cultural remembrance practices in other post-war societies have pointed at a significant difference when dealing with death, loss and mourning[34]. Indeed, in numerous states after 1918 there were not only special associations founded for widows and mothers, for example in the United States of America and in Canada, but they were also given prominent seats in the foremost rows at large national memorial events. Moreover, their loss was recognized and honoured by the state through the awarding of crosses of honour and medals[35].

The social presence of surviving dependents was almost entirely missing in the Weimar Republic. The surviving mothers and wives of soldiers were neither able to raise their issues adequately through the war victims associations, nor to be recognized by symbol-political

30. Weiss 2005; Ziemann 2013.

31. Eichenberg 2011 and 2013.

32. Behrenbeck 1999.

33. Fehlemann 2010.

34. Lloyd 1998; Grayzel 1999; Evans 2007; Roper 2009.

35. Acton 2007.

gestures and rituals as in other nations. The culture of remembrance shaped by soldierly conceptions of masculinity and military norms excluded the mass of female surviving dependents almost completely from the memory of the First World War.

HERO OR CRIPPLE: FROM WARRIOR HEROES TO SYMBOL OF DEFEAT

Cultural and gender history has tried in previous years to find new answers to the question of the increasing social exclusion of the victims of the war during the 1920s. Recent research has shown that the image of the mutilated soldier precisely became an influential symbol of the traumatic experience of war and defeat in Germany[36]. In fact, Sabine Kienitz has characterized the image of the disabled soldier as the main "medium" that constantly reminded German society of the lost war in the 1920s[37]. Thus the return of many millions of disabled war veterans questioned the fundamental images of heroes and victims. But it also deeply shook the established ideals of masculinity. The male role model had not been as strongly loaded with military norms and values in any other European country as in the German Empire before 1914. The soldier was deemed to be a prototype of the German man, a symbol of virtue, discipline and masculine beauty[38]. Yet the outbreak of the First World War marked a deep break with the conceptual world of the XIXth century. In the constant fire of the front line, the idealistic image of the heroic warrior was eroded and the ideal of soldierly masculinity appeared to many contemporaries to be permanently damaged: millions of young men were no longer able to return to the jobs they had held before the war due to their injuries, neither could they fulfil their traditional role as head of the family and main breadwinner. As a consequence, countless veterans remained dependent on nursing provided by women, public welfare and state pensions payments for the rest of their lives. Hundreds of thousands were unable to psychologically cope with the horror of the material battles of the war. The massive deployment of heavy artillery, the long periods of time in the trenches, lasting days and weeks, and the experience of mass death and killing at the front line lead many soldiers to a complete psychological and physical breakdown. For the first time in the history of modern warfare, "shell shock" and the proverbial "war tremors" took hold in epidemic proportions. For instance, the British authorities declared in 1917 that psychological causes underlay a seventh of all soldiers who had left military service due to injury[39]. In the spirit of the age, these cases were

36. Bourke 1996; Kienitz 2008.

37. Kienitz 2004.

38. See also Frevert 2001; Jansen 2004.

39. Micale, Lerner 2001.

interpreted by military psychiatrists as a sign of weakness and unmanliness and treated with electroshock therapy, whose cruelty rivalled that of the battles on the front[40].

Whilst disabled soldiers may have been hailed as national heroes with all the pomp of Wilhelmine Germany at the beginning of the war, during the war the sheer scale of the war victims in the homeland led them to be increasingly pushed to the fringes of society. Even after 1918, the shock of the millions of crippled war veterans remained ubiquitous in society's conceptual world and framework of remembrance. As Sabine Kienitz has shown on the basis of an abundance of individual sources, the images of men's war ravaged bodies continually stood at the centre of the highly politicized battle over the interpretation of the "correct" remembrance of the First World War in Weimar society. The figure of the "war cripple" quickly became an emblem for a war whose glorious outcome had not been accepted by the majority of Germans, let alone overcome[41] –did the disabled war veterans not remember every day the defeat, collapse and humiliating conditions of the Versailles "dictate of shame", which was constantly described in public debates at the time, and not coincidentally, as an "amputation" of the nation's body (*Volkskörper*)[42]? The leading medics, orthopaedics and social experts believed that the amputated bodies of war invalids could be to some extent "reconstructed" by using complex prosthetic technology. In this context, those beliefs appeared to be an attempt to restore the damaged masculinity of the war veterans. Although defeat had been sealed militarily, in the German art of engineering the end of the war could in this respect be interpreted as a victory[43].

On the other hand, the figure of the frail, begging disabled veteran quickly became an effective symbol used by the political left to denounce the destructive militarism of the belligerent German Empire, as well as the incapability of the Republic to reasonably care for its war victims. In 1924, the pacifist Ernst Friedrich shocked the public with his anti-war book *War against War* (*Krieg dem Kriege*) in which he attacked Wilhelminian militarism with numerous pictures of severely wounded soldiers[44]. For the war victims' organizations, the invalid's body served as a powerful weapon in their fight for both national gratitude and honour. The left-wing associations, in particular, enforced their claims by presenting disabled veterans to the public. The memorandum of the *Reichsbund*, with photographs of badly injured veterans, is a good example of this strategy. But it was left destitute by the effects of the Great Depression, in an attempt to fight against the emergency decrees of 1932[45]. The ubiquitous images of amputated bodies were also found in the contemporary art

40. Riedesser 1996; Hermes 2012.
41. Kienitz 2004.
42. Conze 2007.
43. Kienitz 1999.
44. Friedrich 1924.
45. Notruf der Kriegsopfer.

of the 1920s and early 1930s[46]. Weimar avant-garde artists such as Max Beckman, George Grosz and especially Otto Dix used their work to express their indignation over the existing social situation of disabled veterans[47]. Their body functioned as part of a comprehensive identity politics and was deployed by the associations as a targeted "medium of battle" (*Kampfmedium*) for the promotion and implementation of their own interests[48].

The traumatic experience of defeat and the resulting degraded images of soldierly heroism led the political right to a diametrically opposed reaction. After the war, a soldierly hero cult quickly disseminated amongst the domains of the right-wing veteran associations of the Weimar Republic, which were rapidly gaining members, as well as through their closely related political milieus. The sheer unbounded glorification of the triumphant and heroic front soldier stood at the center. This cult of strength celebrated by the national right manifested itself in an extremely condensed form in the literary works of the National Socialist author and former front soldier Ernst Jünger. It did not only gloss over the violence of war, but also negated its social consequences[49]. Jünger's soldierly "heroic body" (*Heldenkörper*) was like a machine, hard like steel, and knew no pain. It is therefore no wonder that war injuries and psychological trauma were left out of Jünger's work, as well as the rest of the war-affirming right-wing literary scene[50]. The National Socialists were not the only ones to make use, later, of the racially loaded images of steely uninjured front soldiers in their propaganda as an ideal for a heroic memory of the First World War, whilst the suffering and horror of the war were banned from the realms of National Socialist propaganda[51].

The question of a meaningful explanation for the First World War was also expressed in the social debates over the treatment of "war neurotics"[52]. Thus, in the 1920s, the Social Democratic and Communist organizations once again elevated those who had been traumatized by the war to a symbol of the horrors of war, against the mythical glorification of the experience on the front (*Fronterlebnis*) on the part of the political right[53]. Significantly, the National Socialists particularly rejected the psychological injuries of war as unmanly and weak. They also completely denied those afflicted by them the status of front warrior (*Frontkämpfer*). After 1933, these "hysterical men" (Paul Lerner) were ostracized from national society; many thousands later fell victim to the target killing program of "euthanasia"[54].

46. Kaes 2009.
47. Eberle 1989; Schubert 2006.
48. Kienitz 2003.
49. Schulz 2004; Reichardt 2005; Kühne 2006.
50. Müller 1986.
51. Diehl P. 2005.
52. Crouthamel 2005.
53. Mosse 2000.
54. Rauh *et. al.* 2005/2006.

"HONOUR AND JUSTICE": THE RESTAGING OF WAR VICTIMS IN NATIONAL SOCIALISM

The National Socialists clearly recognized the lack of symbolic representation for the victims of the war in the Weimar Republic and the resulting bitterness and protest earlier than other political groups. In this way, the National Socialist German Workers' Party (*Nationalsozialistische Deutsche Arbeiterpartei*, NSDAP) tirelessly began to court war veterans as political clientele during the 1920s. They presented themselves through their propaganda as a party of deserved front soldiers and war veterans[55]. In 1932, the National Socialist functionary Gregor Strasser reminded in a circular to the political leaders of the NSDAP of the fact that the two million disabled veterans taken with the bereaved all together made up around five millions potential voters[56]. Significantly, the former front soldier Adolf Hitler –who had received multiple injuries during the First World War– was represented as a disabled veteran to the Weimar public at various opportunities. He had "experienced the hardship of disablement through war first hand"[57], as described by the National Socialist publication in 1926. Then only the "Führer" was qualified to lead the victims of the war from hardship and misery to a better future. It was no coincidence that the shortage of symbolic recognition for the victims of the war during the Weimar Republic was denounced by Hitler and the National Socialists as a wilful attempt by the "November revolutionaries" to let the suffering and achievements of the front soldiers be forgotten. The NSDAP promised therefore to honour the war invalids and their relatives as they deserved and to provide for their welfare on a completely new, idealized basis[58].

During the Third Reich, the National Socialists gave the war victims a social valorization. It was of course specifically orchestrated in contrast to the symbolically lacking times of the Weimar Republic. After the National Socialist takeover of 1933, the disabled veterans were used by national propaganda and with tremendous financial and political effort as the "First Citizens of the Nation". The new regime left no doubt that the "Thanks of the Fatherland" that had allegedly been forgotten by the Weimar Republic should now be fulfilled without any delay. The regime staged countless mass rallies, introduced special social rights for war victims in everyday life and established a mass-organization which helped to enforce and consolidate the National Socialist dictatorship. The proclaimed list of special rights was long and included tax reductions, benefits and seats of honour at public events. From 1933 the war disabled took their seats in the first row in the cinema, the national railway or at the countless party rallies. Hitler and other high functionaries

55. Löffelbein 2013.
56. Bundesarchiv Berlin 1932.
57. *Ibid.*
58. *Nationalsozialismus und Kriegsopfer* 1932.

never missed the chance to greet the war victims personally at the seat of honour at party events[59].

The National Socialists exploited above all the old demand of the war victim associations for visible gestures of respect for propaganda purposes. By placing war veterans at the centre of public attention as the "First Citizen of the Nation", the regime hoped that the protest potential amongst the war victims could be undermined. On the other hand, they hoped that the publicly effective honouring of veterans should also symbolically demonstrate to the whole population the restoration of national "honour" by the former soldier Adolf Hitler. The profound ideologization of war victim politics after 1933 also showed itself particularly poignant in the legal changes to the welfare provision for war victims. In the 1920s, National Socialist propagandists continuously criticized the Weimar welfare system for having degraded the German front soldier as a passive, welfare-dependent scrounger of the state. Accordingly, the receipt of welfare benefits was attacked continually in public statements after 1933 as unsoldierly and unmanly; the "pacifist demon" of Weimar was to be abandoned as quickly as possible. As a result, the militarization of the legislation increased during the Third Reich, whereby the law returned to the principles of the traditional welfare policy of the German Reich. Consequently, welfare provisions for war victims were reduced in many areas, or completely cut off; the criteria for the receipt of welfare benefits were also tightened[60]. After rising to power, the National Socialist regime finally believed that the time had come to drive back the supposedly dangerous influence of "Marxist" welfare policy. In this spirit and with great propagandistic effort they attempted to "re-educate" veterans as "productive" members of the national community, with the help of costly job creation measures and state-sponsored settlement projects[61].

The position of the NSDAP with regards to the war invalids remained deeply contradictory, since the glorification of those disabled in the war basically collided with the bellicose elements of National Socialist ideology –and, also, with the National Socialist conception of man shaped to a high degree by particular ideals of wholeness, strength and the heroic, victorious warrior of the First World War. The public display of war injuries, as practised by the politically left-wing war victim organizations during the Weimar Republic, were henceforth definitively taboo. In the Third Reich, pictures of "war cripples" from Otto Dix and other Weimar *avant-garde* artists fell immediately victim to censorship. After 1933, the National Socialists attempted to play down the devastating consequences of the violence of war with a veritable flood of images of undefeated, merely superficially wounded heroic figures in order to reconcile the social reality of war disability

59. Oberlindober 1933; Seel 1935.

60. Oberlindober 1938.

61. Völkischer Beobachter 1934.

on a mass scale with the heroization of the soldierly war experience[62]. On the other hand, war victim groups who stood opposed to the mythical glorification of the experience of the front (*Fronterlebnis*) –and above all Jewish and psychologically disabled war victims– were successively ostracized from the soldierly community of "honour" by the National Socialist regime and later thousands were killed[63].

However, the National Socialists did not only celebrate the disabled soldiers for their sacrifices. In sharp contrast to the remembrance practices of the Weimar Republic, the regime also moved female war victims to the centre of public attention in a specific way. National Socialist policy in general tried to compensate for the loss of political rights with a symbolic revaluation of women as mothers. Apart from the political inclusion in the people's community (*Volksgemeinschaft*) of "Aryan" and politically reliable women, they also offered to integrate them symbolically. By politicizing the generally private aspects of "motherhood" and "housework", these practices became of increased importance. Women functioned as a link between the past and the future of the *Volksgemeinschaft* through their reproductive capabilities, a tradition that no one could represent better than the soldier mother of the First World War. The National Socialists had already started to form a cult of the heroic mother, with broad symbolic arrangements fitted to their own aims. The silent mourning of parents who lost sons during the Weimar period was succeeded by a kitsch and religiously elevated representation of the sacrifice suffered by mothers who endured the death of their son[64]. Besides the use of the topos "hero mother" to stabilize the National Socialist movement, the regime established a new level of propaganda after they seized power. They created statues of the heroic mothers of fallen soldiers, distributed medals for bereaved parents and widows (*Hinterbliebenenkreuz*) and introduced new Memorial Days for fallen heroes. On these Memorial Days young National Socialists were staged as heirs to the mothers of the soldiers who fell in the First World War. With an eye towards wartime mobilization, they cultivated a political heroization of the soldier mother. A line of tradition was built between the "sacrificed" sons of the First World War and the young male National Socialists. They were supposed to symbolize the "seed" of the mother's sacrifice. The formal phrase of many front soldier memorials "You did not die in vain" was used for the forming of a National Socialist heroic mother cult and was formed into "You gave your son but now thousands of sons stand beside you" [65].

In 1934, the Cross of Honour for Bereaved (*Ehrenkreuz für Kriegshinterbliebene*) was introduced alongside the original medal of service at the front for war veterans. In 1935,

62. See as examples: Bundesarchiv Berlin; "Dem verletzten und unbesiegten Soldaten", *in* Völkischer Beobachter 1934.

63. Lerner 2003; Neuner 2011.

64. Friedländer 1984 p. 46 and p. 182-196.

65. Frauenwarte 1934.

the big exhibition The Woman and the People (*Frau und Volk*) was opened, where a hall of fame for the mothers of the fallen was located in the entrance area, which had to be visited in order to get to the actual exhibition[66].

Nonetheless, the heroization and promotion of war victims in the Third Reich also served the regime's psychological mobilization efforts for the planned war. As heroes who had made the ultimate sacrifice for the fatherland, the war invalids were presented to the entire Volk, in particular the younger generation, as exemplary "heroes of sacrifice" (*Opferhelden*). And the "warrior mother" of the First World War was exploited with immense propagandist effort as a connective link between the war of the past and the war of the future[67]. It is therefore no wonder that the victims of the First World War became actively involved in the care of newly disabled Wehrmacht soldiers at the beginning of the Second World War[68].

The end of National Socialist rule heralded once more a complete turnaround in the handling of war victims, which number was as high as never before after the Second World War. The glorification of disability and injury by the state, which received its last renaissance under National Socialism, came to an abrupt end with the absolute defeat of 1945. The Federal Republic assumed the welfare practice of the Weimar Republic and abstained from dealing with war invalids on a basis of state-propagated symbolic politics[69].

FINAL REMARKS

The abundance of research works published to date have already shown how profoundly the social experience of the millions of war invalids was a long-term burden on the Weimar Republic. The defeat of 1918, which was perceived across wide sections of the population as a national trauma, brought about a fundamental shock to society. Its consequences were to be felt for decades to follow. The unresolved and increasingly repressed defeat did not mirror itself more obviously in any other area in the Weimar Republic as in the treatment of and dealings with the war invalids and surviving dependants. Indeed, the financial welfare provision and vocational reintegration of those disabled in the First World War was comparatively successful. However, Weimar society failed to escape the cultural and social-psychological consequences of disablement on such a mass scale. During the entire 1920s and early 1930s, a battle over the sovereign interpretation of the "legacy of the front" raged between the politically deeply divided parties of the Republic and

66. Frau und Volk 1935.

67. Oberlindober 1940, p. 4; Fehlemann 2010.

68. Kramer 2011.

69. Diehl J. M. 1993.

the war invalids –who due to the symbolic appeal of their war wounds quickly found themselves between the fronts of this memory-political extension of the World War. From the political left the figure of the "war cripple" became stylized as the symbol of the destructive force of modern warfare, whilst the radical-nationalist milieu, as opposed to the shocking realities of war, propagated the distorted image of a heroic cult of the front soldier. Nonetheless, the war invalids and surviving dependents of war victims did not remain merely objects of contradictory representations and cultural meanings, rather through their battle for meaning and recognition they were themselves active agents in the process of remembrance. The left-wing war victim associations precisely used the physical attributes of their war ravaged bodies in public self-portrayals, aimed towards the implementation of their political goals and demands. On an international level the alliances of war victims, by the virtue of their painful experience of war, felt called to advocate international peace, communication and agreement.

In society's perception during the 1920s the horror of the World War and the national shame of defeat seemed most of all to be mirrored in the physiognomies of the war invalids. As "memorials of horror" the war victims were undesirable in public remembrance. This process intensified throughout the 1920s, even as the collective mourning of the millions who died in the war gradually began to transform into a heroic cult of the fallen soldier. The discontent of the war victims, whether their exclusion from society or the refusal of the Republic to grant them a prominent position in Weimar society, ultimately played into the hands of the National Socialists. They exploited the embattled memory of the "Great War" for their own political goals with all their might. The governments of the Weimar Republic had attempted to fulfil the much-evoked "gratitude of the Fatherland" in a conscious differentiation to the military representation of the demised German Empire through the economic reintegration of war invalids and surviving dependants. However, in the end the Weimar Republic could not provide an answer to the central question of the post-war period, upon which lay the meaning of the mass death and millionfold disablement on the battlefields.

After the accession to power in 1933, the National Socialists propagated to finally fulfil the national "legacy of the front" and placed the war veterans and their relatives into the centre of the national community. The National Socialist instrumentalization of the question of the war victims both in politics and propaganda is therefore to be understood ultimately only against the background of the national trauma, which for the German post-war society meant war and defeat. The attempts to finally overcome the dreadful legacy of the First World War in society by the National Socialist regime, with their "politics of honour" (*Ehrenpolitik*) in favour of the war victims, served therefore above all the legitimation and stabilization of their own rule. That the Third Reich celebrated the war victims with such remarkable effort as the "First Citizens of the Nation" –almost fifteen years after the end of the war– and mobilized the war veterans and the surviving dependants as part of their exercise of power for their own political goals, makes clear more than any other area the enormous effect of the First World War on the history of the xx^th^ century.

Archives

BUNDES-NACHRICHTEN 1922 = *Bundes-Nachrichten*. Offizielles Organ des Bayerischen Bundes Kriegsbeschädigter und Kriegerhinterbliebener e.V., Nr. 52 (August 1922).

BUNDESARCHIV BERLIN 1932 = *Bundesarchiv Berlin*, NS 22/441, Reichsorganisationsleiter an die Gaue, 4.7. 1932.

BUNDESARCHIV BERLIN = *Bundesarchiv Berlin*, Plak. 003-028-062, "Frontsoldaten! In diesem Zeichen erfüllt sich das Vermächtnis der Front".

Bibliographic abbreviations

ACTON 2007 = ACTON Carol, *Grief in Wartime. Private Pain, Public Discourse*, Basingstoke, Palgrave Macmillan, 2007.

BARR 2005 = BARR Niall, *The Lion and the Poppy. British Veterans, Politics, and Society, 1921-1939*, Westport, Praeger, 2005.

BARTH 2003 = BARTH Boris, *Dolchstosslegenden und politische Desintegration. Das Trauma der deutschen Niederlage im Ersten Weltkrieg 1914-1933*, Düsseldorf, Droste, 2003.

BEAUPRÉ 2009 = BEAUPRÉ Nicolas, *Das Trauma des grossen Krieges 1918 - 1932/33*, Darmstadt, WBG, 2009.

BECKER 1994 = BECKER Annette, "Der Kult der Erinnerung nach dem Grossen Krieg. Kriegerdenkmäler in Frankreich", *in* KOSELLECK Reinhart *et al.* (eds), *Der politische Totenkult. Kriegerdenkmäler in der Moderne*, Munich, Fink, 1994, p. 315-324.

BEHRENBECK 1999 = BEHRENBECK, Sabine, "Zwischen Trauer und Heroisierung. Vom Umgang mit Kriegstod und Niederlage nach 1918", *in* DUPPLER Jörg *et al.* (eds), *Kriegsende 1918. Ereignis, Wirkung, Nachwirkung*. Munich, Oldenbourg, 1999, p. 315-339.

BESSEL 1993 = BESSEL Richard, *Germany after the First World War*, Oxford, Oxford University Press, 1993.

BOURKE 1996 = BOURKE Joanna, *Dismembering the Male. Men's Bodies, Britain and the Great War*, London, Reaktion Books, 1996.

BUCHNER 2001 = BUCHNER Bernd, *Um nationale und republikanische Identität. Die deutsche Sozialdemokratie und der Kampf um die politischen Symbole in der Weimarer Republik*, Bonn, Dietz, 2001.

COHEN 2001 = COHEN Deborah, *The War Come Home. Disabled Veterans in Britain and Germany 1914-1939*, Berkeley, University of California Press, 2001.

CONZE 2007 = CONZE Vanessa, "'Unverheilte Brandwunden in der Aussenhaut des Volkskörpers' – Der deutsche Grenzdiskurs der Zwischenkriegszeit (1919-1939)", *in* HARDTWIG Wolfgang (ed.), *Ordnungen in der Krise. Zur politischen Kulturgeschichte Deutschlands 1900-1933*, Munich, Oldenbourg, 2007, p. 21-49.

CROUTHAMEL 2005 = CROUTHAMEL Jason, "Mobilizing Psychopaths into Pacifists: Psychological Victims of the First World War in Weimar and Nazi Germany", *Peace and Change*, 30/2 (2005), p. 205-230.

DIEHL J. M. 1971 = DIEHL James M., "The Organization of German Veterans, 1917-1919", *Archiv für Sozialgeschichte* 11 (1971), p. 141-184.

DIEHL J. M. 1977 = DIEHL James M., *Paramilitary Politics in Weimar Germany*, Bloomington, Indiana University Press, 1977.

DIEHL J. M. 1985 = DIEHL James M., "Change and Continuity in the Treatment of German Kriegsopfer", *Central European History* 18/2 (1985), p. 170-187.

DIEHL J. M. 1993 = DIEHL James M. *The Thanks of the Fatherland. German Veterans after the Second World War*, Chapel Hill, University of North Carolina Press, 1993.

DIEHL P. 2005 = DIEHL Paula, *Macht – Mythos – Utopie. Die Körperbilder der SS-Männer*, Berlin, Akademie Verlag, 2005.

DÜLFFER 2002 = DÜLFFER Jost *et al.* (eds), *Der verlorene Frieden: Politik und Kriegskultur nach 1918*, Essen, Klartext, 2002.

EBERLE 1989 = EBERLE Matthias, *Der Weltkrieg und die Künstler der Weimarer Republik. Dix, Grosz, Beckmann, Schlemmer*, Stuttgart, Belser, 1989.

EICHENBERG 2011 = EICHENBERG Julia, *Kämpfen für Frieden und Fürsorge. Polnische Veteranen des Ersten Weltkriegs und ihre internationalen Kontakte, 1918-1939*, Munich, Oldenbourg, 2011.

EICHENBERG 2013 = EICHENBERG Julia *et al.* (eds), *The Great War and Veterans' Internationalism*, Basingstoke, Palgrave Macmillan, 2013.

EVANS 2007 = EVANS Suzanne, *Mothers of Heroes, Mothers of Martyrs. World War I and the Politics of Grief*, London, McGill-Queens University Press, 2007.

FEHLEMANN 2010 = FEHLEMANN Silke, "'Heldenmütter'? Deutsche Soldatenmütter in der Zwischenkriegszeit", *in* KRUMEICH Gerd (ed.), *Nationalsozialismus und Erster Weltkrieg*, Essen, Klartext, 2010, p. 227-242.

FRAUENWARTE 1934 = "Der Heldenmutter", *Frauenwarte*, 3/11 (1934), p. 22.

FRAU UND VOLK 1935 = *Führer durch die Ausstellung Frau und Volk, Düsseldorf, 11. Mai bis 12. Juni 1935*, Berlin, Verlag für Wirtschaftswerbung, 1935.

Frevert 2001 = Frevert Ute, *Die kasernierte Nation: Militärdienst und Zivilgesellschaft in Deutschland*, Munich, Beck, 2001.

Frie 1994 = Frie Ewald, "Vorbild oder Spiegelbild? Kriegsbeschädigtenfürsorge in Deutschland, 1914-1919", *in* Michalka Wolfgang (ed.), *Der Erste Weltkrieg. Wirkung, Wahrnehmung, Analyse*, Munich, Piper, 1994, p. 563-580.

Friedländer 1984 = Friedländer Saul, *Kitsch und Tod. Der Widerschein des Nazismus*, Munich, Hanser, 1984.

Friedrich 1924 = Friedrich Ernst, *Krieg dem Kriege! Guerre à la Guerre! War against War! Oorlog aan den Oorlog!*, Berlin, Freie Jugend, 1924.

Führer 1990 = Führer Karl-Christian, "Für das Wirtschaftsleben 'mehr oder weniger wertlose Personen'. Zur Lage von Invaliden– und Kleinrentnern in den Inflationsjahren 1918-1924", *Archiv für Sozialgeschichte* 30 (1990), p. 146-180.

Geyer 1983 = Geyer Michael, "Ein Vorbote des Wohlfahrtsstaates. Die Kriegsopferversorgung in Frankreich, Deutschland und Grossbritannien nach dem Ersten Weltkrieg", *Geschichte und Gesellschaft* 9 (1983), p. 230-277.

Goebel 2013 = Goebel Stefan, "Brüchige Kontinuität: Kriegerdenkmäler und Kriegsgedenken im 20. Jahrhundert", *in* Hettling Manfred (ed.), *Gefallenengedenken im globalen Vergleich. Nationale Tradition, politische Legitimation und Individualisierung der Erinnerung*, Munich, Oldenbourg, 2013, p. 199-229.

Grayzel 1999 = Grayzel Susan R., *Women's Identities at War. Gender, Motherhood, and Politics in Britain and France during the Great War*, Chapel Hill, University of North Carolina Press, 1999.

Hardtwig 2005 = Hardtwig Wolfgang (ed.), *Politische Kulturgeschichte der Zwischenkriegszeit 1918-1939*, Göttingen, Vandenhoeck & Ruprecht, 2005.

Hermes 2012 = Hermes Maria, *Krankheit. Krieg. Psychiatrische Deutungen des Ersten Weltkrieges*, Essen, Klartext, 2012.

Hettling 2013 = Hettling Manfred (ed.), *Gefallenengedenken im globalen Vergleich. Nationale Tradition, politische Legitimation und Individualisierung der Erinnerung*, Munich, Oldenbourg, 2013.

Hirschfeld 1993 = Hirschfeld Gerhard *et al.* (eds), *"Keiner fühlt sich hier mehr als Mensch...": Erlebnis und Wirkung des Ersten Weltkriegs*, Essen, Klartext, 1993.

Hoegen von 2007 = Hoegen von Jesko, *Der Held von Tannenberg: Genese und Funktion des Hindenburg-Mythos*, Cologne/Weimar/Vienna, Böhlau, "Stuttgarter Historische Forschungen" series, 4, 2007.

Horne 2012 = Horne John (ed.), *A Companion to World War I*, Chichester, Wiley-Blackwell, 2012.

Hudemann 1991 = Hudemann Rainer, "Kriegsopferpolitik nach den beiden Kriegen", *in* Pohl Hans (ed.), *Staatliche, städtische, betriebliche und kirchliche Sozialpolitik vom Mittelalter bis zur Gegenwart. Vom 28. März bis 1. April 1989 in Heidelberg*, Stuttgart, Steiner, 1991, p. 269-295.

Jansen 2004 = Jansen Christian (ed.), *Der Bürger als Soldat. Die Militarisierung europäischer Gesellschaften im langen 19. Jahrhundert. Ein internationaler Vergleich*, Essen, Klartext, 2004.

Janz 2009 = Janz Oliver, *Nation, Religion und Familie im italienischen Gefallenenkult des Ersten Weltkriegs*, Tübingen, Niemeyer, 2009.

Kaes 2009 = Kaes Anton, *Shell Shock Cinema: Weimar Culture and the Wounds of War*, Princeton, Princeton University Press, 2009.

Kennan 1979 = Kennan George F., *The Decline of Bismarck's European Order. Franco-Russian Relations, 1875-1890*, Princeton, Princeton University Press, 1979.

Kienitz 1999 = Kienitz Sabine, "Das Ende der Männlichkeit? Zur symbolischen Re-Maskulinisierung der Kriegskrüppel im Ersten Weltkrieg", *in* Köhle-Hezinger Christel *et al.* (eds), *Männlich-Weiblich. Zur Bedeutung der Kategorie Geschlecht in der Kultur*, Münster, Waxmann, 1999, p. 181-189.

Kienitz 2003 = Kienitz Sabine, "Beschädigte Helden: Zur Politisierung des kriegsinvaliden Soldatenkörpers in der Weimarer Republik", *in* Dülffer Jost (ed.), *Der verlorene Frieden. Politik und Kriegskultur nach 1918*, Essen, Klartext, 2002, p. 199-214.

Kienitz 2004 = Kienitz Sabine, "Der verwundete Körper als Emblem der Niederlage? Kriegsinvaliden in der Weimarer Republik", *in* Carl Horst (ed.), *Kriegsniederlagen. Erfahrungen und Erinnerungen*, Berlin, Akademie-Verlag, 2004, p. 329-345.

Kienitz 2008 = Kienitz Sabine, *Beschädigte Helden. Kriegsinvalidität und Körperbilder 1914-1923*, Paderborn, Schöningh, 2008.

Kleinschmidt 1994 = Kleinschmidt Christian, "'Unproduktive Lasten'. Kriegsinvaliden und Schwerbeschädigte in der Schwerindustrie nach dem Ersten Weltkrieg", *Jahrbuch für Wirtschaftsgeschichte* 2 (1994), p. 155-165.

Kramer 2011 = Kramer Nicole, *Volksgenossinnen an der Heimatfront: Mobilisierung, Verhalten, Erinnerung*, Göttingen, Vandenhoeck & Ruprecht, 2011.

Krumeich 1990 = Krumeich Gerd, "Verstümmelungen und Kunstglieder. Formen körperlicher Verheerungen im 1. Weltkrieg", *Sozialwissenschaftliche Informationen* 19/2 (1990), p. 97-102.

Krumeich 2010 = Krumeich Gerd (ed.), *Nationalsozialismus und Erster Weltkrieg*, Essen, Klartext, 2010.

Kühne 2006 = Kühne Thomas, *Kameradschaft. Die Soldaten des nationalsozialistischen Krieges und das 20. Jahrhundert*, Göttingen, Vandenhoeck & Ruprecht, 2006.

Kuttner 1920 = Kuttner Erich, "Vergessen! Die Kriegszermalmten in Berliner Lazaretten", *Vorwärts*, 9 September 1920.

Leese 1997 = Leese Peter, "Problems Returning Home. The British Psychological Casualties of the Great War", *The Historical Journal* 40/4 (1997), p. 1055-1069.

LERNER 2003 = LERNER Paul, *Hysterical Men. War, Psychiatry, and the Politics of Trauma in Germany, 1890-1930*, Ithaca, Cornell University Press, 2003.

LLOYD 1998 = LLOYD David W., *Battlefield Tourism. Pilgrimage and Commemoration of the Great War in Britain, Australia and Canada, 1919-1939*, Oxford, Berg, 1998.

LÖFFELBEIN 2013 = LÖFFELBEIN Nils, *Ehrenbürger der Nation. Die Kriegsbeschädigten des Ersten Weltkriegs in Politik und Propaganda des Nationalsozialismus*, Essen, Klartext, 2013.

MICALE, LERNER 2001 = MICALE Mark S., LERNER Paul (eds.), *Traumatic Pasts. History, Psychiatry, and Trauma in the Modern Age, 1870-1930*, Cambridge, Cambridge University Press, 2001.

MOSSE 2000 = MOSSE, George L., "Shell Shock as a Social Disease", *Journal of Contemporary History*, 35/1 (2000), p. 101-108.

MÜLLER 1986 = MÜLLER Hans-Harald, *Der Krieg und die Schriftsteller. Der Kriegsroman der Weimarer Republik*, Stuttgart, Metzler, 1986.

Nationalsozialismus und Kriegsopfer 1932 = *Nationalsozialismus und Kriegsopfer*, Munich, Reichsorganisationsabt. I, Ref. Kriegsopferversorgung, 1932.

NEUNER 2011 = NEUNER Stephanie, *Politik und Psychiatrie. Die staatliche Versorgung psychisch Kriegsbeschädigter in Deutschland 1920-1939*, Göttingen, Vandenhoeck & Ruprecht, 2011.

NOTRUF DER KRIEGSOPFER = *Notruf der Kriegsopfer: der Reichsregierung und dem Reichstag vorgelegt vom Reichsbund der Kriegsbeschädigten, Kriegsteilnehmer und Kriegerhinterbliebenen*, Berlin, 1932.

OBERLINDOBER 1933 = OBERLINDOBER Hanns, *Ehre und Recht für die deutschen Kriegsopfer. Rede anlässl. d. Reichsparteitages 1933 in Nürnberg*, Berlin, Verlag Deutsche Kriegsopferversorgung, 1933.

OBERLINDOBER 1938 = OBERLINDOBER Hanns (ed.), *5 Jahre Arbeit für Führer und Volk. Ein Rechenschaftsbericht über die Tätigkeit des Hauptamts für Kriegsopfer der NSDAP und der nationalsozialistischen Kriegsopferversorgung*, Berlin, Verlag Deutsche Kriegsopferversorgung, 1938.

OBERLINDOBER 1940 = OBERLINDOBER Hanns, "Der alte und neue Soldat", *Deutsche Kriegsopferversorgung* 9 (1940).

OVERMANS 2009 = OVERMANS Rüdiger, "Kriegsverluste", *in* HIRSCHFELD Gerhard *et al.* (eds), *Enzyklopädie Erster Weltkrieg*, Paderborn, Schöningh, 2003, p. 663-666.

PROST 1983 = PROST Antoine, "Die Demobilmachung, der Staat und die Kriegsteilnehmer in Frankreich", *Geschichte und Gesellschaft* 9 (1983), p. 178-194.

RAUH *et al.* 2005/2006 = RAUH Philipp *et al.*, "Die NS- 'Euthanasie' -Aktion T4 im Spiegel der Krankenakten. Neue Ergebnisse historischer Forschung und ihre Bedeutung für die heutige Diskussion medizinethischer Fragen", *Jahrbuch für juristische Zeitgeschichte* 7 (2005/2006), p. 16-37.

REICHARDT 2005 = REICHARDT Sven, "Gewalt, Körper, Politik. Paradoxien in der deutschen Kulturgeschichte der Zwischenkriegszeit", *in* HARDTWIG Wolfgang (ed.), *Politische Kulturgeschichte der Zwischenkriegszeit*, Göttingen, Vandenhoeck & Ruprecht, 2005, p. 205-241.

RIEDESSER 1996 = RIEDESSER Peter *et al.* (eds), *"Maschinengewehre hinter der Front". Zur Geschichte der deutschen Militärpsychiatrie*, Frankfurt am Main, Mabuse-Verlag, 1996.

ROPER 2009 = ROPER Michael, *The Secret Battle. Emotional Survival in the Great War*, Manchester, Manchester University Press, 2009.

ROSSOL 2010 = ROSSOL Nadine, *Performing the Nation in Interwar Germany. Sport, Spectacle and Political Symbolism 1926-1936*, Basingstoke, Palgrave Macmillan, 2010.

SCHIVELBUSCH 2001 = SCHIVELBUSCH Wolfgang, *Die Kultur der Niederlage: Der amerikanische Süden 1865; Frankreich 1871; Deutschland 1918*, Berlin, Fest, 2001.

SCHUBERT 2006 = SCHUBERT Dietrich, "Krüppeldarstellungen im Werk von Otto Dix nach 1920. Zynismus oder Sarkasmus", *in* CEPL-KAUFMANN Gertrude (ed.), *Krieg und Utopie. Kunst, Literatur und Politik im Rheinland nach dem Ersten Weltkrieg (Begleitband zur Ausstellung 2006, Bunkerkirche Düsseldorf, Siebengebirgsmuseum der Stadt Königswinter)*, Essen, Klartext, 2006, p. 293-308.

SCHULZ 2004 = SCHULZ Petra Maria, *Ästhetisierung von Gewalt in der Weimarer Republik*, Münster, Westfälisches Dampfboot, 2004.

SEEL 1935 = SEEL Hanns, *Das Ehrenrecht der deutschen Kriegsopfer*, Berlin, C. Heymann, 1935.

ULRICH 1993 = ULRICH Bernd, "'...als wenn nichts geschehen wäre'. Anmerkungen zur Behandlung der Kriegsopfer während des Ersten Weltkriegs", *in* HIRSCHFELD Gerhard *et al.* (eds), *"Keiner fühlt sich hier mehr als Mensch...". Erlebnis und Wirkung des Ersten Weltkriegs*, Essen, Klartext 1993, p. 115-131.

ULRICH 1997 = ULRICH Bernd *et al.* (eds), *Krieg im Frieden. Die umkämpfte Erinnerung an den Ersten Weltkrieg. Quellen und Dokumente*, Frankfurt am Main, Fischer-Taschenbuch-Verlag, 1997.

VÖLKISCHER BEOBACHTER 1934 = "Rückgang der Arbeitslosigkeit unter der Schwerbeschädigten", *Völkischer Beobachter*, the 20th of March 1934.

WEINRICH 2013 = WEINRICH Arndt, *Der Weltkrieg als Erzieher. Jugend zwischen Weimarer Republik und Nationalsozialismus*, Essen, Klartext, 2013.

WEISS 2005 = WEISS Christian, "'Soldaten des Friedens'. Die pazifistischen Veteranen und Kriegsopfer des 'Reichsbundes' und ihre Kontakte zu den französischen *anciens combattants* 1919 1933", *in* HARDTWIG Wolfgang (ed.), *Politische Kulturgeschichte der Zwischenkriegszeit 1918-1939*, Göttingen, Vandenhoeck & Ruprecht, 2005, p. 183-204.

WEYRATHER 1993 = WEYRATHER Irmgard, *Muttertag und Mutterkreuz. Der Kult um die "deutsche Mutter" im Nationalsozialismus*, Frankfurt am Main, Fischer, 1993.

WHALEN 1984 = WHALEN Robert W., *Bitter Wounds. German Victims of the Great War, 1914-1939*, Ithaca, Cornell University Press, 1984.

WINTER 1995 = WINTER Jay, *Sites of Memory, Sites of Mourning. The Great War in European Cultural History*, Cambridge, Cambridge University Press, 1995.

WINTER 2009 = WINTER Jay (ed.), *The Legacy of the Great War: Ninety Years on*, Columbia, University of Missouri Press, 2009.

ZIEMANN 2013 = ZIEMANN Benjamin, *Contested Commemorations. Republican War Veterans and Weimar Political Culture*, Cambridge, Cambridge University Press, 2013.

Writing Italian Military History of the First World War during the Last Two Decades: Changing Historical Research at a Time of Fading Memory

Nicola Labanca

NEW IMPULSE FROM THE CENTENARY – FADING MEMORY

The First World War Centenary is reawakening, albeit feebly for now, the interest of Italians in the Great War[1].

The impulse would come neither from the centre nor from above, if the official Italian Celebrations Committee might be defined in such a manner. The now *Struttura di missione per gli anniversari di interesse nazionale* (Branch for the Anniversaries of National Interest)[2], former *Struttura di missione per la commemorazione del centesimo anniversario della Prima Guerra mondiale* (Branch for the Commemoration of the hundredth Anniversary of the First World War), both at the Office of the President of the Council of Ministers, does not have much funding. Even if it has been established late, the fact is not new: members of its Supervisory Committee (those who have cultural expertise) are, for the most part, the same as the previous *Struttura* (later: Unità) *tecnica di missione per le celebrazioni del 150° anniversario dell'Unità nazionale* (Technical Branch [later: Unit] for the Celebrations of the 150th Anniversary of National Unity). Moreover, at the centre, that is to say at the Ministry of Cultural Heritage, there still exists, though with an even smaller budget, another Committee, the *Comitato speciale tecnico per la tutela del patrimonio storico della Prima Guerra mondiale* (Special Technical Committee for the safeguarding of the historical heritage of the First World War)[3].

1. For recent overviews, see Labanca 2014a and 2014b; Labanca, Überegger 2014.
2. See Centenario.
3. See Beniculturali.

Then the impulse is coming from below and from the periphery, that is to say from the regional and municipalities' level, from universities, from local authorities and private travel agencies, from dozens of local organisations of fanatics, rarely scholarly ones but always keen to obtain public funding.

It is of course still too early to assess how the Italian Centenary will come out in 2014-2018. What is certain, however, is that Italy and the Italians at large will be coming to this anniversary with an extremely limited knowledge of the First World War.

What are the reasons of this fading, if not faded, memory? The first and general one, of course, is the passing of time. Another reason could be found in the peculiarities of Italian political history: John Horne blamed fascism and anti-fascism for this in a chapter of the third volume of the *Cambridge History of the First World War*, edited by Jay Winter[4]. Some more precision seems needed, especially with regard to the responsibilities of anti-fascism: it should not be forgotten that in its immediate aftermath, the memory of the conflict was highly controversial and was monopolized by Fascism. Italian war memorials were built early, some as a local expression of the liberal elites: but the most significant of them were built later on by the Fascist regime and still bear its trademark. Another reason could stay in the historians' changing interests. Recalling Jay Winter's metaphor, the attention of today's fourth generation of Italian historians, as well as that of the third one, is still more focused on the Second rather than the First World War[5]. And it is not so much a matter of the "culture of defeat" or "of victory", as it was not a matter of "culture of war" at the time. But probably the strongest element simply is that the First World War is receding more and more into the mists of time. With the notable exception of the North-Eastern Italy, where the war was fought and where, understandably, the memory has been kept alive by the local political elites during the two decades of Fascism and thereafter until 1968, Italians have increasingly vague notions of the war, considering it ever less relevant to their present lives.

Italians know less and less about the war, and they have an extremely simplified memory of it. National collective memory talks about a war which was won –though at what cost is frequently forgotten. Caporetto is remembered more than Vittorio Veneto, General Cadorna more than General Diaz –and only a few know that General Badoglio played a role in the defeat as well as in the final victory. Sometime Italians do not wish to know more also because of a number of governmental initiatives. For the ninetieth Anniversary of the end of the Great War, under the centre-right government of Silvio Berlusconi, the Minister of Defence at the time, Ignazio La Russa, decided to send Army and Navy officers into schools to talk about the national past –not the best way, perhaps, to arouse youngsters' fondness for history[6]. Even the last Italian veteran, Lazzaro (then

4. Horne 2014, p. 624.

5. Winter 2014a; see also the third chapter of this book, p. 23-45.

6. Labanca 2009.

Lazare) Ponticelli, died in France –a sign of Italy as a country of emigrants. For all these reasons, we can talk about a fading Italian memory of the Great War[7].

Despite the general level of knowledge remaining so low, the work of historians has progressed –Horne himself wrote about a "flourishing professional historiography"[8]. Indeed, at least in the last fifty years, the most consistently innovative area of studies on war has been in the fields of political, economic, social and cultural studies, rather than military studies. With regard to the latter, we could speak self-critically of a traditional weakness in Italian military history studies, both academic and amateur, and of a small number of military historians today. The gap between Italian and international military history studies, unfortunately, is growing[9].

We will try to outline an answer to the question about how –and to what extent– Italian historiography in general was able to recover the inevitable gap developed between the Italian people at large and the historians, while special attention will be given to the particular case of the Italian military-historical research and the direction in which the latter has been moving over the last twenty years.

AN UNCHALLENGED CLASSIC

The best general work available on Italian participation to the war is still that by Mario Isnenghi and Giorgio Rochat, published in 2000[10].

The authors gave a general political overview that might not be in accordance with the opinions of previous generations of historians. They portray the last of the great powers in search of diplomatic and military success, a political establishment (including Salandra and Sonnino) which *de facto* abdicates all responsibility to the military. Instead, they left the conduct of the war to the Chief of Staff and Supreme Commander General Luigi Cadorna and his immediate entourage, military top brass who did not ignore the difficulties of the war (despite their lack of attention in 1914 and 1915 to what had been already happening on the Western Front) but who believed that it would have been ultimately possible to overcome these difficulties by fully militarizing the country, deploying a rigidly offensive strategy and exercising a rigorous discipline among the troops. It was this Italy, Isnenghi and Rochat explain, that was defeated at Caporetto and that Orlando and Diaz attempted (happily, in the authors' view) to reform.

7. See Corriere.
8. Horne 2014, *loc. cit.*
9. Labanca 2002 and 2013.
10. Isnenghi, Rochat 2000.

The image of the military institution is no less critical. An army instrumental to Salandra's and Sonnino's politics and unable to gain significant results in the field (with the exception of the persistent attrition of the Austro-Hungarian army); but an army that was slow to reequip and reinforce itself, paying a significant price in terms of loss of human lives. An institution which, as a whole, was based not only on its leverage of small group from below and on a strong nationalizing pressure from above, but also –when compared with the armies of other European powers– on a weaker and far less convincing propaganda campaign and on an extremely repressive discipline (military justice, firing squads, decimation). All of this was re-addressed though not abolished during the final year of the war.

Anticipated in earlier studies by Giorgio Rochat and other scholars[11], including John Gooch[12], always highly critical of Italian "military efficiency", this interpretation remains unchallenged. Local studies on individual units or armed forces, or official histories, did not result in an overall re-appraisal.

WAR AND NATIONALIZATION MORE THAN CULTURE OF WAR

Within the parameters of this general work, since the beginning of the 2000s Italian historians have cultivated many fields of study.

One of the most significant areas concerns a non-military function of the military. To what extent did the war contribute to give the Italians a collective national identity? Some authors maintained that the army triggered a greater sense of national identity. Actually the debate is still ongoing and new and specific research is needed. Yet it is worth pointing out, to the credit of Italian scholars, that the debate has not assumed the nature of a civil war, as has been the case with similar debates taking place at approximately the same time in France. In the "Hexagon", the discussion did not concern the issue of national identity –maybe because the transition from "peasants into Frenchmen" was already taken for granted, as something that had already happened by the time the war broke out. It focused on a presumed "culture of war" which, in the view of its advocates, would have permeated the "*poilus*", "brutalising" them and therefore fully integrating them in the atmosphere created by the government's war propaganda. In spite of a few recent and belated attempts, this kind of debate has garnered little interest among Italian historians. Italian studies have long insisted, and still do insist –against the supporters of "consent" and of the "culture (in the singular) of war"– on the ruthless discipline and repression. This is also because in Italy, compared with France where the debate ragged during the 1990s

11. Rochat, Massobrio 1978; Rochat 1989.

12. Gooch 1994; and now 2014.

and the 2000s, the issue of consent and dissent had already been defined in the 1960s, in studies by Enzo Forcella, Alberto Monticone, Piero Melograni and Giorgio Rochat[13].

New and specific research is eagerly awaited on the topic. It is clear that –after the Risorgimento– Liberal Italy and more specifically the military high command during the Great War inoculated massive dose of nationalization into Italians called to arms. But how profound and persistent its effects have been is something that still needs to be demonstrated. More or less in the same year when Isnenghi and Rochat wrote their work, Antonio Gibelli published a general appraisal and Giovanna Procacci a substantial compendium[14]. Since then no new general works on Italy in the Great War have been published. The complexity of a country's military involvement in a World War does not always fully emerge from these new studies. Some authors occasionally show dissatisfaction with one side or another of the synthesis by Rochat and Isnenghi: a dissatisfaction which takes different paths, some tending towards sharp criticism, some to the old apologia. Nonetheless, there is still no overall account of the Italian war.

The only exception worth mentioning is Mark Thompson's *The White War: Life and Death on the Italian Front 1915-1919*[15]. This book, which addresses the general Anglo-Saxon reader, has many merits and some limitations. Its main merit is that it attempts an overall narrative. Trenchant in his account of the responsibilities of the Italian liberal establishment (especially those of the nationalist interventionists and of Sonnino), Thompson is biting –in the best British tradition– on Italy's ambitions to greatness, while he remains moved by the dramatic life of the poor Italian soldiers in the trenches. Yet the book suffers from some simplification, partly due to its popularizing slant. Over-emphasizing an "Italian exception", the Italian war is depicted as the greatest slaughter of the entire European conflict, Italian nationalism as the most obstinate, the armed forces as the most disorganized, the censorship as the most oppressive and so on. On the contrary, Italian studies have tried to look beyond this "exceptionality" and to put national events back into a European framework: with some specificity and peculiarities, obviously, though without hyperboles.

Nor is Thompson able to restrain himself from some simplification, and even stereotyping of Italy and the Italians: a nation described as "noisy" and "murderous" but at the same time "comical", where politicians resort to "dirty tricks" and the people are "resigned" or, on the opposite, always on the verge of a revolution, where bureaucracy reigns, and so on. Among these generalizations and *clichés*, the military high command is described as "blind" and "presumptuous".

13. Forcella, Monticone 1968; Melograni 1969. See also: Isnenghi 1967 and 1970; Rochat 1967 and 1976.

14. Gibelli 1998; Procacci 1997.

15. Thompson 2008.

MILITARY HISTORIANS, CULTURAL HISTORIANS

As far as military history in a narrower sense is concerned, we can state that many works, monographs as well as collective, have been published in the last couple of decades. They reveal a persistent interest in the military dimension of the Italian participation to the Great War.

However, it cannot be said that they represented one of the strongest points in the field of the Italian studies on the war. There has been no re-occurrence of what happened in the late 60s when ground-breaking monographs were published, in the late 70s when biographies of the key commanders and politicians in the war appeared, in the 80s when a new wave of studies on the war experience of the combatants started. In all these cases a re-appraisal of the war ensued as a result (together with some historiographical lessons on methodology, as was the case for instance with use of autobiographical sources made by the studies on the combatants' war experience).

All we can say about most recent years is that studies became more specialized and that cultural history triumphed. There has been a clear change in sensibilities and in historiographical trends: factually-based history, even military facts, has receded into the background, while what Isnenghi coined as "second level facts", in other words those concerning culture and collective mentalities, have moved into the foreground. The case of Fortunato Minniti makes all this clear. Once both an economic historian specialized in the Fascist rearmament and a political historian focused on civilians-military relations of Liberal Italy, in the last decades he went on writing a cultural history of the Piave river (not a traditional military history on how men and units cast adrift at Caporetto came back up to that river and fought) and of its myth. He is now preparing a cultural history of the first beginnings of Italian air warfare[16].

Cultural history also appears in Antonio Gibelli's introduction to the Italian edition of *14-18: Retrouver la guerre* by Stéphane Audoin-Rouzeau and Annette Becker[17]. Gibelli edited the Italian translation of the *Encyclopédie de la Grande Guerre 1914-1918*[18], whose original version he slightly modified by leaving out some essays and adding new ones[19]. A lot of cultural history also appears in the three-volume *I luoghi della memoria* edited by Mario Isnenghi[20] (1996-1997, somehow like *Les Lieux de mémoire* published in France

16. Minniti 2000.
17. Audoin-Rouzeau, Becker 2002. In English: *Understanding the Great War* and in Italian: *La violenza, la crociata, il lutto. La Grande Guerra e la storia del Novecento.*
18. Edited in France by Stéphane Audoin-Rouzeau and Jean-Jacques Becker.
19. Audoin-Rouzeau, Becker 2007.
20. Isnenghi 1996-1997.

by Pierre Nora between 1984 and 1992[21]) and the ensuing seven-volume *Gli Italiani in guerra: conflitti, identità, memorie dal Risorgimento ai nostri giorni* (*Italians at War: Conflicts, Identity and Memories from the Risorgimento to the Present*)[22].

PARALLEL HISTORIES

This does not mean that Italian studies of the military dimension of the Great War in the last twenty years have borne the exclusive trademark of cultural history. Historians for instance studied the letters sent home by soldiers as well as their diaries. Many of these diaries were written by soldiers coming from the region of Trento, who were more literate than the average Italian[23]. Other studies looked at military justice and prisoners[24], as well as at "decimation" (execution by firing squads). But, obviously, soldiers at war were not just poor defeated people who kept diaries, wrote home, went mad, deserted or ended up as prisoners[25]. They were an economic and logistic cost on their country. And, above all, they fought. Hence studies of military budgets and of the military-industrial complex, and studies of combat effectiveness.

Unfortunately, cultural history and social history, economic history and military history moved closer to each other but went on keeping parallel paths, without contaminating or influencing each other too much. Yet interpretations based on these different approaches do not always coincide. This means that above mentioned studies gave diverging interpretations on very relevant matters (and continue to do so) such as (to give just some example, heavily simplifying with the sole aim of comprehension): were Italian soldiers brutalized by the war, or not? Did local communities develop a homogenous, or divergent, collective memory of the war? Did soldiers' letters and diaries mirror their own emotions, or rather the acceptance of government and army propaganda? Were all Italian combatants loyal citizens, or potential deserters? In the absence of open historiographical debates, parallel reformulations go on.

Then the fact that there has been no open histographical debate or conflict in Italy, as it was the case in France or in other countries, could simply be because there is less debate in Italy.

21. Nora 1984-1992.
22. Isnenghi 2008-2009.
23. Among the first studies: Fait *et al.* 1986.
24. Procacci 1993.
25. Gibelli 1991. See also Bianchi 2001.

TWENTY RELEVANT YEARS: NORTH-EAST AMATEUR HISTORIANS

An issue that has been and still is at the core of military historical research of the First World War is about when, how and how much the armies learned to win the strange and new war of attrition that they had to fight after July 1914 on the Western and Italian fronts.

This debate, one of the most relevant in international military-history historiography (primarily, but not exclusively, the Anglo-Saxon one, which pre-dated by many years the French debate on the "culture of war") had gone for long decades almost unnoticed in Italy. But, over the last fifteen to twenty years, there has been a proliferation of more technical military studies on this, even if from different perspective and often leaning towards a sort of *déjà vu*. It comes as no surprise that this eventually happened in Italy too, and especially in local studies coming from the North-East, where expertise, competence, associations, societies, web sites and publishing houses specialized in First World War studies have multiplied, creating a flourishing market.

It is significant that all of this has taken root and become well established in the last twenty years. A few names have to be mentioned. In 2013, the *Società per la Guerra Bianca* (Society for the White War), based in Milan, celebrated twenty years of activity, resulting in small publications, some research and conferences[26]. The Venice-based association *Cime e trincee* (Peaks and Trenches) invested heavily in a web site which is today an extremely rich resource[27]. The publishing house Paolo Gaspari in Udine has recently produced a comprehensive retrospective catalogue, *1992-2012*[28], reflecting its own period of activity. Another publishing house, Libreria Editrice Goriziana –which started in Gorizia as an eponymous local antiquarian bookshop and is very well-known in the Friuli region–, enlarged its activities to such an extent that it felt able to put itself forward as the Italian translators of the British *Osprey* and to organize a history book festival (*èStoria*, founded in Gorizia in 2004), partly dedicated to war[29]. Other publishing houses, established or flourishing in the last twenty years, are the Edizioni Gino Rossato, from Novale di Valdagno, specialized in illustrated books[30], and the Itinera Progetti, in Bassano del Grappa, publishing small volumes on battles and translations, too[31]. Thanks to them, over the last couple of decades many local or sector-based studies have been made available, which *tous ensemble* have offered some important contributions to historical

26. See Guerrabianca.
27. See Cimetrincee.
28. Gaspari 2012b.
29. See Leg.
30. See Edizionirossato.
31. See Itineraprogetti.

knowledge. Regrettably, almost all of them rarely sought to put their local subject in the general framework of the war, without which their value remains limited.

The blooming military history bookshelf created by these local North-Eastern publishing houses owns its relevance also because, on the other side, Italians watched the decline of another stronger centre of studies. In Italy, official military history has long had a more important role than in other Western countries[32]. In terms of publications, the Historical Office of the Armed Forces had a relevant role in the more general field of military history. But, with the increasing financial constraints and along the change from conscription to all volunteer forces, the Chiefs of Staff decided to direct military funding to operative units rather than to cultural departments, thus reducing the space and role that, traditionally, official military history had had. Then it would be clearer the reasons why, considering this decline and this diminishing commitment on the realm of the military history by the Minister of Defence, local North-Eastern actors and publishers grew of importance.

CADORNA, CAPORETTO, GENERALS

Among the books published in North-Eastern Italy, most of them local or "technical" and non-academic, we can find some excellent monographs, with revisionist ambitions. We could mention here only a few of them on Cadorna, on Caporetto and on Italian generals.

The first book is a serious study by Filippo Cappellano and Basilio Di Martino on Italian Supreme Commander Luigi Cadorna and his supposed (according to the authors) awareness of the developments in tactics and combat on the Western Front[33]. Although not quoting any non-Italian authors and books, and then seemingly unaware of the international historical debate on these topics, Cappellano and De Martino studied the written military instructions circulated by Italian High Headquarters and signed by Cadorna (later by Diaz) concerning tactical doctrine. The authors' observations cannot drive away the critics accusing these generals of leaving the Italian army recognizing only very late the new way of fighting developed and experimented by units on the Western Front. However they try to defend Cadorna, emphasizing some instructions in which the Supreme Command seemed showing some level of awareness of those novelties.

Another book (or rather a series of books) on the Great War and another classic area of Italian military history research remains Caporetto. Even leaving aside the 1919 *Reale Commissione d'inchiesta* (Royal Commission of Inquiry), authors such as general Roberto Bencivenga and professor Piero Pieri, the doyen Italian military historian, already in the

32. Labanca 2002 and 2013.

33. Cappellano, Di Martino 2008.

30s-40s had clarified the *military* reasons for the defeat. In the mid-1950s, a then 24-year-old Alberto Monticone confirmed this view[34]. This means that, although the persistent image of a "military strike" –spread by the antisocialist propaganda in 1917 and 1918– lingered on in historical studies and above all in public opinion, the best military historians had already determined that the causes of the defeat were essentially military, and not political. Over the last twenty years (in an Italian new cultural and political atmosphere more and more intolerant of strikes, not to say of military ones), amateur historians and the above-mentioned local North-Eastern publishing houses went back to the topic of Caporetto, but in a revisionist mood. In their books and booklets they chose to put emphasis on the conduct of those units (and sometimes rather of those men under command of a few courageous officers) that attempted to stem the flood of Italian troops descending defeated, surrounded and bypassed by advancing Austro-German units, from the mountains toward the plane. A lot of these "battles", or –better– clashes and attempts have been studied in-depth, reconstructed and highlighted. One of these authors, Paolo Gaspari[35], sees in what happened in the days after Caporetto (obtained by the attackers, in his words, only thanks to "an exceptional stroke of luck") neither a defeat nor a retreat but a series of "great battles", "battles of captains", – more precisely because, he opportunely admits, those who directed those desperate last Italian fightings before recovering behind the river Piave, were not in fact generals, but only captains or lieutenants. A foreign reader educated in international historiography would no doubt be amazed to discover that there is still in Italy someone who claims that there was no Caporetto.

Other books, or series of books, have been about commanders. In Italy, biographies of the leading generals were written a long time ago, mostly in the immediate aftermath of the war, when a heated debate opposed the very highest military commanders. Since the beginning of the 2000s, however, readers witnessed the return of such biographies or biographical narratives. While the prevailing interest of historians during the 1970s and the 1980s went to the soldiers and to the wartime experience of the most humble combatants, in the last couple of decades this interest seemed to decrease and there has been a return to the great generals. In several cases the authors of these "new" biographies used the defensive memoranda those generals submitted to the Commission of Inquiry on Caporetto in 1918-1919[36]. The outcome of the publication of these documents, then, has been twofold. On the one hand, it commendably allowed researchers to read documents which might otherwise have been difficult to be found in family archives (even if they were in fact available inside the Commission's own archives). On the other hand, these biographies seemed to turn back the historiographical clock, reviving the controversies

34. Monticone 1999.

35. Gaspari 2011 and 2012a.

36. Alberti 2004; Cavaciocchi 2006 and Badoglio 2000.

of the immediate post-war period and resurfacing a revival of the most old-fashioned biography. Once again, despite their being amongst the best works produced by non-academic Italian military history research on the Great War, one might wonder if the lessons and the debates of the international historiography have been fully acknowledged in Italy. Defending the high commands, denying defeats and rekindling old controversies exactly as they were in the immediate aftermath of the war sounds rather curious.

CONCLUSIONS

In a time of fading or faded memory, and inevitably of re-writing of history, the recent writing of Italian military history seems at odds even before the Centenary started.

All that said, a few Italian scholars write military history from an international-transnational perspective. Their competence is recognized at home and they are part of an international network of scholarly debates. But their books cannot always influence national public. Then, as far as knowledge and interests are concerned, the gap between public opinion and academics risks to enlarge year after year in Italy. Conversely, sometimes amateur historians catch or reveal the mood of the time better than the academic scholars.

The Centenary could provide a good occasion to fill the gap, at least as far as possible. But some important debates should be closed, or at least better defined and researched –like the one on nationalization of the masses *via* the Great War. But it remains doubtful whether an approach of cultural history alone, or a regional (and not national) perspective, or a narrow-minded amateur military history –suitable for a recent Italian cultural atmosphere once again in search of (past and present) national pride–, could provide the historical basis to fill that gap.

Bibliographic abbreviations

[2014] All the references and the meaning of the article refers, as it had to do when it was prepared, to the Italian historiography up to 2014.

Alberti 2004 = Alberti Adriano, *L'importanza dell'azione militare italiana. Le cause militari di Caporetto,* preface by Ungari Andrea, Rome, Stato maggiore dell'esercito, Ufficio storico, 2004.

Audoin-Rouzeau, Becker 2002 – Audoin-Rouzeau Stéphane, Becker Annette, *La violenza, la crociata, il lutto. La Grande Guerra e la storia del Novecento*, preface by Gibelli Antonio, Turin, Einaudi, 2002.

Audoin-Rouzeau, Becker 2007 = Audoin-Rouzeau Stéphane, Becker Jean-Jacques (eds), *La Prima Guerra mondiale*, Italian edition ed. by Gibelli Antonio, Turin, Einaudi, 2007.

Badoglio 2000 = Badoglio Gian Luca (ed.), *Il memoriale di Pietro Badoglio su Caporetto*, Udine, Gaspari, 2000.

Bianchi 2001 = Bianchi Bruna, *La Follia e la Fuga. Nevrosi di guerra, diserzione e disobbedienza nell'esercito italiano, 1915-1918*, Rome, Bulzoni, 2001.

Cappellano, Di Martino 2008 = Cappellano Filippo, Di Martino Basilio, *Un esercito forgiato nelle trincee. L'evoluzione tattica dell'esercito italiano nella Grande Guerra*, Udine, Gaspari, 2008.

Cavaciocchi 2006 = Cavaciocchi Alberto, *Un anno al comando del 4. corpo d'armata*, ed. by Ungari Andrea, Udine, Gaspari, 2006.

Ceschin, Isnenghi 2008 = Ceschin Daniele, Isnenghi Mario (eds), *Italiani in guerra. Conflitti, identità, memorie dal Risorgimento ai nostri giorni*, vol. I, *La Grande Guerra: dall'intervento alla "vittoria mutilata"*, Turin, Utet, 2008.

Esercito e città 1989 = *Esercito e città dall'Unità agli anni Trenta. Convegno nazionale di studi. Spoleto 11-14 maggio 1988*, vol. I, Perugia, Deputazione di Storia patria per l'Umbria, 1989.

Fait *et al.* 1986 = Fait Gianluigi *et al.* (eds), *Soldati. Diari della Grande Guerra*, preface by Revelli Nuto, Mori, La Grafica, 1986.

Forcella, Monticone 1968 = Forcella Enzo, Monticone Alberto, *Plotone di esecuzione. I processi della Prima Guerra mondiale*, Bari, Laterza, 1968.

Gaspari 2011 = Gaspari Paolo, *Le bugie di Caporetto. La fine della memoria dannata*, preface by Rochat Giorgio, Udine, Gaspari, 2011.

Gaspari 2012a = Gaspari Paolo, *La verità su Caporetto*, Udine, Gaspari, 2012.

Gaspari 2012b = Gaspari Paolo, *Catalogo generale 1992-2012*, Udine, Gaspari, 2012.

Gibelli 1991 = Gibelli Antonio, *L'officina della guerra. La Grande Guerra e le trasformazioni del mondo mentale*, Turin, Bollati-Boringhieri, 1991.

Gibelli 1998 = Gibelli Antonio, *La Grande Guerra degli italiani 1915-1918*, Milan, Sansoni, 1998.

Gooch 1994 = Gooch John, *Esercito, Stato, Società in Italia (1870-1915)*, Milan, Angeli, 1994.

Gooch 2014 = Gooch John, *The Italian Army and the First World War*, Cambridge, Cambridge University Press, 2014.

Horne 2014 = Horne John, "The Great War at its Centenary", *in* Winter Jay (ed.), *The Cambridge History of the First World War*, vol. III, Cambridge, Cambridge University Press, 2014, p. 618-639.

Isnenghi 1967 = Isnenghi Mario, *I vinti di Caporetto nella letteratura di guerra*, Padova, Marsilio, 1967.

Isnenghi 1970 = Isnenghi Mario, *Il mito della Grande Guerra da Marinetti a Malaparte*, Bari, Laterza, 1970.

ISNENGHI 1996-1997 = ISNENGHI Mario (ed.), *I luoghi della memoria*, 3 vols. : vol. I, *Simboli e miti dell'Italia unita* (1996); vol. II, *Personaggi e date dell'Italia unita* (1997); vol. III, *Strutture ed eventi dell'Italia unita* (1997), Rome/Bari, Laterza.

ISNENGHI 2008-2009 = ISNENGHI Mario (ed.), *Gli Italiani in guerra. Conflitti, identità, memorie dal Risorgimento ai nostri giorni*, 7 vols., Turin, Utet, 2008-2009.

ISNENGHI, ROCHAT 2000 = ISNENGHI Mario, ROCHAT Giorgio, *La Grande Guerra 1914-1918*, Florence/Scandicci, La Nuova Italia, 2000.

LABANCA 2002 = LABANCA Nicola, "La maturità della storia dell'istituzione militare in Italia", *in* LABANCA Nicola, *L'istituzione militare in Italia. Politica e società*, Milan, Unicopli, 2002, p. 9-42.

LABANCA 2009 = LABANCA Nicola, "La politica militare della Repubblica. Cornici e quadri", *in* LABANCA Nicola (ed.), *Le armi della Repubblica: dalla Liberazione ad oggi*, vol. V of ISNENGHI Mario (ed), *Gli Italiani in guerra. Conflitti, identità, memorie dal Risorgimento ai nostri giorni*, Turin, Utet, 2009, p. 66-156.

LABANCA 2013 = LABANCA Nicola, "Sviluppo e cambiamento nella storia militare dalla Seconda Guerra mondiale ad oggi", *Revue internationale d'histoire militaire*, 91 (2013), p. 11-81.

LABANCA 2014a = LABANCA Nicola, "The Italian front", *in* WINTER Jay (ed.), *The Cambridge History of the First World War*, vol. I, *Global War*, Cambridge, Cambridge University Press, 2014.

LABANCA 2014b = LABANCA Nicola (ed.), *Dizionario storico della Prima Guerra mondiale*, Rome/Bari, Laterza, 2014.

LABANCA, ÜBEREGGER 2014 = LABANCA Nicola, ÜBEREGGER Oswald (eds), *La guerra italo-austriaca 1915-18*, Bologna, Il Mulino, 2014.

MELOGRANI 1969 = MELOGRANI Piero, *Storia politica della Grande Guerra 1915-1918*, Bari, Laterza, 1969.

MINNITI 2000 = MINNITI Fortunato, *Il Piave*, Bologna, Il Mulino, 2000.

MONTICONE 1999 = MONTICONE Alberto, *La battaglia di Caporetto*, Udine, Gaspari, 1999 (first edition: Rome, Studium, 1955).

NORA 1984-1992 = NORA Pierre (dir.), *Les Lieux de mémoire*, 3 tomes : t. 1, *La République* (1984), t. 2, *La Nation* (3 vol., 1986), t. 3, *Les France* (3 vol., 1992), Paris, Gallimard, Coll. « Bibliothèque illustrée des histoires », 1984-1992.

PROCACCI 1993 = PROCACCI Giovanna, *Soldati e prigionieri italiani nella Grande Guerra*, Rome, Editori Riuniti, 1993.

PROCACCI 1997 = PROCACCI Giovanna, "La Prima Guerra mondiale", *in* SABBATUCCI Giuseppe, VIDOTTO Vittorio (eds), *Storia d'Italia*, vol. IV, *Guerre e Fascismo*, Rome/Bari, Laterza, 1997.

ROCHAT 1967 = ROCHAT Giorgio, *L'esercito italiano da Vittorio Veneto a Mussolini (1919-1925)*, Bari, Laterza, 1967.

ROCHAT 1976 = ROCHAT Giorgio, *L'Italia nella Prima Guerra mondiale. Problemi di interpretazione e prospettive di ricerca*, Milan, Feltrinelli, 1976.

ROCHAT 1989 = ROCHAT Giorgio, "Strutture dell'Esercito dell'Italia liberale: i reggimenti di fanteria e bersaglieri", *in Esercito e città dall'Unità agli anni Trenta. Convegno nazionale di studi. Spoleto 11-14 maggio 1988*, vol. I, Perugia, Deputazione di Storia patria per l'Umbria, 1989.

ROCHAT, MASSOBRIO 1978 = ROCHAT Giorgio, MASSOBRIO Giulio, *Breve storia dell'esercito italiano dal 1861 al 1943*, Turin, Einaudi, 1978.

THOMPSON 2008 = THOMPSON Mark, *The White War. Life and Death on the Italian Front 1915-1919*, London, Faber and Faber, 2008.

WINTER 2014a = WINTER Jay (ed.), *The Cambridge History of the First World War*, vol. I, *Global War*, Cambridge, Cambridge University Press, 2014.

WINTER 2014b = WINTER Jay (ed.), *The Cambridge History of the First World War*, vol. III, *Civil Society*, Cambridge, Cambridge University Press, 2014.

* * *

BENICULTURALI = "Comitato speciale per la tutela del patrimonio storico della Prima Guerra Mondiale", [online]. URL: http://www.pabaac.beniculturali.it/opencms/opencms/BASAE/sito-BASAE/ma/direzione-generale/Compiti-Istituzionali/Comitato-speciale-per-la-tutela-del-patrimoniosto/index.html.

CENTENARIO = "La struttura di missione", [online]. URL: http://www.centenario1914-1918.it/la-struttura-di-missione.

CORRIERE = "È morto Delfino Borroni, l'ultimo reduce italiano della Grande Guerra" [online]. URL: http://www.corriere.it/cronache/08_ottobre_26/borroni_morto_1dc9ba5e-a3a0-11dd-8d2c-00144f02aabc.shtml.

CIMETRINCEE [online]. URL: http://www.cimeetrincee.it.

EDIZIONIROSSATO [online]. URL: http://www.edizionirossato.it/?cat=libri.

GUERRABIANCA [online]. URL: http://www.guerrabianca.org/indexmap.asp.

ITINERAPROGETTI [online]. URL: http://www.itineraprogetti.com.

LEG [online]. URL: http://www.leg.it/index.php/casa-editrice/tematiche-ed-epoche-storiche.

Mémoire et historiographie de la Grande Guerre dans la Roumanie communiste (1948-1989)

Florin Țurcanu

La place de la Grande Guerre dans la mémoire collective et dans l'historiographie roumaine à l'époque communiste représente le premier terrain d'investigation pour essayer de comprendre quel est le statut actuel du souvenir de ce conflit dans la société roumaine de nos jours. Les conséquences du traitement idéologique et intellectuel réservé par le régime communiste à cet événement se ressentent dans le discours public et dans la production historiographique jusqu'aujourd'hui. La principale conséquence générale des rapports que le communisme a entretenu avec la mémoire de la Grande Guerre est la réduction de cette mémoire à une vision plutôt monolithique – politico-militaire – des événements. Il faut aussi mentionner sa difficulté à trouver aujourd'hui les voies d'une interrogation nourrie par une vision anthropologique et culturelle sur la guerre comme expérience extraordinaire et complexe, vécue de manière différente et contradictoire par une variété d'acteurs, tant collectifs qu'individuels. De surcroît, la présence de la Grande Guerre dans la conscience publique – mais aussi dans la production historiographique – a pâti en Roumanie, après 1989, d'une marginalisation provoquée par : la priorité donnée à la mémoire de la répression associée au régime communiste ; l'importance de thèmes mémoriels, absents eux aussi avant 1989 ; la participation de la Roumanie à la guerre antisoviétique de 1941-1944 et à l'Holocauste. De ce point de vue, on peut remarquer l'existence d'une vigoureuse historiographie consacrée à l'époque communiste ainsi que d'une plus jeune qui étudie l'Holocauste, mais pas encore d'un nouveau courant dédié à la Première Guerre mondiale. Même la recomposition d'une mémoire collective et d'une historiographie centrées sur l'ancienne monarchie n'a pas changé la place marginale réservée à la Grande Guerre dans le postcommunisme roumain.

Au début du régime communiste, après 1947, l'interprétation de la Grande Guerre est devenue le terrain d'élaboration d'une mémoire officielle de rupture qui devait délégitimer à la fois l'événement lui-même et son traitement mémoriel pendant les années 1920 et 1930. Dans la mémoire de la participation roumaine à la Grande Guerre – telle qu'elle avait été forgée au lendemain de l'événement même –, le pays avait mené une guerre distincte à la fois dans le cadre et à côté du conflit mondial – la « Guerre pour l'achèvement de l'unité nationale » – qui avait pris fin non pas en 1918 mais en août 1919 avec la victoire de l'armée roumaine sur les troupes de la Hongrie soviétique dirigée par Béla Kun[1]. Le syntagme à résonance émotionnelle « guerre pour l'achèvement de l'unité », popularisé à partir de 1921 grâce au titre de la synthèse historique consacrée à la participation roumaine au conflit de Constantin Kiriţescu[2], allait s'imposer – notamment à travers les manuels scolaires – comme une formule-standard dans les années 1930[3].

À partir de 1948, avec l'officialisation dans l'historiographie roumaine de la thèse développée par Lénine sur le caractère impérialiste de la Première Guerre mondiale, la participation de la Roumanie à ce conflit a été soumise à une nouvelle et unique grille de lecture. La « Guerre pour l'achèvement de l'unité » laissait place à une image complètement différente. Cette nouvelle interprétation idéologique du conflit devenait une des principales pierres de touche de l'émergence d'une historiographie militante de facture stalinienne. Il ne s'agissait pas seulement d'acclimater dans le champ historiographique roumain la thèse léniniste sur le caractère « impérialiste » de la guerre. Il s'agissait aussi d'instruire, à travers la réinterprétation de ce conflit, un triple procès :

- celui des anciennes élites du pays – coupables d'avoir entrainé « le peuple » dans un conflit armé moralement condamnable[4] ;
- celui des complices de ces mêmes élites – les « impérialistes » français, britanniques et américains ;
- enfin, celui des conséquences politiques et territoriales de la Grande Guerre pour la Roumanie.

Cette stigmatisation mémorielle était attisée par le fait que, dans les années 1920 et 1930, la mémoire officielle de la Grande Guerre avait été fortement liée à celle de la monarchie roumaine, notamment à l'image du couple formé par le roi Ferdinand Ier (1914-1927) et la reine Marie. L'insertion du couple royal au centre de la mémoire de la guerre et – à travers l'image d'Épinal de la reine-infirmière – de la mémoire des souffrances subies, avait engendré un élément crucial de la commémoration, en rafraîchissant en même temps la légitimité de la dynastie[5]. Évidemment, l'association positive entre l'image de la guerre et celle de la

1. Mihalache C. 2007, p. 306.
2. Kiriţescu 1921. Une édition française de ce livre fut publiée en 1934 à Paris, avec une préface d'André Tardieu (Kiritzesco 1934).
3. Mihalache C. 2007, *loc.cit.*
4. Mihalache A. 2003, p. 127.
5. Ţurcanu 2008, p. 249. Pour l'implication de la monarchie roumaine dans la mise en place de la commémoration de la guerre, des sacrifices et de l'accomplissement de l'unité nationale, voir Bucur 2009, p. 100-101 et p. 110-112.

dynastie n'avait pas sa place dans la mémoire officielle que le régime voulait imposer à travers la nouvelle historiographie communiste.

« Le gouvernement roumain et la bourgeoisie roumaine ont attiré les masses populaires de Roumanie dans une guerre de rapine et d'agression, afin de satisfaire leurs objectifs impérialistes en jouant le rôle d'instrument du capitalisme anglo-français et de réserve de l'impérialisme occidental », écrivait un des nouveaux historiens du régime en décembre 1953[6]. Une affirmation dans la ligne du très officiel manuel d'*Histoire de la République Populaire Roumaine* rédigé en 1948, réédité en 1952, et dont l'auteur, Mihail Roller – idéologue en chef de la nouvelle historiographie – avait réservé à la Grande Guerre un chapitre, intitulé de manière polémique « La participation de la Roumanie à la guerre impérialiste »[7]. Il tablait sur le fait que « les classes exploitantes avaient caché au peuple la cause injuste pour laquelle il était appelé aux armes »[8] et que, à cause de l'impréparation initiale de l'armée roumaine, « le front devint un géant abattoir où les soldats devaient verser leur sang uniquement pour les intérêts des impérialistes occidentaux et de la clique d'exploiteurs qui sévissait à l'intérieur du pays »[9]. Le caractère impérialiste de la participation roumaine à la guerre se trouvait renforcé – aux yeux de la nouvelle historiographie – par les acquis territoriaux faits en 1918 et, notamment, par l'acquisition de la Bessarabie – un événement interprété dans l'*Histoire* de Roller comme une attaque contre le pouvoir soviétique instauré à Petrograd. L'Union soviétique n'avait jamais reconnue dans l'entre-deux-guerres l'appartenance de la Bessarabie à l'État roumain et l'avait temporairement annexé en juin 1940 avant de la récupérer définitivement en 1944. Même la légitimité du rattachement de la Transylvanie à la Roumanie, en 1918, se voyait, sinon condamnée, du moins mise en doute. On ne mentionnait plus la date du 1er Décembre qui, sur fond de manifestations populaires, marquait la proclamation, dans la ville d'Alba Iulia, par les délégués des Roumains de Transylvanie, de l'unification de cette province avec la Roumanie. Et, dorénavant, on soulignait que ce territoire avait été « donné » au royaume roumain dans les traités de paix[10]. Le rattachement de la Transylvanie à la Roumanie était jugé surtout à la lumière de la destruction du régime communiste hongrois de Béla Kun par l'armée roumaine à l'été 1919[11]. La naissance de ce qu'on appelait dans l'entre-deux-guerres « La Grande Roumanie » s'étant accompagnée – à l'issue de la Première Guerre mondiale – de conflits politico-militaires avec deux États communistes naissants (la Russie soviétique à l'Est et la Hongrie soviétique à l'Ouest),

6. Gheorghiu 1953, p. 74.
7. Roller 1952, p. 494-499.
8. *Ibid.*, p. 494.
9. *Ibid.*
10. Roller *et al.* 1949, p. 230.
11. *Ibid.*, p. 506-509 ; Boia 2005, p. 124.

ceci ne faisait que renforcer l'opprobre que l'historiographie stalinienne voulait faire peser sur la participation roumaine à la Grande Guerre. Un effet de culpabilisation collective en dégradé – par association à cet événement – résultait de la nouvelle lecture des années 1914-1919. « Les masses populaires » apparaissaient comme les victimes entraînées dans la guerre par l'action conjuguée des élites roumaines et de « l'impérialisme occidental », tandis que l'issue du conflit, notamment sur le plan des changements de frontières, était présentée comme, au moins en partie, condamnable.

Cette interprétation avait les traits d'un véritable règlement de comptes politico-mémoriel avec un passé relativement récent où la naissance de la Grande Roumanie et celle de l'Union soviétique apparaissaient comme des événements irréconciliables. Une interprétation aussi véhiculée dans certaines productions de la « nouvelle littérature » roumaine d'inspiration stalinienne[12] et qui a dominé la vision de la participation du pays pendant presque une décennie.

L'année 1957 a apporté un début de changement dans l'interprétation historiographique officielle de la place de la Roumanie dans la Grande Guerre, mais aussi une première tentative faite par l'État communiste de se réapproprier publiquement une partie de la mémoire du conflit. Si ce ne fut pas un tournant, ce fut néanmoins une brèche importante dans la lecture léniniste-stalinienne de la guerre. Une brèche produite par l'éclatement d'une controverse historiographique doublée par la décision du régime de commémorer officiellement la principale bataille sur le front roumain – qui avait eu lieu quarante ans plus tôt. L'ouverture de cette brèche devait frayer la voie à la « réhabilitation » ultérieure de la Première Guerre mondiale dans le discours historiographique et politique communiste.

La controverse historiographique a éclaté au sujet du projet *Traité d'histoire de la Roumanie*. L'interprétation de la participation roumaine dans la Grande Guerre s'est trouvée fortement liée aux disputes sur la périodisation de l'époque contemporaine. Autour de 1950, la révolution d'Octobre avait été érigé en date inaugurale de l'histoire contemporaine de la Roumanie. À la faculté d'histoire de l'université de Bucarest, le cours d'histoire générale de la Roumanie de 1878 (année de la reconnaissance de l'indépendance) à 1957 était divisé en deux parties séparées par le repère chronologique de la prise du pouvoir par les bolcheviques à Petrograd[13].

Dans un article publié en 1957 par la revue de l'Institut d'histoire de l'Académie roumaine, l'historien Andrei Oţetea, qui s'était converti au marxisme avant la Seconde Guerre mondiale, insistait, en revanche, sur le rôle des facteurs sociaux et politiques

12. Dumitriu 2009, p. 37-179. Ce roman fleuve de Petru Dumitriu, événement littéraire de l'année 1957, évoque la Grande Guerre presque exclusivement à travers les turpitudes des élites roumaines de l'époque et le retentissement, réel ou imaginaire, de la « révolution d'Octobre ». Le tout est accompagné de la mention de Lénine et de sa théorie de l'impérialisme qu'un militaire russe résume à l'un de ses camarades roumains bouleversé, et qui mourra bientôt assassiné sur ordre de ses supérieurs en chantant l'*Internationale*.

13. Ţugui 1999, p. 133.

endogènes comme critère premier de toute périodisation de l'histoire roumaine. Il proposait non pas 1917 comme année inaugurale de l'histoire contemporaine mais 1918[14] :

> La fin de l'année 1918 […] marque le début d'une nouvelle étape dans le développement de la société roumaine lorsqu'une situation révolutionnaire se développe dans le royaume de Roumanie tandis qu'à la suite de l'effondrement de l'Empire austro-hongrois l'élan révolutionnaire des masses accomplit l'unité nationale par l'unification avec la Transylvanie et arrache à la bourgeoisie le vote universel masculin ainsi qu'une nouvelle réforme agraire.

Les ressources de la rhétorique léniniste-stalinienne, déjà assimilées par le champ historiographique, étaient cette fois-ci utilisées pour réinterpréter l'issue de la Grande Guerre – en projetant sur celle-ci une lumière favorable – et pour donner la prééminence à une dynamique politique nationale – décrétée elle-aussi comme « révolutionnaire ». L'importance d'Octobre 1917 était reléguée au second plan, de manière implicite plutôt qu'explicite, dans l'histoire roumaine. La participation des « masses populaires » au conflit et à la décision de la majorité roumaine de Transylvanie de rattacher cette province à la Roumanie en 1918 donnait un rôle actif au « peuple » en le faisant sortir du statut de victime menée à la boucherie par une bourgeoisie va-t-en-guerre et devenait le critère destiné à relativiser le monolithisme dénonciateur de la thèse de la « guerre impérialiste »[15]. Les effets de cette nouvelle orientation se retrouvent quelques années plus tard dans les manuels scolaires où, de 1960 à 1966, « l'Unification de la Transylvanie avec la Roumanie » remplace comme moment charnière la révolution d'Octobre[16].

Oţetea devait s'ériger dans la période suivante comme l'un des leaders d'un camp historiographique « national », alors en voie de cristallisation et qui entendait bien utiliser la terminologie et l'argumentaire marxiste-léniniste pour attaquer la lecture du passé de la Roumanie pratiquée, depuis une décennie, par le stalinisme historiographique philo-soviétique. Ce n'est pas uniquement à travers l'importance donnée à l'année 1918 que l'on ouvrait la voie à une reconsidération de l'implication de la Roumanie dans la Grande Guerre. Au début des années 1960, des écrits moins connus et moins invoqués de Lénine lui-même furent soigneusement utilisés afin d'affaiblir le postulat d'un asservissement de la Roumanie aux objectifs « impérialistes » des grandes puissances. Plusieurs de ses articles, datant des années 1916-1917, furent invoqués au service de deux thèses qui s'opposaient au discours de Mihail Roller et de ses partisans staliniens :

1) en tant qu'État, la Roumanie, tout comme d'autres petits États du Sud-Est européen, avait été non pas complice mais victime des grandes puissances impérialistes impliquées

14. Oţetea 1957, p. 110.
15. Ţugui 1999, p. 131-132.
16. Mihalache C. 2007, p. 322.

dans la guerre en se rangeant dans la catégorie des petits États conquis et pillés – comme la Serbie ou, en Europe occidentale, la Belgique ;

2) État-nation incomplètement formé, la Roumanie avait agi, tout comme d'autres petits États, dans le sens du développement historique en entrant en guerre pour parachever une construction nationale « bourgeoise ».

Sur ce dernier point, le passage suivant tiré de l'article « Statistique et sociologie » de Lénine, publié en janvier 1917, allait être répété jusqu'à la fin par l'historiographie communiste de la Grande Guerre : « [...] De nombreux Roumains et Serbes – par rapport au nombre total de Roumains et de Serbes – vivent en dehors des frontières de “leur” État et, en général, “la construction d'État” de type bourgeois-national ne s'est pas achevée dans les Balkans [...][17]. » Le sens historique « progressiste » de l'entrée de la Roumanie dans la guerre avait été trouvé avec des arguments léninistes et le caractère « national » de la Grande Guerre pouvait à nouveau être invoqué, en des termes nouveaux et avec la caution de Lénine lui-même. Au centre de cette interprétation se trouvera dorénavant le caractère « progressiste » du rattachement de la Transylvanie à la Roumanie en 1918 (la Bessarabie n'est pas mentionnée afin de ne pas froisser Moscou) qui ne rimait point avec la classique dénonciation léniniste de la « guerre de conquête, de pillage, de brigandage »[18]. Cette forme coupable de guerre demeurait l'apanage des grandes puissances, dont la Roumanie ne faisait pas partie. La voie était ainsi ouverte à l'attribution d'une nouvelle signification, positive, du 1er Décembre 1918, complètement éclipsée pendant la première décennie du régime communiste par une autre date, fraîchement mise à l'honneur, de l'histoire de la « lutte des classes » : le 13 décembre 1918, jour où une manifestation des ouvriers bucarestois de l'imprimerie avait été brutalement réprimée[19].

De manière plus générale, cette tactique du recours aux écrits de Marx, Engels et Lénine allait être utilisée par le camp historiographique « national » – avec l'appui de la direction du Parti communiste roumain – pour dissoudre, à la fin des années 1950 et au début de la décennie suivante, la grille de lecture idéologique stalinienne, philo-soviétique et philo-russe dans le domaine de l'histoire. C'est le même Andrei Oţetea qui publia en 1964, avec la bénédiction du pouvoir en place, le recueil *Notes sur les Roumains* de Karl Marx, dont le principal mérite résidait dans le caractère antirusse des remarques du fondateur du socialisme scientifique et dans la condamnation de la première annexion de la Bessarabie par le grand voisin de l'Est en 1812[20].

La commémoration, toujours en 1957, de la bataille de Mărăşeşti – qui s'était déroulée entre le 6 et le 19 août 1917 sur le front roumain et qui avait marqué une

17. Marx *et al.* 1965, p. 431.

18. Lénine 1935, p. 3.

19. Mihalache C. 2007, p. 316.

20. Constantiniu 2007, p. 274-276.

victoire défensive importante contre les troupes allemandes – a rendu la Grande Guerre plus « fréquentable » du point de vue politique en facilitant la tâche de l'historiographie dans la lente « réhabilitation » de cet événement. Après le XXe congrès du PCUS et la révolution hongroise de 1956, le régime communiste roumain, en quête d'une légitimité nationale, avait multiplié les commémorations à caractère patriotique. Plus que cela, à la recherche d'une ouverture vers l'Occident, le régime, en s'inspirant, sans doute, de la Yougoslavie de Tito – qui avait accueilli, l'année précédente, un groupe de 250 anciens poilus français de l'armée d'Orient[21] – invita à son tour, en 1957, un groupe de vingt-cinq vétérans français de la mission militaire dirigée par le général Berthelot en Roumanie en 1916-1918[22]. Ce geste des autorités roumaines envers la France et la mémoire de l'alliance franco-roumaine étaient bien calculés mais le régime communiste continua d'entretenir, en cette fin des années 1950, une ambiguïté certaine autour de la mémoire de la guerre. La bataille de Mărăşeşti avait été commémorée officiellement – y compris par une émission philatélique spéciale – tandis que de nouveaux manuels scolaires commençaient, à partir de 1957, une réinterprétation de la participation de la Roumanie à la Grande Guerre[23], et ce d'un point de vue plus national. Cela n'empêcha pourtant pas, en 1958, le régime communiste de transférer la tombe du soldat inconnu de Bucarest, inaugurée en 1923, afin d'installer à sa place le futur mausolée des leaders communistes roumains. La tombe du soldat inconnu fut déplacée, précisément, près du mausolée de Mărăşeşti, perdant ainsi la place symbolique qu'elle avait occupée dans la capitale et qu'elle ne retrouva qu'après 1989. Ce n'était pas le premier monument à la mémoire de la Première Guerre mondiale que le régime communiste roumain sacrifiait, après 1947, à son programme idéologique[24]. Ajoutons que, cinq ans après la commémoration déjà évoquée de la bataille de Mărăşeşti, un guide touristique de Bucarest, richement illustré et conçu, entre autres, comme un bréviaire de l'histoire de la ville et comme une célébration des accomplissements du régime ne mentionnait dans ses 390 pages aucun des monuments érigés dans la capitale roumaine à la mémoire de la Grande Guerre[25].

* * *

Comme l'a justement remarqué l'historienne roumano-américaine Maria Bucur, c'est le régime de Nicolae Ceauşescu qui a ressuscité à une large échelle un récit mémoriel consacré à la Grande Guerre et qui faisait d'elle un événement exceptionnel dans la construction

21. Yankovitch 1956.
22. Grandhomme 1999, p. 907.
23. Mihalache C. 2007, p. 317-318.
24. Aussi bien à Bucarest qu'en province, plusieurs monuments commémoratifs consacrés à la mémoire nationale ou locale de la Grande Guerre furent altérés ou détruits.
25. Bucureşti 1962.

de la nation[26]. Bien que le passage de la victimisation léniniste-stalinienne à l'héroïsation national-communiste des « masses populaires » qui participèrent à la guerre ait débuté avant l'avènement du régime Ceauşescu en 1965, ce n'est qu'après cette date qu'une tentative eut lieu de reconstituer une véritable mythologie de la Grande Guerre, centrée sur un panthéon de figures héroïques qui appartiennent à presque toutes les classes sociales. L'importance fondatrice de la cérémonie commémorative du cinquantenaire de la bataille de Mărăşeşti en 1967 – à laquelle Ceauşescu lui-même a participé en faisant l'éloge de l'événement célébré[27] – ne doit pas être sous-estimée[28] :

> *The Marasesti semi-centenary represents an important moment in the construction of the official war commemorative discourse of the Ceauşescu Communist regime on several levels. It represented a re-institutionalization of the memory of the World War I as a struggle for national survival and the fulfillment of legitimate political goals.* [...] *There had not been anything on the scale of the jubilee held on 12 August 1967 to suggest the centrality of World War I for the history of contemporary Romania.*

À cette cérémonie, qui servira de modèle à d'autres les années suivantes, s'ajouteront des productions cinématographiques, des restaurations d'anciens monuments et – ce qui ne s'était plus fait depuis les années 1930 – l'inauguration de nouveaux monuments consacrés à la Grande Guerre. Il suffit de mentionner les deux monuments érigés en 1972 et 1978 dédiés à la jeune Ecaterina Teodoroiu, sous-lieutenant tuée au combat en août 1917, dont la commémoration, bien établie durant l'entre-deux-guerres[29], avait cessé pendant les premières années du régime communiste avant de recommencer, progressivement, à partir de 1957[30]. La vie et la mort d'Ecaterina Teodoroiu ont fait aussi, en 1978, l'objet d'un film qu'il convient de regarder comme l'une des pièces d'un dispositif mémoriel cohérent[31]. À travers cette figure de jeune femme d'origine paysanne – ou à travers l'histoire racontée aux jeunes[32] de la petite paysanne Măriuca Zaharia, tuée elle aussi en 1917 alors qu'elle aidait les soldats roumains en s'improvisant observateur dans un arbre

26. Bucur 2009, p. 179.
27. Ceauşescu 1968, p. 469.
28. Bucur 2009, *loc.cit.*
29. Pas moins de cinq monuments avaient été érigés à sa mémoire dans les années 1920 et 1930.
30. Pour la réinsertion du nom d'Ecaterina Teodoroiu dans le manuel d'histoire en la classe terminale du cycle primaire, voir Mihalache C. 2007, p. 317. Une biographie de la jeune héroïne de 1917 est publiée en 1959 dans une collection intitulée « La bibliothèque du soldat » (l'auteur Nicolae Tăutu avait aussi consacré une pièce de théâtre, en 1958, à la figure de Teodoroiu), tandis qu'un régiment de l'armée roumaine reçoit en 1959 son nom.
31. Cocea 1978.
32. Almas 1982-1984.

sur la ligne du front – le régime tente de reconstituer, par le haut et dans ses propres termes, une sorte de mémoire populaire patriotique de la Première Guerre mondiale pour remplacer celle qui n'avait pas pu s'exprimer et se transmettre pendant les années 1950. La nouvelle mémoire atténue les divisions sociales conflictuelles, que privilégiait le discours stalinien sur la guerre, pour donner une narration sous le signe d'une quasi-unanimité nationale. Les champs de batailles et les mausolées de la Grande Guerre redeviennent des lieux de mémoire pleinement légitimes à travers les cérémonies et les visites guidées à caractère pédagogique-patriotique à l'intention, notamment, des élèves et des militaires. Le mausolée du mont Mateias, dans les Carpates méridionaux, construit entre 1928 et 1935 pour abriter les restes de quelques milliers de soldats roumains tombés dans la région à l'automne 1916, est le meilleur exemple d'une réhabilitation de la mémoire de la guerre poussée jusqu'à l'appropriation du monument par le nouveau programme idéologique national-communiste promu par Ceauşescu. Non seulement le mausolée est sensiblement agrandi entre 1980 et 1984, mais des inscriptions grandiloquentes, dans l'esprit de la nouvelle rhétorique nationaliste, y sont apposées. L'intérieur du bâtiment d'origine, quant à lui, est décoré à neuf d'une ample mosaïque murale qui célèbre, à côté de la mémoire de la Grande Guerre, l'ensemble de l'histoire nationale, en commençant par les figures des rois daces et en continuant par les portraits des princes du Moyen Âge roumain. Le caractère religieux initial du mausolée se voit fortement estompé – le nouveau culte qui y est célébré est celui de la nation redécouverte par un communisme qui a rompu avec l'« internationalisme » et la « soviétophilie » ancillaire de ses débuts.

La date du 1er Décembre 1918, déjà célébrée pendant l'entre-deux-guerres[33], passée dans l'oubli au début du régime communiste et progressivement réhabilitée par l'historiographie à partir de la fin des années 1950 revêtira, une foi remise à l'honneur par le régime de Ceauşescu, une importance sans précédent dans le discours commémoratif national. Sur ce plan, la période Ceauşescu a légué à la Roumanie la transformation du 1er Décembre 1918 en un lieu de mémoire qui phagocyte complètement le souvenir de la Grande Guerre. L'explication réside dans le fait que « *the written and visual (in permanent museum exhibits) narrative of World War I came to end on 1 December, with that date symbolizing the apotheosis of the "will of the people."* [...] *The war seemed to have ended with the mass rally in Alba Iulia* »[34]. Après la chute du communisme, la quête d'une nouvelle fête nationale, à la place du 23 août[35], fit que cette journée fut choisie de manière « naturelle ». Privée – tant dans la mémoire collective que dans l'historiographie – de toute singularité qui mettrait en évidence ses traits extraordinaires en tant qu'expérience collective et carrefour culturel,

33. Bucur 2009, p. 113-114.

34. *Ibid.*, p. 181.

35. Le 23 août 1944 était la date du renversement du dictateur Ion Antonescu, allié de l'Allemagne nazie, par l'action de plusieurs forces politiques, dont les communistes roumains.

insérée dans la marche séculaire de la nation vers l'unité accomplie, la Grande Guerre n'était plus qu'un préambule héroïque au rattachement de la Transylvanie à la Roumanie. Cela explique pourquoi, jusqu'aujourd'hui, il n'est vraiment question de la Première Guerre mondiale dans la presse écrite et audiovisuelle qu'une fois par an – le 1er Décembre – lorsque divers historiens invités sur les plateaux de télévision rappellent au public qui profite de ce jour férié « la signification » et « l'importance » de la participation roumaine à ce conflit.

La démarche historiographique consacrée à la Grande Guerre dans les années 1965-1989 accuse quant à elle trois traits principaux.

Il s'agit d'abord d'une histoire évènementielle, centrée sur les faits et les personnages militaires et politiques, et dans laquelle s'implique personnellement, pendant la dernière décennie du régime, le frère du dictateur lui-même, le général promu historien Ilie Ceauşescu.

Le deuxième trait est l'éloignement progressif mais définitif des postulats sur le caractère « injuste » de la guerre « impérialiste » au sein de laquelle la Roumanie aurait été partie prenante selon les anciens historiens staliniens philo-soviétiques. Un « projet » d'histoire officielle du Parti communiste roumain, rédigé au début des années 1970, mais jamais publié par la suite, mentionne encore des « centaines de milliers de soldats qui saignaient dans les tranchées » et des « ouvriers qui supportaient les privations les plus terribles [tandis que] les grands capitalistes et propriétaires fonciers roumains faisaient des affaires douteuses et pratiquaient le pillage sur le dos du peuple »[36] mais tient à souligner que « la Roumanie se trouvait au contact de deux colosses impérialistes [...], l'Autriche-Hongrie et la Russie tsariste qui mettaient en danger par leur politique rapace l'existence même de la nation roumaine » et que pour Bucarest, l'enjeu majeur était « l'achèvement du processus de construction de l'État-nation unitaire »[37]. Dans les dernières années du régime, le sous-titre d'une massive histoire de la Roumanie pendant la Première Guerre mondiale, publiée en 1987, est formulé comme pour exorciser le souvenir du discours stigmatisant des années 1950 : « le caractère juste, libérateur, de la participation de la Roumanie à la guerre[38] ». Dans cet ouvrage de plus de 1 500 pages – publié en deux tomes – Lénine n'est que peu et brièvement cité, afin de prouver la situation spéciale des nations dominées d'Europe de l'Est et des Balkans dans la Grande Guerre comme le caractère « progressiste » et national que la participation à la guerre a pu revêtir pour certaines d'entre elles, dont les Roumains.

Le troisième trait de la nouvelle historiographie de la Grande Guerre dont il est question ici la fait ressembler au message idéologique déjà mentionné de la mosaïque murale du mausolée du mont Mateias : la participation roumaine au conflit et son issue –

36. Istoria Partidului, chap. I, p. 86.

37. *Ibid.*, p. 79.

38. România 1987.

l'achèvement de l'unité nationale (le syntagme « Grande Roumanie » est évité pour ménager les susceptibilités de Moscou) – représente le couronnement d'un processus historique deux fois millénaire, qui débute avec la Dacie préromaine. Dans les dernières années du régime, les « masses populaires », soustraites à la rhétorique traditionnelle de la lutte des classes, sont érigées dorénavant en acteurs historiques de l'unification nationale. L'article de 1957 d'Andrei Oţetea portait désormais ses fruits et, dans son prolongement, l'on parle, trois décennies plus tard, de la « révolution populaire de Transylvanie et de Bucovine à l'automne 1918 »[39] qui constitue maintenant – dans le discours historiographique – le pendant de ce qu'avait été, autour de 1950, la révolution d'Octobre. « La logique de la lutte des classes, note Cătălina Mihalache, fut habilement détournée pour cautionner l'ancien récit historique sur l'Union (de 1918) »[40].

Au cours des années de la crise du régime Ceauşescu, l'historiographie de la Grande Guerre assume de plus en plus le rôle de producteur d'une nouvelle « vérité historique » au sujet des années 1917-1918 dans les relations roumano-russes et, notamment, au sujet de l'histoire de la Bessarabie. Longtemps tabou, ou en tout cas maniée avec des pincettes par l'historiographie communiste roumaine, la question de la Bessarabie en 1917-1918 fait une entrée remarquée, en 1983, dans le discours historiographique officiel, à travers un ouvrage dont le titre ronflant exprime clairement quelle est la place assignée à la Première Guerre mondiale dans l'interprétation national-communiste de l'histoire roumaine : *De l'État des Géto-Daces à l'État roumain unitaire*[41]. Plus d'un tiers de cet ouvrage de 723 pages est consacré à la Grande Guerre et à ses suites pour la Roumanie. Si, trente ans plus tôt, les invectives pleuvaient sur les « impérialistes occidentaux » fauteurs de guerre, il est maintenant temps de rappeler quelques vérités déplaisantes sur l'alliance militaire roumano-russe des années 1916-1917 – et, notamment, la faible combativité d'une partie des troupes russes sur le front roumain et la méfiance de la Russie vis-à-vis de la perspective d'un agrandissement territorial de l'allié roumain. L'hypothèse d'une entente entre Saint-Pétersbourg et Vienne sur le dos de la Roumanie est elle aussi évoquée[42], mais la grande nouveauté qu'apporte le livre est la manière dont est traité le rattachement de la Bessarabie en avril 1918 : « Dans toute la Roumanie ont eu lieu d'énormes rassemblements dans le cadre desquels des ouvriers, des paysans, des intellectuels, des militaires, des enseignants, des étudiants, des jeunes de toutes les classes sociales, de toute orientation politique et croyance religieuse ont salué par des motions et des télégrammes l'union de la Bessarabie à la Roumanie »[43]. Une telle phrase aurait été inconcevable sous la plume d'un historien roumain

39. *Ibid.*, p. 592.
40. Mihalache C. 2007, p. 321.
41. Muşat, Ardeleanu 1983.
42. *Ibid.*, p. 509-513.
43. *Ibid.*, p. 569.

dans les années 1950, et même pendant les années 1960, et aurait value l'emprisonnement à son éventuel auteur durant la première décennie du régime communiste.

Ce thème est repris dans la massive histoire de la Roumanie dans la Grande Guerre publiée en 1987[44]. Quelques mois seulement avant la fin du régime Ceauşescu, on entreprend de rééditer l'histoire classique de l'implication roumaine dans le conflit, rédigée au tout début des années 1920 par l'historien Constantin Kiriţescu[45] et dont une des caractéristiques était qu'elle ne ménageait ni les alliés russes des années 1916-1917, ni le pouvoir « maximaliste » de Lénine, ni celui du « dictateur de Budapest », Béla Kun. La boucle de l'interprétation idéologique de la participation roumaine à la Grande Guerre par le régime communiste était ainsi bouclée. La réédition, en 1989, de l'ouvrage de Kiriţescu[46] fortement antibolchevique et, donc, inconcevable jusqu'alors dans une Roumanie qui se qualifiait encore de « république socialiste », était devenue intéressante pour un régime Ceauşescu aux abois, coincé entre la perestroïka détestée de Gorbatchev à l'Est et la fin prémonitoire du régime de János Kadar à l'Ouest. En changeant de signe, on retrouve l'importance de la Grande Guerre du point de vue de ses conséquences à l'Est et à l'Ouest, ce qui avait tant compté dans l'écriture de l'histoire aux débuts du régime communiste. Dans les derniers mois du règne de Ceauşescu, ces conséquences servaient à légitimer complètement la participation de la Roumanie à la guerre, y compris dans sa dimension antibolchevique. On peut donc dire que, toujours politisée, l'image de la Grande Guerre se situait, dans cette année finale du communisme roumain, aux antipodes idéologiques de l'interprétation stalinienne et philo-soviétique inaugurée en 1948. « La journée du 4 août [1919 : date de l'entrée des troupes roumaines à Budapest d'où avait fui Béla Kun] apportait une de ces grandes satisfactions que la Providence réserve aux peuples rudement éprouvés qui ont fait preuve de force de caractère dans la poursuite d'une idée juste [...] »[47]. Ces mots de Kiriţescu, repris tels quels dans l'édition d'août 1989 de son ouvrage paru en 1921, montraient que l'historiographie roumaine de la Première Guerre mondiale avait retrouvé le chemin de la case départ, située au début de l'entre-deux-guerres. Moins de quatre mois plus tard, le régime Ceauşescu s'écroulait.

Tout cela pèse jusqu'aujourd'hui sur l'histoire et la mémoire de la Grande Guerre en Roumanie. L'événement, soumis pendant des décennies à une lecture et une instrumentalisation profondément politiques, peine à retrouver son autonomie dans le champ de la recherche historique depuis 1989. Le régime politique de la mémoire de la Grande Guerre a d'abord étouffé les voix des survivants, jusque dans les années 1960, pour

44. România 1987.

45. Kiriţescu 1921.

46. Kiriţescu 1989.

47. *Ibid.*, p. 465.

procéder ensuite à l'embaument patriotique de cet épisode historique. Soudée à une histoire nationale vue comme un bloc bimillénaire, la traversée de la Grande Guerre par la Roumanie n'a jamais été promue avant 1989 comme un objet d'études susceptible de déconstructions, de lectures croisées, de recompositions analytiques. L'époque communiste l'a transformé en un lieu d'oubli, dans un double sens : oubli de la guerre en tant qu'expérience exceptionnelle traversée de manières diverses par des êtres humains – hommes, femmes, enfants – de chair et de sang ; oubli du deuil – un sentiment d'abord politiquement délégitimé qui fut ensuite poussé vers la sortie par le poids idéologique écrasant d'une mémoire d'État tout au service d'une vision unanimiste et triomphaliste de la Nation.

Abréviations bibliographiques

ALMAS 1982-1984 = ALMAS Dumitru, *Povestiri istorice – pentru copii şi şcolari, şoimi ai patriei şi pionieri*, Bucarest, Editura Didacticăşi Pedagogică, 1982-1984.

BOIA 2005 = BOIA Lucian, *Istorie şi mit în conştiinţa românească*, Bucarest, Humanitas, 2005.

BUCUR 2009 = BUCUR Maria, *Heroes and Victims. Remembering War in Twentieth-Century Romania*, Bloomington, Indiana University Press, 2009.

BUCUREŞTI 1962 = *Bucureşti – ghid*, Bucarest, Editura Meridiane, 1962.

CEAUŞESCU 1968 = CEAUŞESCU Nicolae, *România pe drumul desavârsirii constructiei socialiste*, vol. 2, Bucarest, Editura Politica, 1968.

CONSTANTINIU 2007 = CONSTANTINIU Florin, *De la Răutu şi Roller la Muşat şi Ardeleanu*, Bucarest, Editura Enciclopedică, 2007.

DUMITRIU 2009 = DUMITRIU Petru, *Cronică de familie*, vol. II, Bucarest, Editura Jurnalul Naţional, 2009.

GHEORGHIU 1953 = GHEORGHIU Ioan, « Relaţiile româno-ruse în perioada neutralităţii româniei (1914-August 1916) », *Studii – revistă de istorie şi filosofie*, 6/4 (1953), p. 11-74.

GRANDHOMME 1999 = GRANDHOMME Jean-Noël, *Le Général Berthelot et l'action de la France en Roumanie et en Russie méridionale*, Vincennes, Service historique de l'armée de terre, 1999.

ISTORIA PARTIDULUI = *Istoria Partidului Comunist Român – Proiect*, s. l. n. d.

KIRIŢESCU 1921 = KIRIŢESCU Constantin, *Istoria razboiului pentru intregirea României*, Bucarest, Editura Casei Şcoalelor, 1921.

KIRIŢESCU 1989 = KIRIŢESCU Constantin, *Istoria razboiului pentru întregirea României*, 2 vols, Bucarest, Editura ştiinţifică şi enciclopedică, 1989.

KIRITZESCO 1934 = KIRITZESCO Constantin, *La Roumanie dans la guerre mondiale (1916-1919)*, Paris, Payot, 1934.

LÉNINE 1935 = LÉNINE Vladimir Ilitch, *L'Impérialisme, stade suprême du capitalisme*, Paris, éditions Sociales Internationales, 1935.

MARX *et al.* 1965 = *Marx, Engels, Lenin despre România*, Bucarest, Editura Politica, 1965.

MIHALACHE A. 2003 = MIHALACHE Andi, *Istorie şi practici discursive în România « democrat-populară »*, Bucarest, Editura Albatros, 2003.

MIHALACHE C. 2007 = MIHALACHE Cătălina, « Didactica unui eveniment: 1 Decembrie 1918 în manualele de istorie a românilor », dans MIHALACHE Andi et CIOFLÂNCĂ Adrian (éds), *In medias res. Studii de istorie culturala*, Iaşi, Editura Universitatii « Alexandru Ioan Cuza », 2007, p. 303-327.

MUŞAT, ARDELEANU 1983 = MUŞAT Mircea, ARDELEANU Ion, *De la statul geto-dac la statul român unitar*, Bucarest, Editura ştiinţifică şi enciclopedică, 1983.

OŢETEA 1957 = OŢETEA Andrei, « Problema periodizarii istoriei României », *Studii – revistă de istorie*, an X/6 (1957), p. 103-110.

ROLLER *et al.* 1949 = ROLLER Mihail *et al.*, *Istoria României. Manual pentru clasa a VII-a elementara*, Bucarest, Editura de Stat, 1949.

ROLLER 1952 = ROLLER Mihail, *Istoria RPR. Manual pentru învăţământul mediu*, Bucarest, Editura de Stat Didactică şi Pedagogică, 1952.

ROMÂNIA 1987 = *România în anii Primului război mondial*, 2 vols, Bucarest, Editura Militară, 1987.

ŢUGUI 1999 = ŢUGUI Pavel, *Istoria şi limba română în vremea lui Gheorghiu-Dej*, Bucarest, Editura Ion Cristoiu, 1999.

ŢURCANU 2008 = ŢURCANU Florin, « Roumanie, 1917-1920 : les ambiguïtés d'une sortie de guerre », dans AUDOIN-ROUZEAU Stéphane, PROCHASSON Christophe (éds), *Sortir de la Grande Guerre. Le monde et l'après-1918*, Paris, Tallandier, 2008, p. 237-256.

* * *

COCEA 1978 = COCEA Dinu, *Ecaterina Teodoroiu*, 1978.

YANKOVITCH 1956 = YANKOVITCH Paul, « Les poilus d'Orient ont reçu à Belgrade un accueil chaleureux », *Le Monde*, 28 juin 1956.

Les interprétations de la Première Guerre mondiale en Bulgarie

Gueorgui Peev

La carte politique des Balkans en 1920 est très différente de celle de 1910. Les changements survenus sont les résultats des trois guerres consécutives qui ont secoué la péninsule : la première et la deuxième guerre balkanique, suivies de la Première Guerre mondiale. Ainsi, la décennie est marquée par des événements qui déterminent en grande partie les relations, et même les destinées, des pays balkaniques pour le reste du XXe siècle.

La Bulgarie participe activement à ces trois conflits armés. Pour les politiciens et la majorité de l'opinion publique, ils constituent le moment crucial vers la réalisation de « l'unification nationale ». Après la naissance de l'État bulgare moderne, en 1878, ce rêve sentimental, devenu projet stratégique, s'inscrit parmi les facteurs décisifs de la vie nationale.

La Bulgarie et ses alliés balkaniques sortent vainqueurs de la première guerre balkanique contre l'Empire ottoman (octobre 1912-mai 1913). Selon les clauses du traité de paix de Londres (30 mai 1913), Istanbul cède ses possessions balkaniques et garde seulement la région autour de la capitale ainsi que les Détroits. Bientôt, les ambitions nationalistes concernant le partage du territoire ottoman acquis transforment les alliés d'hier en ennemis acharnés, prêts à combattre. Ce sont les cercles dirigeants bulgares qui en prennent l'initiative. Le 17 juin 1913, l'armée reçoit l'ordre de « bousculer » les forces serbes et grecques, dont les gouvernements ont déjà conclu un accord secret d'action politique et militaire en cas d'agression bulgare. Peu de temps après avoir provoqué la deuxième guerre balkanique (juin-juillet 1913), appelée aussi « la guerre interalliée », la Bulgarie subit la contre-attaque simultanée des tous ses voisins.

Le traité de Bucarest conclu le 28 juillet 1913 met fin à la deuxième guerre balkanique. La Bulgarie, vaincue, perd alors une grande partie des territoires pris à l'Empire ottoman. Devant ses soldats rentrant du front, le roi Ferdinand Ier déclare : « Épuisés et fatigués mais non vaincus [*sic*], nous plions les drapeaux pour des jours meilleurs… »[1]. L'attente de ces jours meilleurs et les sentiments de revanche prédominent dans la société des années 1913-1915. Les voisins – la Grèce, la Roumanie et surtout la Serbie – sont considérés comme des traîtres à la cause patriotique bulgare, la seule déclarée juste. Ils imposent au peuple bulgare, qui a contribué d'une manière décisive à l'écrasement de l'ennemi séculaire, une paix injuste, entièrement au profit de leurs intérêts égoïstes et de leurs visées néfastes. L'expression caractéristique du climat s'incarne dans le poème *Des Alliés-brigands* (très répandu chez les militaires et la population, jusqu'à en devenir un chant militaire) :

Des alliés brigands
Subtils, sournois et sans honte
Vous avez cambriolé et volé
Le temple de notre Patrie !

De votre plan de Satan
Oh, bande sournoise, jalouse
Rappelez-vous, on garde compte
Et nous en aurons notre revanche !

Les ambitions revanchardes sont parmi les facteurs décisifs qui rangent la Bulgarie à côté des puissances centrales au cours de la Première Guerre mondiale. En octobre 1915, à l'entrée du pays en guerre, le roi Ferdinand rappelle dans son Manifeste que « les jours meilleurs » pour les drapeaux bulgares sont arrivés. Néanmoins, le pays subit une nouvelle défaite, encore plus grave et humiliante. Après la percée des forces de l'Entente sur le front de Macédoine, en septembre 1918, les soldats bulgares se révoltent et marchent sur Sofia. Les dirigeants de l'Union populaire agrarienne bulgare (UPAB) – le principal parti de l'opposition – les rejoignent et proclament, sur le chemin vers la capitale, « la république de Radomir [Radomir : petite ville dans la Bulgarie de l'Ouest] ». Les mutins sont dispersés aux environs de Sofia. Ferdinand Ier abdique et quitte le pays. Son fils Boris, monté sur le trône, confie la direction du pays au gouvernement formé par UPAB.

Alexandre Petryaev, le représentant officiel du général Anton Denikine, réfugié avec son armée blanche en Bulgarie, témoigne en 1920 qu'il règne dans le pays « l'atmosphère des pécheurs repentants »[2]. Selon ce diplomate de carrière, ce climat provient de l'entrée en guerre du pays contre la Russie, qui était son libérateur. Cette observation n'explique qu'une partie mineure de la frustration générale qui règne dans le pays. Les dirigeants de l'UPAB, forts de l'appui des masses paysannes, envisagent d'éliminer les partis traditionnels des « citadins », en tant que concurrents, de neutraliser le palais et même de liquider la

1. Manifeste du roi Ferdinand de Bulgarie du 14 octobre 1915.
2. Cité par Kjosseva 2002, p. 42.

monarchie. « La loi concernant l'envoi devant le tribunal des responsables de la catastrophe nationale » votée par le Parlement suite à un référendum est l'un des signes de cette politique. Plusieurs membres des gouvernements précédents sont jugés, condamnés et jetés en prison.

L'expression « catastrophe nationale », utilisée dans le texte de la loi, s'applique aux deux guerres successives et explique bien le climat social et psychologique qui prédomine. Elle devient même le leitmotiv de l'actualité politique. La première « catastrophe » résulte de la fin pitoyable de la guerre interalliée, déclenchée par une décision prise par le roi et son entourage docile – décision d'ailleurs qualifiée de « folie criminelle ». La seconde « catastrophe » est la conséquence militaire et politique de la Première Guerre mondiale. Les clauses néfastes de l'accord de paix entre l'Entente et la Bulgarie conclu le 27 novembre 1919 à Neuilly-sur-Seine en sont le symbole.

Après la défaite, le pays se replie sur de graves problèmes internes. Le nationalisme militant d'avant-guerre perd son influence sur les masses. Les revendications irrédentistes survivent seulement au sein du corps des officiers, d'une partie de l'intelligentsia et de la bourgeoisie, et restent très répandus dans les organisations des réfugiés et émigrés des territoires perdus[3]. En même temps, les conséquences des trois guerres sont omniprésentes. Elles influencent l'actualité politique et jettent les bases de la mémoire officielle de la guerre. Ses thèmes principaux concernent l'orientation à prendre vis-à-vis des deux camps opposés, le rôle de l'armée et les causes de la défaite.

Tous les auteurs engagés dans la discussion considèrent l'entrée en guerre du pays comme la suite logique des luttes pour « l'unification nationale » menées depuis la Réveil national bulgare au milieu du XIXe siècle. Le problème concerne les possibilités de réalisation de ces idéaux et le choix des alliés. Ainsi surgit la question : était-il possible de poursuivre la politique de neutralité menée pendant une année, en 1914-1915, après le déclenchement des hostilités ? L'interrogation débouche sur le débat concernant les possibilités de rejoindre l'une ou l'autre des coalitions des belligérants. Les réponses montrent les prises de positions opposées des deux grands groupes de politiciens et des analystes qui les suivent. Une partie affirme que la solution au problème consistait dans le choix : avec ou contre l'Allemagne. Les représentants des groupes d'opposition de l'époque (surtout l'UPAB) blâment le gouvernement de Vasil Radoslavov, chef du Parti libéral, d'avoir signé la convention militaire du 24 août 1915 avec l'Allemagne, sans envisager sérieusement une alliance possible avec l'Entente[4]. D'après eux, une neutralité favorable à l'Entente en 1915, et éventuellement l'entrée en guerre à ses côtés, aurait épargnée les malheurs de la défaite. À ces critiques, les dirigeants politiques au cours de la guerre et les militaires présentent une argumentation opposée. Selon eux, la Bulgarie n'avait pas d'autres choix, en raison de la

3. Pundeff 1969.

4. Madjarov 1932 ; Girginov 1932 ; Filtchev 1940.

politique de l'Entente et surtout de son appui aux prétentions serbes[5]. En ce qui concerne la neutralité, ils pensent que sa réalisation était impossible, étant donné l'atmosphère d'hostilité générale qui régnait sur le vieux continent.

Une deuxième série de discussions importantes est consacrée aux efforts militaires. Tous les auteurs suivent sans la moindre réticence la conviction que l'armée incarne l'idéal national, quoique son rôle depuis 1878 soit assez ambigu. Les officiers épousent les rivalités politiques (qui divisent la société entre russophiles et russophobes), s'associent avec la politique personnelle du Tsar Ferdinand, mènent l'activité conspirative en Macédoine et prétendent être exclusivement investis du destin national. Ainsi, les deux catastrophes nationales, qui résultent en partie de l'aveuglement du commandement supérieur, ne sont pas imputées directement à l'armée[6].

Les œuvres qui décrivent les actions de l'armée sont pleines d'éloges qui glorifient le soldat bulgare. On fait des descriptions minutieuses des batailles victorieuses, tout en minimisant les fautes et les défaites. Les rapports avec le grand allié – l'armée allemande – sont qualifiés d'exemplaires. Parallèlement, on mentionne des décisions du commandement allemand qui n'ont pas eu les effets attendus ou désirés. Ces observations doivent réfuter les affirmations des hauts responsables militaires allemands, tels le chef de l'état-major, Erich Ludendorff, qui, dans ses mémoires de guerre, rejette aussi la responsabilité de la défaite sur les alliés du Reich.

La fin de la guerre fait l'objet de nombreux souvenirs et de nombreuses études. La percée du front de Macédoine et l'insurrection des soldats bulgares sont décrites comme ayant contribué à l'effondrement des puissances centrales. La situation difficile des soldats dans les tranchées (armement et nourriture insuffisants, manque d'équipements, etc.) est aggravée par des événements psychologiques qui ont sapé le moral et accéléré l'éclatement de la crise : situation désastreuse de la population, perte de confiance dans les capacités militaires de l'Allemagne, entrée en guerre des nouveaux États au côté de l'Entente, la propagande et les agissements de l'opposition qui sèment doute et mécontentement. Après le coup d'État du 9 juin 1923 – action et/ou revanche des partis traditionnels et des militaires qui éliminent le gouvernement de l'UPAB –, l'analyse de la mutinerie des soldats devient encore plus virulente. Pour les politiciens et les hauts militaires des années 1920 et 1930, la révolte est la version bulgare du *Dolchstoss* allemand : un coup de poignard dans le dos des combattants. Mais cette affirmation masque les réalités de la défaite militaire[7].

De nouveau allié de l'Allemagne et membre de l'Axe, le pays se retrouve encore une fois parmi les vaincus à la fin de la Seconde Guerre mondiale. Comme par le passé, la responsabilité incombe aux dirigeants du pays à la veille de la guerre et pendant son

5. Radoslavov 1923 ; Jekov 1924 ; Hristov 1925 ; Todorov 1930.

6. Lory 1988.

7. Vazov 1929 ; Todorov 1930 ; Girginov 1937 ; Lory 1985.

déroulement. Leurs ennemis et opposants, arrivés au pouvoir à la suite du coup d'État des militaires « sovietophiles » le 9 septembre 1944, leur portent en guise de revanche un coup sévère à travers les condamnations d'un « Tribunal populaire ». Cette fois, les vainqueurs sont dirigés par le Parti communiste (PCB). Grâce à l'appui de la diplomatie soviétique, la menace d'une « troisième catastrophe nationale » (surtout l'amputation des territoires au profit des Grecs et des Yougoslaves) est évitée. À partir de 1946, en collaboration avec l'aile gauche de l'UPAB, le PCB établit un régime très proche du modèle soviétique, suivant sans réserve les directives provenant de Moscou jusqu'aux changements démocratiques survenus en 1989.

Dès les premières années suivant le 9 septembre 1944, les questions de la mémoire officielle des guerres de 1912-1918 deviennent l'objet de discussions, surtout parmi les historiens. Cette fois, le dictat idéologique et politique établi devient de plus en plus évident et impératif. Les théories de Lénine sont que[8] :

> la guerre européenne et mondiale présente tous les caractères d'une guerre bourgeoise, impérialiste, dynastique. La lutte pour les marchés et pour le pillage des autres États, la volonté d'enrayer le mouvement révolutionnaire du prolétariat et de la démocratie à l'intérieur des pays belligérants, la tentative de duper, de diviser et de décimer les prolétaires de tous les pays en jetant les esclaves salariés d'une nation contre ceux d'une autre au profit de la bourgeoisie, tel est le seul contenu réel de la guerre, telle est sa signification.

Ces théories deviennent la base indiscutable de tous les analystes. Parallèlement, les auteurs communistes utilisent leur héritage pacifiste, en soulignant l'activité du parti des « Socialistes étroits ». Ce parti, devenu PCB en 1919, fait partie de la « gauche de Zimmerwald » – groupe qui avait résolument condamné le caractère agressif de la guerre après son déclenchement. Ainsi les historiens peuvent-ils facilement conclure qu'il s'agit d'une « guerre impérialiste menée par la clique bourgeoise ayant pour but la réalisation de ses plans chauvins »[9]. Et la majorité des auteurs de la période d'avant-guerre, surtout des hommes politiques, sont qualifiés « de bourgeois réactionnaires » incapables de comprendre le vrai caractère de cette guerre.

L'alliance avec l'Allemagne est également vue à travers le prisme des événements de la Seconde Guerre mondiale. Les hommes politiques bulgares de l'époque sont désignés complices de la politique de *Drang nach Osten* de Berlin et le Tsar Ferdinand est qualifié d'« agent allemand ». La dynastie de Saxe-Cobourg est condamnée en tant que principal fauteur des malheurs subis par le peuple bulgare (en septembre 1946, le pays devient

8. Lénine 1914.

9. Kolarov 1919.

République populaire). Le fait que l'armée bulgare continue de combattre l'Entente même après « l'occupation » de la Macédoine sert de preuve que la bourgeoisie utilisait la « libération de [leurs] frères opprimés » comme un « alibi de sa politique expansionniste »[10]. Pendant la « lune de miel » de courte durée de la Bulgarie et de la Yougoslavie (1945-1948), la propagande officielle qualifie la guerre contre le « peuple frère de Serbie » de guerre agressive, dirigée vers la conquête de territoires et de marchés. Encore une fois, le parallèle est effectué avec la Seconde Guerre mondiale, quand la Bulgarie, en soutenant l'Allemagne nazie, envoie ses forces d'occupation sur les territoires conquis par la Wehrmacht, en Grèce et en Yougoslavie[11].

L'attention est de nouveau portée sur la révolte des soldats de septembre 1918. Elle est déclarée comme une « puissante montée révolutionnaire des masses populaires contre le pouvoir bourgeois »[12], ce qui constitue à la fois la suite logique et le reflet de la « Grande Révolution Socialiste d'Octobre ». Pendant les années 1950 et 1960, suivant ces postulats de Staline[13]

> la science historique, si elle veut être une science véritable, ne peut plus réduire l'histoire du développement social aux actes des rois et des chefs d'armées, aux actes des « conquérants » et des « asservisseurs » d'États ; la science historique doit avant tout s'occuper de l'histoire des producteurs des biens matériels, de l'histoire des masses laborieuses, de l'histoire des peuples

la mémoire se réduit à l'énumération des « mouvements révolutionnaires » (réels et imaginaires) dans les tranchées et des « révoltes de la faim » à l'arrière, qui sont liées à l'activité du Parti communiste. On souligne la fraternisation entre les soldats bulgares et les soldats russes, les souffrances des masses paysannes et prolétaires opposées aux spéculations des affairistes et à l'enrichissement honteux de la bourgeoisie. Une place à part est consacrée au « brigandage économique de l'Allemagne »[14] subi par le peuple. Les succès de l'armée bulgare contre les divisions russes en Roumanie ne sont, quant à eux, mentionnés nulle part. Les anciennes critiques acerbes contre l'armée tsariste russe tombent dans l'oubli et l'on ne parle plus de ses défaites.

Ces thèses demeurent en vigueur pendant plus de deux décennies, non seulement en Bulgarie, mais dans tous les pays « socialistes ». La Grande Guerre n'attire plus l'attention des milieux politiques et ne trouve que sporadiquement écho dans les œuvres d'art – littérature, cinéma, théâtre. Le sujet principal de la propagande est la

10. Sharova 1950.
11. *Ibid.*
12. Hristov 1949/1950.
13. Staline 1931, p. 205.
14. Vlahov 1957.

Seconde Guerre mondiale et, plus particulièrement, la résistance armée menée par le Parti communiste.

En 1975, l'Institut d'histoire militaire de Moscou édite en deux volumes *L'Histoire de la Première Guerre mondiale* et certaines des anciennes idées concernant le caractère de la guerre sont révisées. Cela permet aux historiens des États satellites de repenser à leur tour la participation de leur pays respectifs et de revoir sous un angle critique certaines idées simplistes des années 1950. Alors que la Bulgarie célèbre fastueusement le 1 300e anniversaire de « la fondation de l'État Bulgare » en 1981, les débats sur l'histoire du pays se multiplient. Les guerres du début du siècle commencent à être commentées, en premier lieu par les historiens militaires. L'Institut d'histoire militaire organise cette même année 1981 une conférence sur « Le caractère de l'armée bulgare et les guerres qu'elle a conduites pendant la période 1885-1918 »[15]. La participation du pays à ces guerres est observée sous l'angle du « rôle et des buts du monarque et de la bourgeoisie ». On discute quelle étape de son développement (bourgeois libéral ou impérialiste) a produit la guerre, l'attitude des « masses populaires » envers ces guerres, les positions du Parti communiste, etc.[16]. La casuistique qui surgit pendant le débat découle du fait que les participants se sentent obligés de citer en tant que preuves de leurs thèses des postulats du marxisme-léninisme sur les guerres. Dans les neuf communications, les citations de Marx, Engels, Lénine ou des dirigeants communistes bulgares sont mentionnées plus de 90 fois, Lénine seul 31 fois.

Dans le rapport principal de la conférence, lu par le colonel Petar Stoilov, on admet pour la première fois qu'on peut discerner des « éléments progressistes » dans les « intérêts égoïstes de la bourgeoisie »[17]. La bourgeoisie bulgare est comparée à celles des autres pays, la conclusion étant que pendant les guerres balkaniques et la Première Guerre mondiale, elle vise l'accomplissement du dernier stade de la « libération nationale » et l'unification du pays. Cependant, on affirme qu'au cours de la Grande Guerre, la bourgeoisie se transforme en facteur réactionnaire et fasciste. Cette affirmation est obligatoire. Elle doit expliquer comment la révolte de septembre 1923 menée par le PCB et soutenue par l'UPAB constitue « le premier soulèvement antifasciste dans le monde ».

Le deuxième changement important des idées des années 1950 concerne la Macédoine. Dans son rapport, Stoilov souligne que la population macédonienne a été considérée à tort « [non comme] faisant partie de la nation bulgare, mais comme une ethnie à part ». De là provient la fausse caractéristique des guerres menées par la Bulgarie, considérées comme des « guerres des conquêtes » et non de libération. La conclusion affirme que ces guerres possèdent un caractère « juste » pour la Bulgarie, à la différence de celles que menaient la Serbie, la Grèce, le Monténégro et la Roumanie. L'auteur ose même critiquer Lénine,

15. À Sofia.

16. Daskalov 2005, p. 141.

17. Stoilov 1981, p. 13.

pour qui la Serbie a conduit en partie une « lutte libératrice » pendant la Première Guerre mondiale. Stoilov souligne pour sa part que la Serbie oppresse la population étrangère et surtout celle d'origine bulgare (en visant la Macédoine).

Une nouvelle interprétation est donnée concernant la fin de la guerre. Les thèses selon lesquelles la Bulgarie aurait dû sortir de la guerre après la réalisation de ses objectifs en Macédoine et en Dobroudja du Sud sont rejetées comme une perfidie envers les alliés bulgares du moment. L'auteur se garde de donner une nouvelle interprétation de la révolte militaire de 1918 tout en déclarant que « la question sur le mouvement antimilitaire pendant la guerre est bien plus complexe »[18]. En revanche, pour la première fois, le corps des officiers n'est pas traité comme une caste séparée de la nation ni comme un « agent du monarque et de la bourgeoisie ». L'auteur déclare au contraire qu'une partie des officiers provient de la petite bourgeoisie – c'est-à-dire « du peuple »[19].

Des historiens militaires et civils participent à la discussion qui suit le rapport principal. Les questions qui touchent directement la Première Guerre mondiale passent au second plan et sont examinées sous le prisme du caractère de l'armée bulgare. Certains historiens continuent d'affirmer que l'armée était, pendant la guerre, sous l'influence de l'impérialisme allemand et austro-hongrois. Cette armée « populaire » des guerres balkaniques s'est ainsi transformée en force « antinationale », un « organisme qui sert la minorité qui exploite les masses populaires »[20]. Selon l'affirmation de l'un des intervenants, le colonel Vassil Vassilev elle est « née comme monarchique et pendant toute la période est restée telle ». Il cite un statut disciplinaire du début du siècle pour prouver qu'à côté des idées nationales l'armée est « endoctrinée dans le respect de la religion et de la propriété privée ».

L'un des historiens, Ivan Aleksandrov, dans une communication intitulée « Les buts de libération nationale de l'armée bulgare de 1885 jusqu'en 1918 » examine l'évolution de l'historiographie nationale au cours des trente dernières années. Pour la première fois, en 1962, dans un ouvrage officiel – une *Histoire de la Bulgarie* éditée par l'Académie de sciences bulgares –, on suggère que l'entrée en guerre en 1915 avait pour but d'éliminer les clauses injustes du traité de Bucarest. Néanmoins, la guerre reste « impérialiste »[21]. Bien que l'auteur évite de critiquer directement la position prise par le Parti communiste contre les guerres à l'époque, on sent à travers ses paroles qu'il ne les approuve pas personnellement.

Le professeur Siméon Damianov, historien de renom, intervient sur « La question nationale bulgare pendant la première étape de la Grande Guerre ». Il est d'ailleurs parmi les rares participants à citer non seulement les classiques du communisme, mais aussi

18. *Ibid.*, p. 44.
19. *Ibid.*, p. 50.
20. *Ibid.*, p. 61-62.
21. Aleksandrov 1981.

Edward Grey, Raymond Poincaré et Maurice Paléologue. Il essaie dans un premier temps de corriger « certains concepts vieux et exagérés, qu'on répète par inertie sans tenir compte de la réalité historique »[22]. D'après lui, si la Bulgarie s'oriente vers l'Allemagne, c'est uniquement parce que cette alliance permettait la réalisation de la question nationale bulgare. Ensuite, il critique la politique de l'Entente, et surtout celle de la France et de l'Angleterre, mais en soulignant que « la politique de la Russie s'appuyait sur son influence parmi les peuples balkaniques. Cette influence provenant de sa mission libératrice, de ses liaisons culturelles, religieuses surtout avec les Slaves du Sud »[23]. Selon Damianov, l'entrée en guerre de la Bulgarie résulte de la politique de la France et de l'Angleterre, qui n'ont pas soutenu leur allié russe (celui-ci connaissait des difficultés pendant l'été et l'automne de 1915). Finalement, la Bulgarie serait victime du principe impérialiste et colonial « *divide et impera* » [24].

La discussion continue avec l'examen du rôle de l'armée bulgare pendant les guerres et en temps de paix. En temps de paix, elle peut être un instrument entre les mains du monarque. En temps de guerre, « l'armée c'est le peuple », déclare le professeur Vesselin Traikov[25]. À la fin de son exposé, il se permet même d'attaquer un pays « frère », mais sans le nommer : la Roumanie. « Dans un pays voisin, un ouvrage sur la Dobroudja est édité. La guerre de 1913 est proclamée "juste" pour la Roumanie. » C'est ce que constate Traikov avec ironie.

La discussion montre que les participants soutenant la thèse selon laquelle l'armée bulgare est une arme de la « bourgeoisie réactionnaire » pendant la Première Guerre mondiale, et donc selon laquelle la participation du pays est un « acte chauviniste et militariste », constituent une minorité isolée. À partir de ce moment, la guerre est officiellement vue comme la suite logique des luttes pour l'unification nationale.

Qu'en est-il aujourd'hui ? La Première Guerre mondiale continue d'être secondaire pour la société bulgare face à d'autres sujets historiques. Une dizaine de monographies ont été publiées ces dernières années sur différents aspects de la guerre, en soutenant la thèse selon laquelle elle a constitué une étape consécutive des luttes pour l'unification nationale (mais qui s'est terminée sans succès). Chaque année, à la veille du 27 novembre (date de la signature du traité de paix à Neuilly), des manifestations attirent un nombre, limité, de participants provenant des différents mouvements nationalistes. Bien que quelques inscriptions « Neuilly n'est pas oublié » apparaissent sur les murs, la société bulgare a d'autres préoccupations pour le moment.

22. Damianov 1981.
23. *Ibid.*, p. 110.
24. *Ibid.*, p. 122.
25. *Ibid.*, p. 129.

Abréviations bibliographiques

Aleksandrov 1981 = Aleksandrov Ivan, « Nacionalno-osvoboditelnite zadachi na bulgarskata armia ot 1885 do 1918 g. » (« Les buts de libération nationale de l'armée bulgare de 1885 jusqu'en 1918 », en bulgare), *Izvestia na Instituta za voenna istoria*, t. 31, 1981 p. 93-103.

Damianov 1981 = Damianov Simeon, « Bulgarskia nacionalen vupros v natchalnia etap na Purvata svetovna voina » (« La question nationale bulgare pendant la première étape de la Grande Guerre », en bulgare), *Izvestia na Instituta za voenna istoria*, t. 31, 1981 p. 104-121.

Daskalov 2005 = Daskalov Rumen, *Bulgarskoto obchtestvo 1878-1939* (*La Société bulgare 1878-1939*, en bulgare), t. 1, Sofia, IK Gutenberg, 2005.

Filtchev 1940 = Filtchev Ivan, *Litchni spomeni za svetovnata voina* (*Mémoires personnels concernant la Première Guerre mondiale*, en bulgare), Sofia, s. é., 1940.

Girginov 1932 = Girginov Alexandr, *Bulgarija pred velikata voina* (*La Bulgarie devant la Grande Guerre*, en bulgare), Plovdiv, Éditions Hristo G. Danov, 1932.

Girginov 1937 = Girginov Alexandr, *Ot voina kum mir* (*De la guerre vers la paix*, en bulgare), Sofia, S. M. Staikov, 1937.

Hristov 1925 = Hristov Atanas, *Istoritcheski pregled na Obshtoevropeiskata voina i utchastieto na Bulgarija v neja* (*Examen historique de la guerre européenne et la participation de la Bulgarie*, en bulgare), Sofia, Armeiski voenno-izdatelski fond, 1925.

Hristov 1949/1950 = Hristov Hristo, « Kum vaprosa za vlijanieto na Velikata Oktomvrijska socialisticheska revoljucija v Bulgaria » (« Concernant la question de l'effet de la Grande Révolution socialiste d'Octobre en Bulgarie », en bulgare), *Istoricheski pregled*, n° 6 (1949-1950), p. 42-84.

Jekov 1924 = Jekov Nikola, *Politicheskija jivot v Bulgarija i voinstvoto* (*La Vie politique en Bulgarie et les militaires*, en bulgare), Sofia, 1924.

Kjosseva 2002 = Kjosseva Tzvetana, *Ruskata emigracia v Bulgaria 1920-1950* (*L'Émigration russe en Bulgarie 1920-1950*, en bulgare), Sofia, IMIR, 2002.

Kolarov 1919 = Kolarov Vassil, *Putiat kum katastrofata* (*La voie vers la catastrophe*, en bulgare), s. é., 1919.

Lénine 1914 = Lénine Vladimir Illitch, *Les Tâches de la social-démocratie révolutionnaire dans la guerre européenne* (1914), dans Lénine Vladimir Ilyich, *Œuvres Complètes*, t. 21, [en ligne]. URL : https://www.marxists.org/francais/lenin/oeuvres/vol_21.htm.

Lory 1985 = Lory Bernard, « La percée du front de Macédoine et l'insurrection militaire bulgare : synchronisme et influence », dans *La France et les Balkans dans les années 1920 du* XXe *siècle*, Paris, Publications Langues'O, 1985, p. 17-30.

Lory 1988 = Lory Bernard, « Quelques aspects du nationalisme en Bulgarie (1878-1918) », *Revue d'études slaves* 60/2, *En hommage à Roger Bernard*, (1988), p. 499-505.

MADJAROV 1932 = MADJAROV Mihail, *Diplomaticheska podgotovka na nashite voine* (*La Préparation diplomatique de nos guerres*, en bulgare), Sofia, Akcionerno drujestvo MIR, 1932.

PUNDEFF 1969 = PUNDEFF Marin, « Bulgarian Nationalism », dans SUGAR Peter, LEDERER Ivo (éds), *Nationalism in Eastern Europe*, Seattle, University of Washington Press, 1969, p. 93-165.

RADOSLAVOV 1923 = RADOSLAVOV Vassil, *Bulgarija v svetovnata kriza* (*La Bulgarie dans la crise mondiale*, en bulgare), Sofia, Éditions Sava Todorov, 1923.

SHAROVA 1950 = SHAROVA Krumka, « Bourjoasnata istoriografia i uchastieto na Bulgarija vuv voinite 1912-1918 » (« L'historiographie bourgeoise et la participation de la Bulgarie aux guerres 1912-1918 », en bulgare), *Istoricheski pregled*, n° 2 (1950), p. 129-157.

STALINE 1931 = STALINE Joseph, *Les Questions du léninisme*, Paris, Éditions sociales internationales, 1931, [en ligne]. URL : http://www.communisme-bolchevisme.net/download/Staline_Les_questions_du_leninisme_Tome_I.pdf.

STOILOV 1981 = STOILOV Petar, « Za haraktera na bulgarskata armia i voinite, koito tia vodi prez perioda 1885-1918 » (« Sur le caractère de l'armée bulgare et les guerres qu'elle a conduites pendant la période 1885-1918 », en bulgare), *Izvestia na Instituta za voenna istoria*, t. 31 (1981).

TODOROV 1930 = TODOROV Petar, *Pogromite na Bulgarija* (*Les Pogroms de la Bulgarie*, en bulgare), Sofia, Knipegraf, 1930.

VAZOV 1929 = VAZOV Georgi, *Spomeni ot Balkanskite voini* (*Souvenirs des guerres balkaniques*, en bulgare), Sofia, Knipegraf, 1929.

VLAHOV 1957 = VLAHOV Tuche, *Otnocheniata mejdu Bulgaria i Centralnite sili po vreme na voinite 1912-1918* (*Les relations entre la Bulgarie et les puissances centrales pendant les guerres 1912-1918*, en bulgare), Sofia, s. é., 1957.

Serbia's Effort in the Great War: Testimonies, Commemorations, Interpretations

Dušan T. Bataković †

The memory of the Great War in Serbia has particular historic weight due to the many consequences it had on Serbia's future development: the 1914-1918 war is remembered as an unprecedented, outstanding nation-wide effort to save not only the threatened independence, but the very survival of the Serbian nation. It was an effort that started with heroic resistance (1914) and martyrdom (1915) and led, despite the occupation and painful retreat through Albania, to the prodigious recovery at Corfu and spectacular victories during the crucial phase of the Great War at the Salonika Front in the autumn of 1918. It was, in many ways, the final phase of Serbian nation-building which had started in 1804 and provided the decisive elements of Serb modern identity.

Furthermore, there was almost no family in Serbia that did not profoundly suffer during the First World War, including from property destruction, forced resettlement, mass emigration, denationalization, imprisonment, internment and recurrent war crimes against Serbian civilians during the three years of foreign occupation (1915-1918)[1]. Starting in 1914, during the first two invasions against Serbia, there were visible efforts on the part of the Austro-Hungarian forces to annihilate the civilian population in the areas bordering the Dual Monarchy, while the scale of violence made a lasting imprint on the post-war memory of the whole Serbian nation. As testified by Dr Rodolphe Archibald Reiss, the renowned forensic expert from Lausanne, horrible war crimes were committed by the Austro-Hungarian invading troops during the two campaigns between August and early December 1914: the soldiers of the Dual Monarchy executed thousands of Serbian

1. Reiss 1915. More on war suffering in the documented analysis by Dr Rodolphe Archibald Reiss (1875-1929), who was covering Serbia and the Serbian fronts: Reiss 1916. The longest chapter is dedicated to the massacre of civilians, p. 30-146.

civilians, including elderly people, women and children in war-torn western Serbia, totalling 69 000 persons. In addition, the 600 000 internally displaced Serbs were a heavy burden for the eastern and northern parts of Serbia.

In contrast to the pre-1914 approach, the new strategy of war crimes targeted the civilian population as the victims and not as a potential source of rebellion: it was this new kind of industrial war against the civilian population of a distinct nation, the Serbs in this case, which led to the totalization of war. The Austrian actions in Serbia during 1914, as clearly identified by recent research, had a planned exterminatory character[2]. After two successfully repulsed Austro-Hungarian invasions, half of Serbia remained with a destroyed economy, including agriculture. A precious testimony is given by the renowned French war correspondent of the Parisian *Le Journal*, Henry Barby, who was shocked by the scale of destruction in Western Serbia between the cities of Šabac, Loznica and Valjevo[3].

The fact that the whole territory of Serbia was under foreign occupation –Austrian and Bulgarian– during the three-year period left no part of the country spared of pillage and devastation. The scale of destruction and repressive measures against the civilian population perpetrated by the occupying forces often surpassed all that was seen in Belgium or in certain areas of France in the previous phases of war. Eventually occupied after the tripartite Austro-German-Bulgarian invasion in October 1915, Serbia was subdivided into Austrian and Bulgarian occupation zones. In Bulgarian occupied areas in the southern territories of Serbia there were unhidden efforts to denationalize Serbs and deprive them of their Serbian identity, as described, among other sources, in a vivid analysis written by Guillaume Apollinaire[4].

In addition, these attempts to denationalize the Serbian population were followed by the systematic destruction and devastation of cultural goods: the plundering of libraries, archives and monastery treasuries, in order to erase national memory of the Serbian people. Furthermore, after initial submission, the revolts that erupted in the southern areas justified the intensified terror of the Austro-Hungarian and Bulgarian military authorities against civilians through increased waves of internments, mass arrests and arbitrary executions[5].

The second element that shaped postwar memories was related to the high toll of war victims, one of the highest percentage-wise, that provoked a long-term demographic misbalance: 1.2 million military and civilian victims –translating to 55% of the active male population– out of a pre-war total of roughly 4.9 million inhabitants. The decimated Serbia at the end of the Great War gave a definite aura of the highest national self-sacrifice

2. See more in Scianna 2012.
3. Barby 1918, p. 112-113 (with photos taken on the spot). Very useful and detailed is Price 1918. On the problems that Austro-Hungarian troops experienced in Serbia, see Wawro 2014, p. 137-168.
4. Apollinaire 1917. See also Diehl 1915.
5. See also other comprehensive reports by Reiss 1918; Reiss 1919; Reiss, Bonnassieux 1919; more details in his biography: Levental 1992.

in a war that was perceived by most of the Serbs as an unjustified aggression motivated by the imperial designs of a vanishing and oppressive empire –the Austro-Hungarian Monarchy. However, the number of Serbian victims in various assessments is not accurate. The widely read British military historian John Keegan stressed that Imperial Germany was not "the worst proportionate sufferer. That country was Serbia"[6].

Following the incomplete and thus not fully accurate calculation of Austrian-American scholar Barbara Jelavich, Keegan acknowledged that Serbia had lost 125 000 soldiers and 650 000 civilians in the Great War. Therefore, casualties of 775 000 would mean that Serbia lost roughly 16% of her population compared with 2 to 3% in the cases of Germany, France and Great Britain. Nevertheless, the number of victims, in particular among civilians in Serbia, was significantly higher. In January 1921, within her 1914 frontiers, Serbia had only 3.87 million inhabitants, clearly showing that the death toll was around 1 million or slightly more fatalities. The highest estimation was given by Catharina Sturzenegger, a Swiss activist who had spent most of the war in Serbia. She accepted as accurate the data from the journal *La Serbie* that the Kingdom of Serbia had lost 1 330 925 persons, that is to say one third of its pre-war population[7].

The third element of war memories is related to the mass destruction of Serbia's infrastructure and industry, which was never again fully repaired and has profoundly weakened the Serbian economy in the decades to come.

The fourth element is related to the parallel military struggle for national survival and the diplomatic efforts for the formation of a common state of South Slavs that took place at the end of the Great War, marked by the merging of Serbia into the Kingdom of Serbs, Croats and Slovenes (Kingdom of Yugoslavia after 1929).

The Great War ended for Serbia with the unification of not only the Serbs from former Austria-Hungary, but their kindred South Slav nations from the Yugoslav provinces of Austria-Hungary (Croats and Slovenes) as well. Thus, the First World War was perceived by most of the Serbs, together with two previous Balkan Wars in 1912-1913, as a prelude to the war with the Central Powers, as the greatest Serbian victory since the period of its medieval *grandeur* and ascendency of the Serbian Empire in the Balkans in the middle of the XIVth century, and the fulfilment of almost all of her national aspirations set in modern times[8].

Since 1918, the testimonies of various war participants, generals and other military commanders were focused mostly on wartime military campaigns, famous battles, strategic decisions, on suffering and resurrection, which marked the three phases of the Great War in Serbia: 1) the spectacular military victories in 1914; 2) defeat in late 1915 and the

6. Keegan 1998, p. 7.

7. Sturzenegger 1920, p. 7-8, p. 11.

8. See also Mitrović 2007; Le Moal 2008.

"Albanian Golgotha" (retreat through snowy Albanian mountains) and transfer to the Greek island of Corfu; 3) the resurrection of the Serbian army at the Salonika Front and the final breakthrough (1916-1918).

Testimonies left by the Serbian political elite were mostly focused on diplomatic negotiations with the representatives of the Entente Powers, on often difficult relations with the Yugoslav Committee, a body of Serbs, Croats and Slovenes from Austria-Hungary that was concentrated on the struggle of unification and, on a lesser scale, on internal strife ("Black Hand" and Serbian Government). The pro-unification elite of the former Yugoslav provinces of the Dual Monarchy were also prolific when describing their own struggle and contribution to the formation of the common Yugoslav state.

Commemorations were frequent in the interwar period, using the suffering of Serbia as a keystone for national unification in 1918. The memory of the immense war effort was marked in the first postwar decade, when the Kingdom of Serbs, Croats and Slovenes was still an unstable state made of various provinces. A new state was conceived as a country of reconciliation: the new kingdom under the dynasty of Karadjordjević officially made by the joint efforts of three tribes (Serbs, Croats and Slovenes) that, despite having three different names, formed a single nation, or a nation in making –a new nation-state soon to be branded as the Yugoslav nation. Thus, the official policy was to integrate former war enemies, despite being pro- or anti-Yugoslav during the Great War into the political, judiciary, administrative and military structures of the new Kingdom still divided by various religious, historical and political traditions[9].

THE MONUMENTS AND THE CULTURE OF MEMORY

From 1918 to 1941, the First World War was perceived quite differently by the Serbs, who had won the war and made unification possible, and, for instance, the Croats, who had accepted unification unenthusiastically as a solution against Hungarian and Italian pretensions to territories with a predominant Croat population or claimed by the Croats as their own. To Slovenia, the common state was a shield against Italy's ambition to annex a larger part of it, practically all the way to Ljubljana. The Italians were prevented from entering both Dalmatia and Slovenia by prompt action of the Serbian army, which the Italians dared not attack because it was a member of the victorious Entente camp and an ally. The new kingdom received into its army ranks many higher- and lower-ranking officers of the defeated Austro-Hungarian army, thereby providing them with a status equal to that of the victorious Serbian army, a stable livelihood and a prospect for the future. As time went by, however, various organisations increasingly tended to belittle the efforts to

9. Bataković 1994, p. 142-150.

treat the other members of the new Yugoslav state in accordance with the stated policy of reconciliation and tolerance[10]. By joining the common state with Serbia, the former Austro-Hungarian provinces, above all Croatia and Slovenia but also Bosnia and Herzegovina (primarily its Croat and, to an extent, Muslim parts) were in fact absolved of the crimes committed by local conscripts against Serbs in Serbia and the Dual Monarchy in the course of the Great War; moreover they were exempt from paying war reparations because the Kingdom of Serbia did not act independently at the Paris Peace Conference but as part of the newly created common state, the Kingdom of Serbs, Croats and Slovenes (SCS)[11].

In areas where Serbs were an absolute or relative majority of the population –in Bosnia, Herzegovina, the former Military Frontier, Vojvodina (Srem, Banat, Bačka, Baranja), Montenegro and Dalmatia, and partially in the North and West of Serbian Macedonia–, memorials were set up in memory of the Serb civilians who had perished in ethnically motivated pogroms and of the fallen soldiers from Serbia and Montenegro, the other Serb kingdom which had united with Serbia in December 1918 after an overwhelming plebiscite in favour of unification: such memorials could be found all across Europe, in the form of memorial chapels or unassuming obelisks often inscribed with the names of the perished.

Fig. 1 — King Peter I of Serbia. French poster (1915).

The new political reality that resulted from the Great War was given expression in monuments to the rulers whose active participation in the war had earned them the unquestionable status of heroes: the old king, Peter I Karadjordjević (d. 1921), hailed as "Great Liberator" (**fig. 1**), and the new king, Alexander Karadjordjević (regent 1914-1921; king 1921-1934), as "Great Unifier". They were erected as tokens of loyalty

10. One of few Austrian generals of Serb origin, Field Marshall Svetozar Boroević von Bojna, tried at some point to join the new army of the Kingdom of Serbs, Croats and Slovenes which had already admitted to its ranks a few Croats and Slovenes from the defeated Habsburg army, but met with opposition from a Croatian minister and backed down. Had he been admitted, he would *de facto* have been equal in rank to four Serbian *vojvodas*, *i.e.* Field Marshalls (Radomir Putnik, Stepa Stepanović, Živojin Mišić and Petar Bojović) who had led the Serbian army through the war and to victory. Boroević died disappointed in Klagenfurt in 1920 and, as it seems, the costs of his funeral were covered by the deposed Habsburg emperor Charles I. See Roksandić 2006.

11. Bataković 2005, p. 269-281.

and gratitude for the national liberation and unification of Serbs and other South Slavs from Austria-Hungary.

King Peter I, although *de facto* in retirement after having transferred royal powers to his younger son Alexander in June 1914, was still very popular; in spite of his very advanced age, he had come to the front line during the Battle of the Kolubara (November-December 1914) to raise the spirits of exhausted Serbian troops, and was greeted with enthusiasm. King Peter I the Liberator was given huge monuments in eastern Bosnia (Bijeljina, 1927-1937), Banat (Pančevo, 1932-1933, **fig. 2**; and Bečkerek, later renamed Petrograd after him, 1926); in Montenegro, apart from a smaller number of more modest monuments (busts) erected in his honour, a coastal town was named after him: Petrovac on Sea (*Petrovac na moru*).

Fig. 2 — Monument to the Great Liberator, King Peter I Karadjordjević in Pančevo.

An impressive monument to King Alexander, commander-in-chief of the Serbian army during the war, was set up in his birth town, Cetinje, the former capital of Montenegro, where his exiled father, the future King Peter I, had found refuge with his father-in-law, Prince Nikola I Petrović Njegoš, and where all of his siblings had been born. Monuments to King Alexander, sometimes equestrian, a sword in hand, were later erected in Niš, Sombor, Skoplje (along with a monument to King Peter), Ljubljana, Vukovar, Herceg Novi, Dubrovnik, Ohrid and many other places. At first, King Alexander was celebrated as victor and unifier. After October 1934, when he was assassinated in Marseilles, he was venerated as a martyr king who had died a chivalrous death in defence of the unity of Yugoslavia[12].

In Serbia itself, memorials bearing Serbian national symbols were set up to Serbian soldiers and civilians by war veterans, often with the support of state or local authorities: from the obelisk at Gučevo with the coat-of-arms of Serbia to the memorial to the victims of the occupying force's ruthless persecution, such as the ossuary at Prnjavor in Mačva built in 1922 to house the bones of 535 victims, mostly civilian; the international public was informed of the Austro-Hungarian war crimes in Prnjavor by Rodolphe Archibald Reiss,

12. Eylan 1935; Pavlović 2010.

a forensic expert from Lausanne[13]. Six years later a monumental memorial to the thousands of Serbian soldiers fallen in the Battle of Cer (also known as the Battle of the Yadar or the Battle of the Drina) was erected in the village of Tekeriš, the site of fiercest fighting in August 1914 when the numerically stronger Austro-Hungarian forces had been pushed back into eastern Bosnia across the Drina. The memorial in the form of a stone crypt with Serbian national symbols was consecrated on the 28th of June 1928, the day of the Battle of Kosovo, to emphasise the heroism comparable to the heroism Prince Lazar and Miloš Obilić had shown against the Ottoman forces of Sultan Murad I on the Field of Kosovo near Priština in 1389. The 10.5 metres tall Tekeriš memorial with a large Serbian cross, a double-headed eagle with a laurel wreath in its beak and the inscription: "Your deeds are immortal!" was unveiled by King Alexander himself. The monument is still a focus of pilgrimage for those who honour the memory of the First World War. Alongside the bones of about 3 500 Serbian soldiers there rest in the crypt the bones of their enemies, mostly Czechs killed by Austro-Hungarians while trying to defect to the Serbian side during the battle that was fought from the 16th to the 20th of August 1914[14].

In 1929, on the site known as Mačkov Kamen, located on the top of Mount Jagodnja, a memorial ossuary was inaugurated to the 800 soldiers fallen in the second Austro-Hungarian invasion launched in the autumn of 1914. It bears the inscription: "Fatherland to fallen heroes!" and verses of Vojislav Ilić the Younger which for the first time referred not only to Serbs but also to Yugoslavs as those who should honour the sacrifice made. The strategic withdrawal of the Serbian army towards the river Kolubara had led the Austro-Hungarians to believe that they were on the brink of a great victory, especially after the fall of Belgrade. The outcome of their second invasion was, however, the opposite: the Serbs won a victory on the Kolubara (near Mount Suvobor). The remains of the fallen, both known and unknown, were interred in the crypt beneath the memorial church of St. Nicholas in Lazarevac. Among the participants of the Battle of the Kolubara were 1 300 young corporals, mostly university students whose training in Skoplje was cut short –they were sent to reinforce the exhausted Serbian troops ahead of their counteroffensive which took the Austro-Hungarians by surprise and brought a turn in the fortune of war. The church in Lazarevac remains the site of commemoration of the unexpectedly victorious Battle of the Kolubara (November-December 1914), which ended in the expulsion of the invaders from Serbia[15].

13. King Alexander conferred the Order of the Star of Karageorge with Swords on the village of Prnjavor in Mačva area on the occasion of the twentieth anniversary of its ordeal: it was the only village in Serbia to be awarded such a high decoration.

14. Detailed list in: Subotić *et al.* 2005-2006.

15. More in: Bataković, Popović 1989. See also: Desmazes, Naoumovitch 1928.

It should be noted that in all of western Serbia, which had borne the brunt of two Austro-Hungarian invasions in the second half of 1914, smaller local communities usually marked the sites of suffering and death by setting up plaques inscribed with the names of victims in local Orthodox churches or churchyards rather than by erecting hardly affordable monuments. After all, annual commemorations were unimaginable without a priest, and such lists of frequently only civilian victims, and entire families with children, killed in Austro-Hungarian reprisals in 1914, were the usual solution in all places where there had been many casualties even if there had been no major battles.

During the three-year occupation of Serbia (November 1915-November 1918), the occupying forces committed many crimes against the civilian population. In brutal Bulgarian reprisals that ensued after the so-called Toplica Uprising (*Toplički ustanak*) raised in areas South and West of Niš in 1917 whole villages were burnt down, women and elderly killed, and thousands of local people taken to internment camps. Apart from small memorials and ossuaries in churches or on sites of great crimes all across south-eastern Serbia, a large monument to the leader of the Toplica Rebellion, Kosta Vojnović, was erected in 1940 in the village of Grgure where he had been captured and executed in December 1917[16].

A SHIFT AFTER 1929: FROM SERBIA'S SUFFERING TO YUGOSLAV UNITY

A significant shift in the attitude towards the Serbian casualties of the First World War took place after the 6th January of 1929 when King Alexander, concerned about mounting interethnic tension, banned nationally-oriented political parties, declared a new Yugoslav nation instead of the three-named people (Croats, Serbs and Slovenes) and changed the name of the state to the Kingdom of Yugoslavia. The immediate reason was a serious shooting incident in the National Assembly by a Montenegrin member of Parliament (MP) who left two Croatian MPs dead and three wounded, including the influential leader of the Croatian Peasant Party Stjepan Radić who succumbed a couple of months later. The formal reason was some Croatian MPs' persistent mocking of Serbian MPs' speeches which underscored Serbia's losses suffered in the Great War and the too dearly paid freedom. Communists and ultra-nationalists promptly designated the king's personal regime as dictatorship; it came to an end in 1931 by the enactment of a new constitution and partial restoration of political freedoms[17].

Commemoration of the Great War was gradually transformed into the celebration of new Yugoslav unity. Memorials to fallen soldiers and festivities in the King's honour

16. Mitrović 1987.

17. More in: Dragnich 1983.

assumed a markedly Yugoslav character, and the history of Serbia began to be depicted as the road inexorably leading to the creation of Yugoslavia and the unified Yugoslav nation. The first sign of a redefined culture of memory was the memorial at Mačkov Kamen (where Croats and Slovenes had fought, but on the side of the enemy) where Serbian casualties were honoured in verse as the beginning of the struggle for Yugoslavia[18].

The ideological shift from commemorating Serbian casualties to celebrating the victory that had led to the creation of Yugoslavia was perhaps most obvious in Belgrade, the capital of Serbia and Yugoslavia. One of the most frequently bombarded cities during the Great War, Belgrade was awarded the prestigious *Ordre national de la Légion d'honneur* for the heroic resistance of its defenders. The decoration was presented by the French Marshall Louis Franchet d'Espèrey. The central monument to military casualties fallen in the defence of the capital in 1914-1918 goes back to 1921. It is a monumental, nearly twenty-metre tall structure topped by the statue of the victorious Serbian soldier with a rifle, a flag and the broken shackles of enslavement (**fig. 3**). At its bottom, below the

Fig. 3 — Monument to Serbian defenders of Belgrade 1914-1918.

18. More details in: Pavlović 2007.

coat-of-arms of Serbia, lies the deadly wounded Austrian eagle. Contrary to expectations, the monument was not set up in downtown Belgrade, but in the New Cemetery (*Novo groblje*). At its base is a crypt which houses the bones of 3 529 identified and 1 074 unidentified defenders, as well as the subsequently interred remains of soldiers from Belgrade fallen in the Balkan Wars. The memorial, built from the contributions by members of the Association of Reserve Officers and Soldiers and the city funds, was completed in 1931 and dedicated on Armistice Day, 11 November, in the presence of King Alexander and many distinguished guests. In 1926, the remains of Field Marshall Radomir Putnik, the popular army Minister and Chief of the general staff 1914-1916, who had died in Nice, France, in 1917, were transferred to the marble chapel in the middle of the alley leading from the cemetery gate to the memorial to the defenders of Belgrade built at the instigation of veterans associations and citizens.

A central-city location was intended for a monument to the Victor (*Pobednik*) commissioned after the Balkan Wars to honour Serbia's victories over the Ottoman Empire in the South. It was designed by the Croatian sculptor Ivan Meštrović, one of the closest friends of King Alexander. However, the forteen-metre tall male nude of classical inspiration with a dove in one hand and a sword in the other, completed before the outbreak of the Great War, was judged as inappropriate, depersonalised and lacking the expected Serbian national symbols. Eventually, after much public protest, above all from veterans' and women's associations, it was given a location within the fortress of Belgrade and was set up facing the North, towards the defeated Vienna across the Sava and Danube rivers. Its new setting, amid a large empty space, took away some of its monumentality. There is no inscription or other indication that the monument commemorates the Great War. Still, it is one of the most frequented landmarks by tourists visiting Belgrade and its fortress. The Victor was unveiled in 1928, on the occasion of the tenth anniversary of the major breakthrough made on the Salonika (Macedonian) Front. So, the centre of Belgrade was left without a major Great War memorial[19].

A third First World War memorial in the Belgrade area is the Monument to the Unknown Hero. It sits on the top of Mount Avala, some 20 kilometres South of the centre of the city (**fig. 4**). Markedly monumental, it was meant to promote the ideology of integral Yugoslavism and to present the creation of Yugoslavia as the result of the joint effort of all peoples from the provinces that had become part of it. Yet another work by Ivan Meštrović, the monument, with its caryatides clad in folk costumes, colossal female figures symbolising women from "Bosnia, Montenegro, Dalmatia, Croatia, Slovenia, Banat, Serbia and South Serbia", was meant to extol Yugoslavia and Yugoslav unification

19. The only two exceptions are a monument to guerilla leader Vojin Popović Vuk, that covers his military career from 1905 to 1917, and a tiny monument in Karageorge park to the soldiers of third ban. Several more memorial plaques were placed in various city areas, see Božović 2014.

Fig. 4 — Monument to the Unknown Hero at Avala.

as the ultimate goal of the Great War. The mausoleum, accessed by a ninety-three-metre long flight of stairs, is 14.5 metres tall and 36 metres long. Its construction was financed by King Alexander from his personal funds, and he laid the foundation stone on St. Vitus Day (28 June) 1934. At the top of the sarcophagus is the inscription "ALEXANDER I KING OF YUGOSLAVIA TO THE UNKNOWN HERO" and, on the opposite side, the year of completion (1938)[20].

COMMEMORATING SERBIA IN EXILE: CORFU, VIDO AND SALONIKA

Most of the Serbia's First World War memorials outside Serbia are located in Greece, followed by French Africa –Tunisia (Bizerte) and Algeria. In early 1915, France *de facto* occupied the island of Corfu in then neutral Greece so as to accommodate the exiled Serbian army. About 150 000 Serbian soldiers transferred by Allied transports were warmly received by the local Greek population of less than 100 000 and the firm ties of friendship established then continue to be nurtured by annual commemorations. From April 1916 until November 1918, Corfu in fact served as the war capital of Serbia, replacing Niš (July 1914-November 1915). After the deployment of the Serbian soldiers to the Salonika

20. Ignjatović 2006.

Front, there remained in Corfu the aged King Peter I, the government and members of the National Assembly of Serbia. It was there that in July 1917 the well-known Corfu Declaration announcing the creation of a common state of Serbs, Croats and Slovenes, that is Yugoslavia, was agreed with the representatives of the Yugoslav Committee[21].

An emphatically Yugoslav dimension also marked the memorial to the Serbian soldiers who, after the withdrawal across the inhospitable Albanian mountains in the harsh winter of 1915-1916, died in Corfu of exhaustion, undernourishment and various diseases, mostly dysentery and typhus. Those were mostly young recruits, ravaged by months of starvation and susceptible to all manner of epidemics. The death toll was about 300 young men a day[22].

The central memorial was set up on the small island of Vido, just across the mouth of the port of Corfu, where the sick Serbian soldiers were quarantined (**fig. 5**). As early as the interwar period, Corfu and Vido became a focus for pilgrimage for Serbs: under Yugoslavia, militaries and high government officials, mostly Serb, associations of veterans

Fig. 5 — Monument at the Island of Vido, near Corfu.

21. Bataković 2004. See also Krizman 1989.

22. Barby 1916; Jones 1916; Ferri-Pisani 1916; Labry 1916; Thomson 1916; Boppe 1917; Ripert d'Alauzier 1923; Gesemann 1935. See also the excellent survey by Adams 1942.

and descendants attended annual commemorations held in this sacred place of Serbian suffering. At first the Royal Navy of the Kingdom of Serbs, Croats and Slovenes had a cross set up in Vido in memory of the deceased Serbian soldiers, and the two islands were frequently visited by its ships. The grandest commemoration, held in 1929, was attended by Admiral Prica on behalf of the Royal Yugoslav Navy, and by his Greek counterpart, Admiral Toumbas. In 1936-1938, a memorial was erected to a design by the Russian-born Yugoslav architect Nikolai Krasnov. The crypt underneath the memorial houses the remains of 1 232 identified and 1 532 unidentified Serbian soldiers. In addition to the Yugoslav coat-of-arms, the memorial bears the typical inscription of the period of integral Yugoslavism: "Yugoslavia to Serbian soldiers."

Of the 7 000/8 000 soldiers who died in Vido in the winter and early spring of 1916, more than 5 000 were buried under the waves of the blue Ionian Sea. One of the best-known and most popular poems about the Serbian war ordeal, *The Blue Tomb* (*Plava grobnica*) by Milutin Bojić, who died himself in Salonika in 1917 at the age of twenty-five, has been required reading in the elementary and secondary schools in Serbia ever since the 1920s[23]. It is dedicated to the soldiers buried in Corfu waters. Thousands of Serb visitors, school excursions, representatives of the Association of Veterans and Descendants, of Serbia's Armed Forces and high government officials, come every year to pay their respect to this by now legendary site of martyrdom by throwing wreaths into the sea around Corfu to the sound of the Serbian national anthem and verses of Milutin Bojić. The tour of pilgrimage includes a visit to the memorial in Vido and the Museum of the First World War in the town of Corfu (Serbian House, opened only in 1993) which offers a permanent display based on wartime documents, photographs and related objects.

There are other Serbian monuments in Corfu, such as the monument to the deceased soldiers of the Drina Division at Agios Mattheos, 30 kilometres South of the town of Corfu, which bears the inscription: "Drina Division soldiers to their comrades from the wars with Austria-Hungary, Germany and Bulgaria 1914-15-16." Some 27 smaller memorials to deceased soldiers are scattered throughout Corfu, at locations where individual divisions were accommodated, while other memorial markers, mostly plaques commemorating the Great War and Greco-Serbian friendship, were set up after the Second World War at the instigation of First World War veterans associations. Despite the great importance of Corfu and Vido for the "culture of memory" in Serbia, and among the Serbs in general, this tradition has remained unknown to most Greeks, who otherwise rightly see Serbs as a brotherly nation and Greece's best friend in the region[24].

Second to, or at least as important as, Corfu in importance was, and still is, the Serbian military cemetery in Salonika where initially about 7 400 Serbian soldiers, whose remains

23. Dornis 1918.

24. Todorović 1971; Saramandić 2006.

had been collected from battlefields on the Salonika Front during the 1920s, were buried. Over time, the remains of some were repatriated by families, so that now there are about 5 000 graves. The cemetery was established in 1920, and it also has French, Italian, British and Russian sections. The Greek government donated land for the cemetery and exempted the construction material shipped from Serbia from all custom duties and other taxes. Construction of the main chapel in the Serbian medieval style with an ossuary beneath, flanked by regular rows of graves, began in 1933, and it was consecrated on Armistice Day in 1936. Since the cemetery arose on the site of an olive grove where a central Serbian field hospital had operated during the war, its popular name, which fell in disuse in Greece, but is still used by Serbs, is Zejtinlik/Zeitenlik, from the Turkish word for olive (*zeyten*). An unmarked box in the crypt holds the remains of Colonel Dragutin T. Dimitrijević Apis, leader of the conspiratorial military organisation "Unification or Death" (Black Hand), sentenced to death in a show trial for the attempted assassination of Prince Regent Alexander and executed by firing squad in Salonika in 1917[25].

Ever since the interwar period, many delegations of various associations (including Franco-Serbian associations that cultivate the memory of valiant traditions of the Great War), school excursions and individuals from Serbia keep coming to Greece year after year, usually visiting Corfu, Vido and the Serbian military cemetery in Salonika. There is hardly any family in Serbia that does not have a forebear who was in Corfu or in Salonika, which is one motive more for remembering the glorious days of Serbian victories. Serbian tourists spending their summer vacations in the Chalcidice or in the surroundings of Salonika do not fail to visit the Zeitenlik cemetery, whose keepers are descendants of a Serbo-Greek family.

While Vido, the "island of death" as it was called by Serbian soldiers, remains a symbol of Serbian suffering and death, the military cemetery in Salonika is more of a symbol of the rebirth of the Serbian army and its sacrifice for the final Allied victory[26].

Even though a number of monuments and memorials were erected to the casualties of the Great War, priority was given to those which promoted the new Yugoslav ideology as the natural result of the Serbian struggle for the freedom and unification of Serbs and Yugoslavs, that is to say the other South Slavs from Austria-Hungary. Most First World War veterans did not enjoy any particular support of the royal Yugoslavia. Especially vulnerable were the war disabled who were incapacitated for work. Without a state pension and symbolic social support, they depended on their own organizations for mutual support and many could be seen begging in front of churches. This gross injustice was unofficially explained by the fact that any financial support by the state would also have to include the former enemy soldiers, which would have been too heavy a burden for the public purse[27].

25. Opačić 1979, with the list of burried soldiers.

26. More in: Laffan 1918.

27. Petrović 2007.

Some 4 000 members of the Association of the Recipients of the Order of the Star of Karageorge with Swords (*Udruženje nosilaca Karadjordjeve zvezde sa mačevima*), a decoration awarded to the bravest, were granted a symbolic financial support, while more than 60 000 members of the Association of the Recipients of the Albanian Commemorative Medal (*Udruženje nosilaca Albanske spomenice*) enjoyed only moral prestige. The publication of the monthly of the Association of Former Soldiers (*Ratni pomenik*) which ceased after only five years (1937-1941), was funded by the membership, mostly well-to-do high-ranking officers, both active and retired, by subscription and an occasional advertisement, and its contributors worked for free[28]. The monthly brought wartime commanders' stories about the bravery and hardships of their peers or common soldiers, speeches delivered by distinguished commanders at commemorations of victorious and tragic events (Cer, Mačkov kamen, Suvobor etc.). It informed about all new, usually modest, monuments with the names of military or civilian casualties set up all over Serbia at the instigation of local authorities or former soldiers. In keeping with popular tradition, individual monuments to fallen soldiers were set up by the roadside, near their homes, or to mark the site where several had lost their lives. These monuments, known as *krajputaši* (literally, "road-siders"), featured a carved and painted figure of a soldier and an inscription specifying the place and manner of his death.

As early as 1940, *Ratni pomenik* calls attention, not without exasperation, to the fact that twenty years after the creation of the common state of the three-named people (Serbs, Croats and Slovenes) the very survival of Yugoslavia is at stake, whereby the enormous loss of life and suffering sustained by Serbs has been made meaningless[29]. Former soldiers in 1940 could see Croat separatism having been given official legitimacy by the creation of the Banovina of Croatia as a *corpus separatum* within the Kingdom of Yugoslavia in 1939 and, on the other hand, the Serbs ideologically discordant and politically sharply opposed among themselves, offering a weak or no response to overt separatist sentiments harboured, apart from Croats, by some minorities (for example Hungarian, German, Bulgarian, Albanian)[30].

LITERATURE: APOCALYPSE, MARTYRDOM AND RESURRECTION

Similarly to the trends in the practice of commemorating the Great War with monuments, Serbian literature of the time also shows a division into two types of stories and novels. One, motivated by personal tragedies, suggested that the new, common state turned out

28. *Ratni Pomenik* 1937.
29. *Ratni pomenik* 1940, p. 2-3.
30. Bataković 1994, p. 174-180.

to be unworthy of the enormous military and civilian losses sustained. Branislav Nušić, the famous Serbian comedy writer, paid tribute to his son killed in the war with the novel *Nineteenth Fifteen: the Tragedy of a Nation* (1921)[31]. Drawing on his diary notes, Nušić weaves a captivating, poignantly realistic account of the retreat of the army through central Serbia and Kosovo, with the king, the government, parliament members and an endless river of refugees, with all elements evoking an unprecedented mass suffering and death. Against the backdrop of the retreat before the Austro-German forces and the Bulgarian army –which, upon entering southern Serbia, committed war crimes against civilians in the area bounded by Skoplje, Priština and Peć– Nušić depicts individual destinies of common people and soldiers, both young, inexperienced conscripts and officers. The epic exodus ended with more than one hundred thousand deaths. Nušić believed that the arduous trek through Albania which had begun in November 1915 deserved a book of its own. One of his motives was the idea that self-sacrifice for the sacred cause of national freedom and unification had its moral and spiritual justification[32]:

> The pain of a people is the fire in which its strength hardens [...]. You have to live, because in the pain that is in you resides a great thought, and this thought must not die but, on the contrary, bathed with our blood and our tears, it must rise high, clearer, purer still...

Nušić does not describe the whole 1915 tragedy of the people who, enduring the agony of hunger, disease and attacks by hostile Albanian tribes, trekked snow-laden mountain paths on foot to get to the Adriatic coast where French and other Allied ships waited for them. The Albanian Golgotha, rightly described as an apocalyptic journey of biblical proportions, was the subject of the novel of Rastko Petrović *The Sixth Day*[33]. Unlike Nušić, a traditionalist and realist, Petrović was a member of the interwar *avant-garde*. His narrative, in the vein of James Joyce or Aldous Huxley, is painted in the dark tones of a universal human tragedy and in a manner which, particularly in the first part of the book, does not tend to correspond to the perception of the Great War as a heroic epic which prevailed among the Serbian public in the interwar period. In his subjective and pessimistic perspective, the historical and factual gives way to a cataclysmic, almost biblical drama –hence the title alluding to the verse from the Genesis: "And there was evening, and there was morning, the sixth day" –and there is no place for national and patriotic fervour. Petrović's personally toned view of the arduous Albanian journey results in a work of extraordinary literary power, showing man in battle with nature and his own primordial instincts in a desperate wish to survive. *The Sixth Day* did not pass a sort of informal

31. Nušić 1963.

32. *Ibid.*

33. Petrović 1961.

censorship in the 1930s. It underwent various alterations and was first published in a serial form in a literary magazine in 1955-1956, and did not appear in one volume until 1961[34]. This powerful novel, however, has not met with the expected public response, remaining almost unnoticed till this day. In addition to this work, it is particularly interesting to see how Petrović spoke in 1942, in the third person, of his experience from retreating through Albania[35].

Yet another work of exceptional literary merit is the short novel of Miloš Crnjanski *The Journal of Čarnojević* (1921)[36], a melancholy string of episodes evoking the absurdity of war as such and the ordeal of the Serbs from Vojvodina, the Banat in particular. Recruited into the Austro-Hungarian army, they were killed in scores on the Italian Front, while dreaming of the victory of their fellow Serbs from Serbia. Through the biography of a Čarnojević, Crnjanski is reliving his own traumatic experience from the trenches of Galicia and Italy: "Overwhelmed with memories, I am noting them down for those who used to burn in the fire of life, and who are utterly disappointed"[37]. "The hero of *The Journal of Čarnojević*, M. Josić Višnjić writes, mocks the black-and-yellow monarchy that is falling apart in marshlands and trenches, in the war, by dreaming of his death. Death just like that"[38]. Unmatched in its literary power, this "little great work" has remained one of the highest peaks of Serbian literature, a markedly subjective testimony about the devastating consequences of war seen as a massive slaughter. Many other post-war poets and writers throughout the Yugoslav provinces shared the similar feeling of disillusion and disappointment[39].

Similarly to Miloš Crnjanski, another great of Serbian literature and future Nobel laureate, Ivo Andrić, who, as a supporter of Young Bosnia, spent most of the war in internment (*Ex Ponto*, 1920, meditative prose), summed up the sentiments of his "lost generation" in an interview he gave on the occasion of the twentieth anniversary of the Great War[40]:

> The year 1914 mowed us down and dispersed us, in such a way and to such an extent that we could never again get together and stand back on our feet. The best of us died, in dungeons or in trenches. No one betrayed or let down. I don't know [...] what we can do to honour them as they deserve...

34. *Ibid.*
35. Džadžić, Marković 1961.
36. Crnjanski 1921
37. *Ibid.*; french translation: Tsernianski 1991. A detailed analysis in Džadžić 1995.
38. Josić Višnjić 1994.
39. Mostly Croat perspective on Serbian post-war literature and its lost generation is available in Wachtel 2008.
40. *Ideje za književnost* 1934. See also Manojlović 1997.

> With every new day, the great event of our youth becomes brighter and more legendary, but also more distant and more incomprehensible… In that way, we also become ever more lonely and incomprehensible… None of us can resist a particular melancholy, cannot help having more compassion for our deaths than for our lives, and for our years of bitter struggle and suffering more than for the years of joy and leisure. The *fiera melancholia* that Torquato Tasso sings about. The melancholy of the generation whose lot was to turn the helm of history.

The main symbol of this lost generation which had sacrificed itself for the ideal of national freedom, and Serbian and Yugoslav unification, was Gavrilo Princip. Crnjanski's book of poetry and meditative prose *Lyrics of Ithaka*, and later on published shortly after the war (1919) includes a poem titled *In Memory of Princip*. It celebrates him as a hero of the enslaved and disempowered, determined to sacrifice himself for social and national freedom, but it also reveals the poet's disappointment with the post-war social climate where he arrives as a weary warrior who had barely survived the horrors of war[41]. It is particularly interesting to read Crnjanski's own commentary on the poem in *Ithaca and Commentaries*, because the news of the assassination in Sarajevo had reached him in Vienna[42].

The social aspect of the Great War, the ordinary man lost in the maelstrom of a global conflict, was the topic of Dragiša Vasić, a lawyer. As a reserve officer, he took part in the Battle of the Kolubara and the defence of Belgrade, and crossed Albania. Vasić emerged from the war with the rank of captain first class, two scars and widowed; his wife had died in 1917. His novel *Red Mists* (*Crvene magle*, 1922) and, especially, the collection of stories titled *Extinguished Icon Lamps* (*Utuljena kandila*, 1922) bring some of the best portraits of urban and rural lower-class people, for the majority of whom the war was nothing but misery. With less vividness but in a more modern narrative style wrote Stanislav Krakov. His prose was described by Rastko Petrović[43]:

> Stanislav Krakov saw war: more than any other author our or foreign one. He was a young man who practically grew up in the war. […] Back then, he not only saw a man dying next to him but he himself had to lead people there where death strikes at every instant. Nowhere is the encounter with people so sublime and tragic as it is on the elementary level of life and death.

In contrast to the tragic dimension of both the national and universal human catastrophe evoked by Nušić, Petrović, Crnjanski, Vasić and Krakov, the *Serbian Trilogy* (1937) by

41. French translation: Tsernianski 1999.

42. Crnjanski 2008: *In Memory of Princip*, p. 15; commentary on Vienna, Sarajevo 1914, Princip and aftermath, p. 131-137.

43. Djordjić 2010.

Stevan Jakovljević, a biologist and university professor who fought, as a reserve officer, in all major battles from Cer to Kajmakčalan and Dobro Polje, celebrates the victorious spirit of Serbian history. His three-volume novel is a documentary, often anecdotic, prose about the struggle of the ordinary man for freedom, about different mentalities and character traits of Serbian soldiers whose destiny he follows from the outbreak of the war until the breakthrough on the Salonika Front. Jakovljević collected frontline stories that circulated among soldiers and conveyed them without any literary embellishment, in the manner of a documentarist and memoirist. The third volume of the trilogy, *The Gate of Freedom*, is devoted to everyday trials faced by the Serbian regular soldiers and volunteers on the Salonika Front. With the border of the still occupied Serbia almost within reach, they all shared an irrepressible desire to return to their homes as soon as possible. The portrayal of the simple nature of the Serbian peasant, now in uniform, ready for whatever sacrifice, fearless in battle but humane towards the captured Austro-Hungarian and Bulgarian soldiers, was meant to show that the creation of the common state, the Kingdom of Yugoslavia, was the cause worth fighting and sacrificing for.

Jakovljević does not glorify the Serbs as a "warrior nation", which is an international stereotype that took root after the Balkan Wars; but rather he emphasises the simplicity and spontaneous democratism of the Serbian peasant, jealous of his political freedoms acquired after the overthrow of the autocratic regime in 1903. He perceptively notes down how Serbian soldiers, on Easter, left their trenches to engage in a friendly conversation with the enemy, in a sort of mutual understanding for the observance of religious traditions, but he brings it more as an anecdote illustrative of Serbian mentality than as an anti-war protest. One of his countless characters, on the other hand, claims that the war has a "class and ethnic" dimension which, however, will disappear once the division into classes and nations disappears. After the establishing of communism in Yugoslavia in 1945, the author's closeness to the Titoist regime made it possible for the *Serbian Trilogy* to see many editions and, despite its literary shortcomings, it partly paved the way for a positive evaluation of Serbia's role in the Great War, finally fixing the public perception of the whole war period[44].

GREAT WAR IN THE AGE OF YUGOSLAV COMMUNISM (1945-1990)

After the establishing of communist dictatorship in Yugoslavia in 1945, the previous historical periods began to be measured by their contribution to the historical one-way path "inevitably" leading towards communism, which was officially presented as the final stage of history. "History begins with us", that is to say in 1945, was a frequent slogan of

44. Jakovljević 1937; see also Manojlović 1997, p. 127-128.

communist leaders and ideologists both in culture and in historiography. However, given that, upon the outbreak of the Great War, Lenin had described the struggle of Serbia and Montenegro as a just, defensive war of liberation against Austro-Hungarian aggression and imperialism, that is to say as a positive historical process, the 1914-1918 period was tacitly tolerated by the communists, remaining deeply in the shadow of important dates of the communist-led antifascist struggle of the 1941-1945 period[45].

Some of the officers and soldiers who had fought in the Great War joined the communist forces under Tito, while most of the others joined the other anti-Nazi movement, the royalist resistance movement of the Yugoslav Home Army under General Draža Mihailović. Upon the 1944 Soviet-led liberation of Belgrade, the 90-year-old Serbian Field Marshal (*vojvoda*) Petar Bojović, one of the architects of the 1918 Salonika Front breakthrough, was exposed to humiliation and beating, and eventually succumbed, at the hands of a group of Josip Broz Tito's partisans intent on seizing his modest house in downtown Belgrade.

The fact that the communist dictator Tito had fought on the opposite side, in a division of the Austro-Hungarian army which was responsible for many war crimes in western Serbia during the two 1914 campaigns, remained hidden from the broader public until Tito's death in 1980. The official version was that Tito had fought on the Eastern Front, was captured by the Russians and eventually joined the 1917 Russian Revolution.

One of the rare examples of artistic commemoration of Serbia's victories of 1914 was the film *Marš na Drinu* (*March on the Drina*), the only of about one thousand motion pictures filmed after 1945 that was devoted to Serbia's role in the Great War (**fig. 6**)[46]. Directed by Žika Mitrovića in 1964, carefully put together in such a way as to evoke the team effort of officers and common soldiers regardless of differences in rank and mentality, it depicts the resistance put up by an artillery unit of the Combined Division of the Serbian army which managed to repel the Austro-Hungarian offensive on Cer at the dear price of the lives of almost the entire battery. What added to the popularity of this perhaps the most-watched Serbian movie honouring the heroism and comradeship in resisting a much stronger enemy is the soundtrack number *The March on the Drina*. It was composed by Stanislav Binički in Valjevo in late 1914 in honour of the victory at the Battle of Cer, while the appropriate

Fig. 6 — *Marš na Drinu* (*The March on the Drina*) film poster (1964).

45. Bataković 1992 and 1997.

46. Mitrovića 1964.

lyrics were added only fifty years later, for the film[47]. The film was the first veering from the stated communist policy of representing the contributions to the victory in the First World War made by all "nations and nationalities" of Yugoslavia as equal. A book of wartime recollections published by members of the Association of the Recipients of the Albanian Commemorative Medal on the occasion of the fiftieth anniversary of the Great War became an important source of a revived awareness of Serbia's tremendous war effort. A similar collection was published by the Association of 1 300 Corporals, senior high school and university students who, after only a short training in Skoplje, had been sent to the front as reinforcement to the exhausted Serbian troops. They had fought in the front ranks in the Battle of the Kolubara and endured heavy losses.

In 1970, after a visit the Salonika Front veterans paid to the forgotten Serbian war memorials in Corfu, Vido and Thessaloniki, the Society for Cultivating the Traditions of Serbia's Wars of Liberation until 1918 was founded in Belgrade: as a result of their initiative, dozens of war memorials were renovated and visits to the sites of battles and ossuary memorials in Serbia, Slavic Macedonia and Greece began to be encouraged. At the invitation of the French *Mémorial du Front d'Orient* a delegation of the Society attended regularly the Armistice Day commemoration at the Arc de Triomphe in Paris, which was followed by a visit to the Serbian military cemetery in Thiais, on the periphery of Paris, the final resting place of 748 Serbian soldiers who had succumbed during medical treatment in France (**fig.** 7).

Fig. 7 — Serbian Military Cemetery in Thiais, near Paris.

47. *Ibid. March on the Drina* has outlived the First World War and remains one of the most popular Serbian compositions of the period. Its modernised versions were recorded by, among others, the rock group The Shadows and the James Last Orchestra.

Expectedly, however, the Society which assembled the surviving Salonika Front veterans and descendants of the fallen was infiltrated by agents of the communist secret service who took care that the tolerated, purely historical, commemorations should not turn into a glorification of Serbian, largely anti-communist, traditions. It was not until after Tito's death in 1980, and the ensuing loosening of ideological restraints, that mass pilgrimages became possible: apart from veterans' delegations, First World War memorials began to be visited by high school excursions, which was a way of acquainting young generations with their country's authentic traditions.

Unlike the royal authorities of interwar Yugoslavia, the communist authorities had a particular attitude towards Gavrilo Princip and Young Bosnia. Despite the generally accepted view that they had fallen for the ideal of national liberation in the struggle against Austro-Hungarian colonialism, King Alexander sought to avoid any glorification of the Sarajevo assassination because, among other things, of the alleged involvement of some Serbian military officials in the conspiracy, but also in order not to open the way for heated debates over the *Kriegsschuldfrage* (the question of responsability in the war). In 1921, the remains of Gavrilo Princip were conveyed to Sarajevo. They were seen off from Terezin by thousands of Czechs and Slovaks and, upon entering Yugoslavia, they were paid last respects by thousands of Slovenes, Croats and Serbs. But their arrival in Sarajevo was not a state event as one would have expected. In the communist period, Gavrilo Princip was depicted as a precursor of communism, a fighter for social justice, and, on the whole, was given a much more favourable treatment than in the Kingdom of Yugoslavia. Two relatively decent movies about Young Bosnia and the Sarajevo assassination were filmed. One of them, shot in the 1960s, offered a stretched interpretation of Young Bosnia as the forerunner of the Second World War communist guerrilla in Bosnia. It was not until the centennial of Great War that Gavrilo Princip won genuine, non-ideological recognition among young generations as a freedom fighter. Graffiti quoting his poem scratched on the wall of his prison cell in Theresienstadt were painted on many buildings across Serbia and monuments to him began to be set up, usually without government support, in many smaller places in Serbia, especially in the North, in Vojvodina, where colonists from Bosnia and Herzegovina had been settled after 1918, and in Pale, in Serb-inhabited Eastern Sarajevo[48]. It came as a complete shock to the Serbian public when it was recently revealed that, immediately after the fall of Yugoslavia in April 1941, Adolf Hitler was given the memorial plaque dedicated to Gavrilo Princip, taken from Sarajevo, as gift for his birthday[49].

In the 1970s and early 1980s, the already revived interest in Serbia's Great War epic flared up after Dobrica Ćosić's Tolstoy-like four-volume novel *A Time of Death* became

48. Blic 2014.

49. Bazdulj 2013.

a huge success with the readers[50]. Ćosić, a communist regime author turned dissident in 1968, covers the first two war years, 1914 and 1915, up to the retreat across Albania, looking at the history of the war in a broader context of modern Serbia's history. In a somewhat moralising tone, he looks at the relationship between people and authority and, following a series of individual destinies, paints a picture of different hopes and aspirations of different social strata. Especially vivid is his portrayal of a hitherto quite neglected figure, Field Marshal Živojin Mišić, the strategist of the victory at the Kolubara, a man of countryside roots with a profound understanding of the psychology of the Serbian peasant. Thus the author depicts him as an epitome of all moral virtues traditionally cherished by the Serbian people. Against a documentary background (letters, telegrams and other forms of communication between the main civilian and military actors, the government, the General Staff, diplomats), Ćosić reveals a range of dilemmas surrounding Serbia's war aims, the manner of achieving them and the strategy for Serbia's relations with the Allies[51].

In a subtext, however, Ćosić, obviously disappointed with the subordinate status accorded to the Serbs in Titoist Yugoslavia, raises the question as to whether the results of the Great War were worthy the tremendous sacrifice sustained. The novel also points to the ambivalence underlying Yugoslav unification since it was realised through uniting with peoples who largely felt an allegiance to the Viennese invaders of Serbia. In Ćosić's interpretation, therefore, Field Marshal Mišić is sceptical about the creation of Yugoslavia pressed for by Crown Prince Alexander, Prime Minister Pašić and party leaders, and emphasises: "The unification of people separated for centuries is only worthwhile if equal shares of blood and bones have been invested in it! And I'm anxious about the unification struggled for by politicians and journalists, poets and professors." This may be seen as an articulation of Ćosić's central idea: that Serbs win in war and lose in peace; that they fail to translate their spectacular military successes into tangible political and economic gains in times of peace[52].

The Battle of the Kolubara, a play prepared for the stage by Borislav Mihailović Mihiz based on the first part of the novel, practically became a cult theatrical production.

50. Ćosić 1971-1979; vol. I-II, 1971; vol. III, 1975; vol. IV, 1979.

51. *Ibid.* Shortened English translation –Ćosić 1978– did not attract many readers, while the French translation was a success among readership and critics, comparing Ćosić with Leo Tolstoy and, as stressed by his publisher, with other great novelists of the xx[th] century: "*Ce roman épique raconte la Première Guerre mondiale à la manière dont Tolstoï l'a fait pour l'invasion napoléonienne de la Russie dans* Guerre et Paix. *Pages inspirées, amour d'un sol, d'une patrie, personnages de premier plan se détachant sur plan collectif d'un peuple tout entier levé dans la résistance: il y a dans ce livre un souffle et une dimension qui le placent parmi les plus grands romans d'épopée de la littérature universelle.*" (Tchossitch 1991)

52. In the portrayal of the First World War from the perspective of the critique of Yugoslav unification and the senselessness of sacrificing Serbia's statehood and people for the sake of uniting with ungrateful Croats and Slovenes literarily the weakest, but widely read, is Popović 1986.

Unburdened with Ćosić's dilemmas over the creation of Yugoslavia, it was focused on human drama, the ordeal of a people and its military and political leadership. Testimonies of surviving Salonika Front veterans collected by publicist Antonije Djurić also reached a broad audience, both in the form of a series of books and as a theatrical production *Salonika Front veterans speaking: This is how it was!*[53].

By the end of the 1980s, Ćosić's novel saw several editions and was sold in a few hundred thousand copies, giving an impetus to a series of theatrical productions about the First World War. They were perceived as a return to the genuine national traditions as opposed to the rigid attitude of the Titoist regime in the previous decades, when the cult sites of battles, suffering and death were bypassed in favour of the shrines erected to communist casualties. The return to the noble and heroic traditions of the Great War, as a cohesive element of Serbian identity in the XXth century, free of subsequent ideological restrictions and national divisions, was a way of resisting the gloomy realities of life marked by a gradual transformation of post-Titoist communist Yugoslavia from a loose federation into a confederation of rivalling, latently conflicting republics. The abandonment of the idea of Yugoslav unity, legitimised by the last, 1974 Constitution, additionally changed the perspective on Serbia's role and importance in the First World War[54].

Communist authorities did not look at this return to tradition with a favourable eye. They had for decades sought to present Serbia's Great War victories as a logical prelude to the social revolution brought about by the communist movement in the Second World War and the Great War itself primarily as the inspiration for the resistance to Nazism and Fascism allegedly embodied only in Tito's communist guerrilla. On the centennial of the outbreak of the Great War, heated scholarly debates are taking place in Serbia in a bid to debunk the attempts at revisionism in a part of western historiography which conceal the colonial ambitions of the great powers and shift the blame for the war on small Balkan nations. New monuments are being erected, old ones renovated and important dates from the 1914-1918 period duly commemorated. It is only of late that cemeteries and monuments to the tens of thousands of Serbian soldiers who died in captivity in dozens of prison camps in former Austria-Hungary (today in Austria, Slovakia, the Czech Republic, Romania and Hungary) have been rediscovered and often renovated, and so have been the cemeteries in the former French colonies in North Africa, Tunisia and Algeria. The "culture of memory" seems at long last to have shaken off the rigid ideological restraints which imposed Yugoslavism and communism as binding dogmas for nearly a century.

53. Djurić 1979. The play based on this book was performed nearly 500 times until 1992. Antonije Djurić has also collected the testimonies of the female Serb soldiers from the Great War (Djurić 1987).

54. Bataković 1995.

Bibliographic abbreviations

Adams 1942 = Adams John Clinton, *Flight in Winter*, Princeton, Princeton University Press, 1942.

Apollinaire 1917 = Apollinaire Guillaume, "Les persécutions autrichiennes et bulgares contre la littérature serbe", *Mercure de France*, the 16th of October 1917, p. 761.

Barby 1916 = Barby Henry, *L'Épopée serbe*, Paris, Berger-Levrault, 1916.

Barby 1918 = Barby Henry, *Avec l'armée serbe. De l'ultimatum autrichien à l'invasion de la Serbie*, Paris, Albin Michel, 1918.

Bataković, Popović 1989 = Bataković Dušan T., Popović Nikola B. (eds), *Kolubarska bitka*, Belgrade, Litera, 1989.

Bataković 1992 = Bataković Dušan T., "Le génocide dans l'État indépendant croate (1941-1945)", *Hérodote* 67 (1992), p. 70-80.

Bataković 1994 = Bataković Dušan T., *Yougoslavie. Nations, Religions, Idéologies*, Lausanne, L'Âge d'Homme, 1994.

Bataković 1995 = Bataković Dušan T., "Nationalism and Communism: The Yugoslav Case", *Serbian Studies. The North American Journal for Serbian Studies*, 9/1-2 (1995), p. 25-41.

Bataković 1997 = Bataković Dušan T., "Frustrated Nationalism in Yugoslavia: From Liberal to Communist Solution", *Serbian Studies. The North American Journal for Serbian Studies*, 11/2 (1997), p. 67-85.

Bataković 2004 = Bataković Dušan T., "Serbia and Greece in the First World War. An Overview", *Balkan Studies*, 45/1 (2004), p. 59-80.

Bataković 2005 = Bataković Dušan T. (ed.), *Histoire du peuple serbe*, Lausanne, L'Âge d'Homme, 2005.

Bazdulj 2013 = Bazdulj Muharem, "Srećan rodjendan gospodine Hitler", *Vreme*, the 31st of October 2013, p. 42-49.

Boppe 1917 = Boppe Auguste, *À la suite du gouvernement serbe de Nish à Corfou*, Paris, Bossard, 1917.

Božović 2014 = Božović Aleksandar, *Memorijali Prvog svetskog rata na teritoriji Beograda*, Belgrade, Zavod za zaštitu spomenika kulture grada Beograda, 2014.

Crnjanski 1921 = Crnjanski Miloš, *Dnevnik o Čarnojeviću*, Belgrade, M. J. Stefanović i drug, 1921.

Crnjanski 2008 = Crnjanski Miloš, *Itaka i Komentari*, Belgrade/Podgorica, Štamparija Makarije/Oktoih, 2008.

Ćosić 1971-1979 = Ćosić Dobrica, *Vreme Smrti*, 4 vols., Belgrade, Prosveta, 1971-1979.

Ćosić 1978 = Ćosić Dobrica, *A Time of Death*, tr. by Muriel Heppell, New York, Harcourt Brace Jovanovich, 1978.

Desmazes, Naoumovitch 1928 = Desmazes Marie-Alphonse, Lieutenant-colonel, Naoumovitch Joseph, Commandant, *Les Victoires serbes en 1914*, preface by M. le Maréchal Joffre, Paris, Berger-Levrault, 1928.

Diehl 1915 = Diehl Charles, "L'Héroïque Serbie. Grandes leçons d'un petit peuple", *Lecture pour tous*, the 1st of February 1915, p. 451-457.

Djordjić 2010 = Djordjić Stojan, "Književna dela o Prvom svetskom ratu. Primer inoviranja i divergencije u evoluciji srpske književnosti tokom 20. veka", *Godišnjak za srpski jezik i književnost*, 23/10 (2010), p. 151-161.

Djurić 1979 = Djurić Antonije, *Solunci govore: ovako je bilo!*, Gornji Milanovac, Kulturni centar, 1979.

Djurić 1987 = Djurić Antonije, *Žene solunci govore*, Belgrade, Književne novine, 1987.

Dornis 1918 = Dornis Jean, "Un poète serbe : Miloutine Boitch", *Revue des Deux Mondes*, 15 May 1918, p. 411-416.

Dragnich 1983 = Dragnich Alex N., *The First Yugoslavia. A Search for a Viable Political System*, Stanford, Hoover Insitution Press, 1983.

Džadžić, Marković 1961 = Džadžić Petar, Marković Milosav, "Dijalog o 'Danu šestom'", *Delo* 8-9, August-September 1961.

Džadžić 1995 = Džadžić Petar, *Povlašćeni prostori Miloša Crnjanskog*, Belgrade, Zavod za udžbenike i nastavna sredstva, 1995.

Eylan 1935 = Eylan Claude, *La Vie et la Mort d'Alexandre Ier : roi de Yougoslavie*, Paris, Grasset, 1935.

Ferri-Pisani 1916 = Ferri-Pisani, *Le Drame serbe, octobre 1915-mars 1916*, Paris, Perrin, 1916.

Gesemann 1935 = Gesemann Gerhard, *Die Flucht: aus einem serbischen Tagebuch, 1915 und 1916*, Munich, Albert Langen/Georg Müller, 1935.

Ignjatović 2006 = Ignjatović Aleksandar, "Od istorijskog sećanja do zamišljanja nacionalne tradicije. Spomenik Neznanom junaku na Avali", *in* Alexić Dragan *et al.* (eds), *Istorija i sećanje*, Belgrade, Institut za noviju istoriju, 2006, p. 229-252.

Jakovljević 1937 = Jakovljević Stevan, *Srpska Trilogija*, Belgrade, Geca Kon, 1937.

Jones 1916 = Jones Fortier, *With Serbia into Exile. An American's Adventures with the Army that Cannot Die*, New York, The Century, 1916.

Josić Višnjić 1994 = Josić Višnjić Miroslav, *Kvartet*, Belgrade, Draganić, 1994.

Keegan 1998 = Keegan John, *The First World War*, London, Hutchinson, 1998.

KRIZMAN 1989 = KRIZMAN Bogdan, *Hrvatska u Prvom svjetskom ratu: hrvatsko-srpski politički odnosi*, Zagreb, Globus, 1989.

LABRY 1916 = LABRY Raoul, *Avec l'armée serbe en retraite. À travers l'Albanie et le Monténégro*, Paris, Perrin, 1916.

LAFFAN 1918 = LAFFAN R. G. D., *The Guardians of the Gate. Historical Lectures on the Serbs*, Oxford, Clarendon Press, 1918.

LE MOAL 2008 = LE MOAL Frédéric, *La Serbie: du martyre à la victoire, 1914-1918*, Saint-Cloud, Soteca/14-18 éditions, 2008.

LEVENTAL 1992 = LEVENTAL Zdenko, *Rodolphe Archibald Reiss : criminaliste et moraliste de la Grande Guerre*, Lausanne, L'Âge d'Homme, 1992.

MANOJLOVIĆ 1997 = MANOJLOVIĆ Olga, "Umetničke (re) vizije rata. Prvi svetski rat u srpskoj književnosti", *Tokovi Istorije*, 2-3 (1997), p. 128-129.

MITROVIĆ 1987 = MITROVIĆ Andrej, *Ustaničke borbe u Srbiji, 1916-1918*, Belgrade, Srpska književna zadruga, 1987.

MITROVIĆ 2007 = MITROVIĆ Andrej, *Serbia's Great War 1914-1918*, London, C. Hurst & Co., 2007.

NUŠIĆ 1963 = NUŠIĆ Branislav, *Devetsto petnaesta: tragedija jednoga naroda*, Belgrade, Jež, 1963.

OPAČIĆ 1979 = OPAČIĆ Petar, *Le Front de Salonique. Zeitinlik*, Belgrade, Jugoslovenska revija, 1979.

PAVLOVIĆ 2007 = PAVLOVIĆ Vojislav, "La mémoire et l'identité nationale : la mémoire de la Grande Guerre en Serbie", *Guerres mondiales et conflits contemporains*, 228 (2007), p. 51-60.

PAVLOVIĆ 2010 = PAVLOVIĆ Vojislav, "L'Attentat de Marseille 1934. La fin symbolique d'une alliance atypique", *in* BATAKOVIĆ Dušan T. (ed.), *La Serbie et la France. Une alliance atypique. Relations politiques, économiques et culturelles 1870-1940*, Belgrade, Institut des études balkaniques/ Académie serbe des sciences et des arts, 2010, p. 575-595.

PETROVIĆ 2007 = PETROVIĆ Ljubomir, *Nevidljivi geto. Invalidi u Kraljevini Jugoslaviji 1918-1941*, Belgrade, Institut za savremenu istoriju, 2007.

PETROVIĆ 1961 = PETROVIĆ Rastko, *Dan šesti*, Belgrade, Nolit, 1961.

POPOVIĆ 1986 = POPOVIĆ Danko, *Knjiga o Milutinu*, Belgrade, Književne novine, 1986.

PRICE 1918 = PRICE Crawfurd, *Serbia's Part in the War*, vol. 1, *The Rampart against Pan-Germanism*, London, Simpkin, Marshall, Hamilton, Kent & Co, 1918.

REISS 1915 = REISS R. A., *How Austria-Hungary Waged War in Serbia: Personal Investigations of a Neutral*, Paris, Armand Colin, 1915.

REISS 1916 = REISS R. A., *Kingdom of Serbia. Report upon the Atrocities Committed by the Austro-Hungarian Army during the First Invasion of Serbia*, London, Simpkin, Marshall, Hamilton, Kent & Co., 1916.

Reiss 1918 = Reiss R. A., *Réponses aux accusations austro-hongroises contre les Serbes contenues dans les deux recueils de témoignages concernant les actes de violation du droit des gens commis par les États en guerre avec l'Autriche-Hongrie*, Paris/Lausanne, Payot, 1918.

Reiss 1919 = Reiss R. A., *The Kingdom of Serbia: Infringements of the Rules and Laws of War Committed by the Austro-Bulgaro-Germans; Letters of a Criminologist on the Serbian Macedonian Front*, London, G. Allen & Unwin Ltd. & Simpkin, 1919.

Reiss, Bonnassieux 1919 = Reiss R. A., Bonnassieux A., *Réquisitoire contre la Bulgarie*, Paris, Grasset, 1919.

Ripert d'Alauzier 1923 = Ripert d'Alauzier de, Lieutenant-Colonel, *Un drame historique. La résurrection de l'armée serbe. Albanie-Corfou (1915-1916)*, Paris, Payot, 1923.

Roksandić 2006 = Roksandić Drago, *Svetozar Borojević od Bojne. Lav ili lisica sa Soče?*, Zagreb, Vijeće srpske nacionalne manjine grada Zagreba, 2006.

Saramandić 2006 = Saramandić Ljubomir, *Hodočašće na Krf*, Belgrade, Tetratron, 2006.

Scianna 2012 = Scianna Bastian Matteo, "Reporting Atrocities: Archibald Reiss in Serbia, 1914-1918", *The Journal of Slavic Military Studies*, 25/4 (2012), p. 596-617.

Subotić *et al.* 2005-2006 = Subotić Vojislav *et al.*, *Memorijali oslobodilačkih ratova Srbije*, 2 vols., Belgrade, Vlada Republike Srbije, Ministarstvo rada, zapošljavanja i socijalne politike, 2005-2006.

Sturzenegger 1920 = Sturzenegger Catharina, *Die Wiederauferstehung Serbiens: seine glorreichsten und seine dunklesten Tage: Dokument zur Kriegsführung der vereinigten österr.-ungarischen, deutschen und bulgarischen Armeen nebst einer Anzahl Photographien*, Bern/Berlin, Der Freie Verlag, 1920.

Tchossitch 1991 = Tchossitch Dobritsa (Ćosić Dobrica), *Le Temps de la mort*, 2 vols., Lausanne, L'Âge d'Homme, 1991.

Thomson 1916 = Thomson Louis Léopold Arthur, *La Retraite de Serbie (octobre-décembre 1915)*, Paris, Hachette, 1916.

Todorović 1971 = Todorović Kosta (ed.), *Golgota i vaskrs Srbije 1916-1918*, Belgrade, Udruženje nosilaca Albanske spomenice & BIGZ, 1971.

Tsernianski 1991 = Tsernianski Milos, *Journal de Tcharnoievitch*, tr. and preface by Olga Marković, Lausanne, L'Âge d'Homme, 1991.

Tsernianski 1999 = Tsernianski Milos, *Ithaque. Poèmes et commentaires*, Lausanne, L'Âge d'Homme, 1999.

Wachtel 2008 = Wachtel Andrew, "La Yougoslavie: l'État impossible?", *in* Audoin-Rouzeau Stéphane, Prochasson Christophe (eds), *Sortir de la Grande Guerre. Le monde et l'après 1918*, Paris, Tallandier, 2008, p. 257-277.

Wawro 2014 = Wawro Geoffrey, *A Mad Catastrophe. The Outbreak of the World War I and the collapse of the Habsburg Empire*, New York, Basic Books, 2014.

* * *

Blic 2014 = "Spomenik Gavrilu Principu otkriven u Istočnom Sarajevu", *Blic*, 27 June 2014, [online] URL: http://www.blic.rs/vesti/drustvo/spomenik-gavrilu-principu-otkriven-u-istocnom-sarajevu/12dxtnb.

Ideje za književnost 1934 = *Ideje za književnost*, the 17th of November 1934.

Mitrovića 1964 = Mitrovića Žika, *Marš na Drinu* (*March on the Drina*), Belgrade, Avala Film, 1964.

Ratni pomenik 1937 = *Ratni pomenik*, Nr. 10, Belgrade, December 1937.

Ratni pomenik 1940 = *Ratni pomenik*, Nr. 11, Belgrade, February 1940.

La Première Guerre mondiale des Grecs : une guerre oubliée

Elli Lemonidou

En 1964, l'écrivain grec I. M. Panayiotopoulos, chroniqueur dans la presse athénienne de l'époque, écrivait à propos du cinquantième anniversaire du début de la Première Guerre mondiale[1] :

> Je me souviens – j'étais alors un enfant – de l'été 1914 à Athènes. Nous sortions à peine des guerres balkaniques, nous avions réalisé la « Grande Grèce ». [...] Nous nous attendions à une très longue période de paix, nous vivions dans l'euphorie de la victoire, nous voulions pouvoir tranquillement organiser les nouveaux territoires que nous avions arrachés, au prix de tant de sang versé, à l'esclavage enduré pendant des siècles ; nous voulions oublier les morts et reprendre enfin largement notre souffle. [...] Nous suivions donc les nouvelles avec le sentiment de celui qui a fait son devoir, qui se repose après s'être donné tant de peine et qui ne s'accorde que le luxe d'une vaine curiosité consistant à s'informer de ce qui se passe un peu plus loin dans le voisinage.

Aujourd'hui, plus de cent ans se sont écoulés depuis le début de la Grande Guerre et l'Europe – mais pas seulement – commémore cet anniversaire. Quel bilan peut-on dresser à ce sujet en Grèce[2] ? La liste des différentes activités et publications organisées pour le début du centenaire, en 2014, certes non exhaustive, est très révélatrice. Outre le colloque qui s'est déroulé à Athènes le 16 mai 2014 et dont le présent volume est issu, on compte une série de conférences organisée par l'Institut Nicos Poulantzas, concernant le paysage socio-politique de l'Europe au cours de la décennie 1910, pendant les trois premiers mois

1. Panayiotopoulos 1986, p. 117-118.
2. C'est-à-dire jusqu'en février 2015.

de 2014 ; une conférence de Christopher Clark qui s'est tenue à la bibliothèque Gennadius en mars 2014 ; deux dossiers parus dans la revue littéraire *To Dendro* (*L'Arbre*) en juillet et en décembre 2014[3] ; quelques articles isolés parus dans la presse d'information générale ou spécialisée ; des travaux de conservation et de mise en valeur et enfin la programmation de commémorations dans des cimetières militaires alliés en Grèce. La liste s'avère donc regrettablement limitée, tandis que dans de nombreux autres pays on constate un foisonnement de publications, de congrès scientifiques et d'émissions télévisées ainsi que, surtout, l'existence d'un véritable dialogue public sur la guerre.

Quelques rappels historiques suffisent pourtant à convaincre de l'importance particulière de la Première Guerre mondiale dans l'histoire du pays. La période 1914-1918 est même une des plus complexes, des plus décisives et des plus contestées de l'histoire de l'État grec moderne[4]. Il suffit, pour le comprendre, de rappeler que l'armée grecque s'est engagée directement dans le conflit, avec des interventions remarquables sur le front macédonien, mais aussi que de nombreux soldats étrangers ont perdu la vie sur le sol grec lui-même ou dans sa proche périphérie. La Grèce s'est aussi trouvée au centre de l'attention des deux formations rivales, qui ont chacune cherché à la rallier à ses intérêts. Le territoire grec a connu la violence et les effusions de sang avant même l'engagement officiel du pays aux côtés de la Triple-Entente. En novembre 1916[5], les combats sanglants qui ont opposé les soldats grecs et les Alliés au centre d'Athènes et les affrontements entre vénizélistes et royalistes ont été d'une extrême violence[6]. La Grèce a ainsi subi de multiples violations de sa neutralité initiale mais aussi de son intégrité territoriale[7].

Le désintérêt manifeste de la Grèce à l'égard la Première Guerre mondiale aujourd'hui n'a donc aucun rapport avec son importance ni avec sa signification historique réelle. Cette attitude des Grecs n'est pas récente. Mais à quoi est-elle due ?

Afin d'expliquer au mieux ce phénomène, nous ferons d'abord un bref rappel historique de la mémoire de la Première Guerre mondiale en Grèce en nous concentrant sur les années de l'entre-deux-guerres (on s'occupait encore un peu, à cette époque, du souvenir de la guerre). Nous essaierons, ensuite, de distinguer les différentes formes, réelles ou potentielles, de la mémoire de la guerre et, enfin, nous rendrons compte des facteurs qui ont contribué à son oubli.

3. *To Dendro*, numéros de juillet et de décembre 2014.
4. Pour l'histoire de la Grèce pendant la Première Guerre mondiale, voir Leon 1974 ; Leontaritis 2000 ; Mourélos 1983 ; Lemonidou 2007 ; Mavrogordatos 2015.
5. Cette date est donnée en référence à l'ancien calendrier, d'où l'appellation des événements en langue grecque *Noemvriana*.
6. À propos de ces événements qui ont eu lieu les 1er et 2 décembre 1916, voir SHM, SS X f 9, Roquefeuil à Lacaze, « Rapport sur les événements qui se sont déroulés dans les premiers jours de décembre 1916 », n° 533 du 9 décembre 1916 ; Maccas 1917 ; Dartige Du Fournet 1920, p. 210-273 ; Boussenot 1938 ; Mourélos 2007.
7. Tounda-Fergadi 1985 ; Lemonidou 2007.

LA MÉMOIRE DE LA GUERRE PENDANT L'ENTRE-DEUX-GUERRES

En 1919, soit l'année qui suivit la fin des hostilités, la Grande Guerre est particulièrement présente dans la sphère publique grecque, comme en témoigne la presse de l'époque.

Dans les journaux, les allusions à la guerre passent essentiellement par les évocations du décor changeant de l'après-guerre et des négociations de paix. Elles concernent soit directement la Grèce et ses revendications, soit les évolutions des autres puissances en jeu.

La presse de l'époque traite aussi la guerre de façon plus explicite, en abordant essentiellement deux sujets. Il s'agit, d'abord, des évocations de la paix alliée et de la contribution de la Grèce. Au moins la première année, la date la plus mise en avant était celle du 14 juillet (et non du 11 novembre), c'est-à-dire celle de la célébration de la fête nationale française. La date, qui a été mise cette année-là en relation directe avec la Grande Guerre, a acquis une dimension symbolique supplémentaire. La célébration particulièrement impressionnante du 14 juillet 1919, avec la participation de l'armée grecque au grand défilé militaire français, a constitué une occasion d'authentifier l'importance des relations franco-helléniques à cette époque[8].

Le second sujet abordé par la presse concerne encore davantage la Grèce et son histoire. Il s'agit de cas litigieux, qui ont donné lieu à des procès et dominé l'actualité nationale après la guerre. Le procès de la reddition du fort Roupel aux Allemands en mai 1916 – raconté dans le journal *Embros* d'octobre 1919 – en constitue un très bon exemple. Les événements sanglants qui se sont déroulés en novembre 1916 à Athènes – détaillés dans les numéros d'*Embros* de juin 1919 – ont également occupé le premier plan des actualités nationales pendant des semaines. Les reportages détaillés de la procédure d'audience devant le tribunal ont fait la une des journaux, jusqu'à ce que le verdict mette fin à cet événement par la condamnation à mort de quatre coupables – peine qui ne fut appliquée, finalement, pour aucun des condamnés.

La fin de la guerre a également vu les publications de sources originales ou secondaires sur l'époque de la guerre se multiplier. C'est par exemple le cas des procès-verbaux des séances de l'Assemblée nationale française avant la bataille de Verdun ou encore des mémoires de l'ancien ambassadeur de France à Athènes, Gabriel Deville[9], publiés dans le journal *Embros*.

Après l'année 1919 et jusqu'à la fin de l'entre-deux-guerres, deux faits ont principalement occupé la sphère publique et influencé l'image que les Grecs avaient de la guerre. Il s'agit d'abord de l'édification de monuments aux Morts. Dans plusieurs pays ex-belligérants, cela s'est réalisé très rapidement. En France, par exemple, la plupart ont été édifiés avant 1922,

8. Voir le journal *Embros* (*En avant*) du 1er au 7 et du 11 juillet 1919, les articles consacrés à la célébration du 14 juillet 1919, aux préparations pour accueillir Eleuthérios Vénizélos dans la capitale française, et à la participation de l'armée grecque au défilé du 14 juillet.

9. Deville 1919.

essentiellement grâce aux larges subventions d'État accordées aux communes. Jusqu'en 1922, des tombes du Soldat inconnu ont également été construites en France, en Grande-Bretagne, en Belgique et en Italie, afin de rendre hommage à tous les combattants non identifiés qui sont tombés « pour la Patrie »[10]. C'est seulement après la fin de la guerre gréco-turque de 1919-1922 que l'État grec a commencé à édifier ces monuments (tombeaux ou stèles). Et ce n'était pas seulement pour honorer les morts de la Première Guerre mondiale, mais bien ceux de toutes les guerres récentes (les deux guerres balkaniques, la Première Guerre mondiale et la guerre gréco-turque). Après 1922, les ossements des militaires grecs tombés lors des guerres balkaniques – qui avaient été enterrés en Bulgarie (à Gorna-Djoumaia) et en Albanie – sont rapatriés en Grèce. Un large crédit a été mis à disposition du ministère des Affaires militaires pour l'érection des monuments, tandis que chaque ville et chaque communauté ont reçu l'ordre d'élever, jusqu'à la fin de 1925, leurs propres monuments dans les lieux où les militaires grecs sont morts. Des colonnes commémoratives sont érigées en hommage aux officiers et aux soldats grecs tués à l'étranger, comme par exemple ceux tombés à Pirot, en Serbie[11]. Il faudra cependant attendre 1932 pour que le monument du Soldat inconnu soit installé, devant le Parlement grec, sur la place de la Constitution[12].

Les gouvernements étrangers se sont aussi mobilisés pour édifier des monuments en l'honneur des soldats décédés en terre hellène et inhumés en Grèce. Un accord avait été signé entre le gouverneur général de Salonique et les généraux des pays alliés sur le front d'Orient dès le 20 novembre 1918, afin de régler les questions relatives aux cimetières militaires des pays étrangers en Grèce. Les autorités britanniques, françaises, italiennes et serbes devaient indiquer aux autorités hellènes des terrains destinés à devenir des lieux de sépulture permanents pour leurs militaires. Le gouvernement hellénique, quant à lui, devait procéder à l'acquisition de ces terrains en son nom et à ses propres frais, conformément aux lois grecques[13]. Le gouvernement français s'est ainsi occupé du cimetière de Florina et de celui de Zeïtenlick à Salonique ; les Serbes, des cimetières de Salonique, de Kaimaktsalan et de Corfou ; l'Imperial War Graves Commission[14], des cimetières britanniques, disséminés

10. Cochet, Grandhomme 2012.

11. AYE, 1931, A/15/5, le ministère des Affaires étrangères du royaume des Serbes, Croates et Slovènes à la légation de Grèce à Belgrade, n° 62208 du 9 décembre 1924 ; la légation de Grèce à Durrës au ministère des Affaires étrangères, n° 1380 du 3 août 1925 et la légation de Grèce à Sophia au ministère des Affaires étrangères, Sophia, n° 1082 du 27 septembre 1925 ; Journal officiel, n° 68 du 19 mars 1925 ; le ministre grec des Affaires militaires au ministre grec des Affaires étrangères, n° 11031/430 du 14 avril 1926.

12. AYE, 1931, A/15/5, Ministère des Affaires militaires au ministères des Affaires étrangères, n° 22526 du 13 février 1926 ; Lemonidou 2012.

13. AYE, 1937, A/18/3, le texte de la loi 2473 qui ratifie l'accord du 7/20 novembre 1918 concernant les cimetières militaires britannique, français, italien et serbe en Grèce ; AYE, 1935, A/18/3, le ministre des Affaires militaires au ministre des Affaires étrangères, note n° 308294 du 22 décembre 1922.

14. Créée en 1917, l'Imperial War Graves Commission a été rebaptisée Commonwealth War Graves Commission en 1960.

en Macédoine grecque, mais aussi à Néon Faliron, à Lemnos, à Souda, à Syros ou encore à Alexandroupoli[15].

Cependant, c'est surtout grâce à la lecture de la presse que le public grec a pu commémorer la Grande Guerre, ou en apprendre sur elle. Les mémoires de certains acteurs de la guerre – des civils aussi bien que des militaires étrangers des deux camps – ont été publiées tout au long de l'entre-deux-guerres. Elles ont fait la une des journaux ou bien ont été diffusé sous la forme d'épisodes étalés sur plusieurs mois. Ces documents ont offert en tous les cas une interprétation de ce que la guerre avait été pour ces protagonistes, c'est-à-dire une histoire « vue d'en haut » de la Grande Guerre. Ainsi, les Grecs ont pu lire à deux reprises les mémoires de Raymond Poincaré, président de la République française[16], du chancelier allemand Bernard von Bülow[17] ou des lieutenants allemands Max Wild et Bauermeister, des officiers du service secret des renseignements allemand[18], mais aussi une biographie de Paul von Hindenburg, chef du Grand état-major de l'armée Impériale allemande, écrite par Emil Ludwig[19], etc. Bien que beaucoup plus limitée, une histoire de la guerre « vue d'en bas » a aussi existé à cette époque, à travers des descriptions de la vie dans les tranchées et des romans, particulièrement réussis, qui racontent la guerre sous-marine, des aventures de pirates ou encore la vie des espions pendant la guerre (des hommes comme des femmes)[20]. Seul *Rizospastis* (*Le Radical*), l'organe du Parti communiste grec, a osé parler de paix en publiant l'œuvre majeure *À l'Ouest, rien de nouveau* dès l'automne 1929, soit seulement quelques mois après sa parution en Allemagne[21]. Ces publications ont permis

15. AYE, 1931, A/15/5, le gouverneur de la gendarmerie à Florina au Bureau de Sûreté publique, note n° 2847/8 du 21 janvier 1928 ; AYE, 1939, A/5/3, l'ambassadeur grec à Belgrade au ministère des Affaires étrangères (sous secrétariat d'État à la presse et au tourisme), s.n. du 16 septembre 1938 ; AYE, 1935, A/18/3, Journal officiel du 14 avril 1922 et l'ambassade britannique à Athènes au ministère grec des Affaires étrangères, note verbale n° 203 du 23 octobre 1928 et note n° 81 du 14 avril 1922 ; Minutes de la première rencontre du Comité mixte anglo-grecque de l'Imperial War Graves Commission.
16. Des extraits du premier volume de ces *Mémoires* ont été publiés à partir du 1er mars 1931 dans le journal *Ethnos* (*Nation*), tandis qu'en décembre de la même année on y retrouve des extraits du huitième volume.
17. Dans le journal *Ethnos*, de novembre 1930 jusqu'au 23 juillet 1931 ; la publication des *Mémoires* de von Bulöw fut suivie par celle de sa correspondance secrète avec le Kaiser dans le même journal à partir du 26 juillet 1931.
18. Dans le journal *Ethnos* entre décembre 1932 et avril 1933 pour les *Mémoires* de Wild et à partir du 26 février 1934 pour celles de Bauermeister.
19. Dans le journal *Eleutheron Vima* depuis février 1934.
20. Voir dans le journal *Ethnos* les romans suivants : *Le Bateau noir* qui, en mars 1930, devint *Les Bateaux noirs* ; *Le Corsaire. Pirate noir. La plus aventureuse et dramatique narration sur l'espionnage*, dont la publication a commencé le 7 décembre 1933 ; *Femmes espionnes. Le drame de leur vie*, qui a paru en une du journal depuis juin 1934 ou, encore, *L'Espionne. La plus dramatique et aventureuse narration des coulisses sombres de la Grande Guerre*, paru en juin-juillet 1936.
21. *Rizospastis* 1929.

aux Grecs d'appréhender la version européenne de la Grande Guerre mais pas vraiment, en revanche, la version grecque. Pour cela, il a fallu attendre 1934.

En octobre 1934, Eleuthérios Vénizélos a pris l'initiative de publier une série d'articles dans le journal *Eleutheron Vima* (*Tribune libre*) afin d'expliquer les événements de la Division nationale de 1915. Ioannis Métaxas, sous-chef de l'état-major grec pendant la Première Guerre mondiale – l'une des figures les plus emblématiques de cette Division, le collaborateur le plus proche du roi Constantin Ier et l'adversaire le plus actif de Vénizélos –, a décidé de répondre par une série d'articles publiés dans le journal *Kathimerini* (*Le Quotidien*). Ce duel par colonnes de journaux interposées a duré jusqu'en novembre 1935, soit treize mois. L'ensemble des lettres de Métaxas a été publié en 1935 par les éditions du journal *Kathimerini*, tandis que l'archive historique du journal *Ethnikos Kyrix* (*Héraut National*) a publié l'ensemble de la correspondance des deux hommes en 1953, soit une vingtaine d'années plus tard[22].

Eleuthérios Vénizélos décède le 18 mars 1936 et, le 4 août de la même année, le général Métaxas proclame sa dictature (avec la caution du roi Georges II, le fils du roi Constantin). Ce régime, qui a pris fin avec la mort de Métaxas en janvier 1941, a constitué la dernière période (et peut-être la seule) durant laquelle la Grande Guerre a véritablement occupé la sphère publique, au point de devenir un des enjeux les plus importants de la vie publique du pays. Mais la guerre n'était pas considérée dans sa dimension européenne. La date du 11 novembre ne signifiait d'ailleurs rien pour ce régime, qui a institué une nouvelle « fête nationale » le 4 août. En effet, Métaxas a essayé d'imposer sa propre version de la Division nationale et de régler ses comptes avec le passé. C'est pourquoi le 17 novembre 1936, quatre mois à peine après l'établissement de son régime, il a organisé le rapatriement des dépouilles du roi Constantin, de la reine Sophie et de la reine-mère Olga en Grèce, pour qu'elles soient inhumées dans la nécropole royale de Tatoï, siège de la résidence d'été de la famille royale. Le roi était parti pour l'Italie après son renversement en 1922, soit pour la deuxième fois après son détrônement en juin 1917. Métaxas ne pouvant pas laisser la mémoire de son collaborateur d'autrefois spoliée, il a obligé les Athéniens à vivre pendant cinq jours (du 15 au 19 novembre 1936) au rythme du transfert des dépouilles royales : la ville a dû se préparer fiévreusement pour l'accueil des dépouilles, leur exposition à la métropole d'Athènes, la cérémonie ainsi que la seconde inhumation de la famille royale dans la nécropole de Tatoï[23]. D'après la presse de l'époque, l'enterrement des reliques vénérées en terre grecque a représenté la liquidation d'une dette de la Nation envers ses

22. En 1994, une nouvelle édition a été réalisée par la maison d'éditions Kyromanos à Thessalonique, voir Vénizélos, Métaxas 2003.

23. Voir *Ethnos*, n° du 17 novembre 1936, p. 1 et 8. Voir aussi *Le Petit Parisien* n° 21818 du 23 novembre 1936, p. 5.

rois ; les Grecs devaient désormais s'estimer heureux « vis-à-vis de l'histoire et vis-à-vis d'eux-mêmes »[24].

Deux ans plus tard, le 9 octobre 1938, l'inauguration d'une imposante statue de Constantin aux Champs-de-Mars, à Athènes, a constitué un deuxième épisode marquant de la « réhabilitation de Constantin ». Tous les bâtiments publics, mais aussi les maisons et les boutiques ont été pavoisés du lever au coucher du soleil ; des parades ont été organisées dans toutes les villes de Grèce et des *Te Deum* ont été célébrés partout, suivis par des allocutions solennelles des maires ou d'autres personnages officiels. C'était l'occasion, pour le peuple grec tout entier, d'une célébration nationale[25]. La statue qui venait d'être inaugurée symbolisait, comme les tombeaux royaux à Tatoï, la fraternité et l'union des Grecs sous le règne de Georges II, ainsi que la gouvernance de Métaxas[26].

Mais la Seconde Guerre mondiale et la guerre civile, qui ont suivi la dictature de Métaxas, ont effacé toute trace de la Grande Guerre dans la mémoire collective. Même après 1950, elle a suscité très peu d'intérêt.

VERS UNE TYPOLOGIE DE LA MÉMOIRE DE LA GUERRE

La Première Guerre mondiale et sa commémoration ont été très rapidement exclues de la sphère publique en Grèce. Il est cependant possible, pour rendre compte de la complexité de ce phénomène d'oubli, de distinguer cinq formes que prend, ou que pourrait prendre, le souvenir de la Première Guerre mondiale en Grèce.

1) La forme la plus traditionnelle du souvenir et de la commémoration, du moins pour ce qui est des faits militaires, est celle que l'on pourrait appeler *mémoire nationale héroïque* : c'est la célébration des soldats grecs tombés au champ d'honneur à travers des monuments aux Morts, érigés sur leur lieu de naissance ou sur les lieux des conflits, et les commémorations annuelles ;
2) la mémoire des soldats étrangers enterrés en Grèce constitue une deuxième forme de commémoration. On peut citer, par exemple, l'importance que revêt pour le peuple serbe le cimetière allié de Zeïtenlick, à Thessalonique, ainsi que la participation d'Australiens et de Néo-Zélandais aux célébrations du souvenir qui ont lieu chaque année au cimetière allié de Moudros, à Lemnos ;
3) une troisième forme de mémoire a un caractère purement national cette fois. Elle se révèle dans le souvenir de la Division nationale et, plus généralement, dans celui des expériences traumatisantes de la période 1914-1918, avec la reddition du

24. Voir *Ethnos*, n° du 16 novembre 1936, p. 1.
25. Voir *Ethnos*, n° du 10 octobre 1938, p. 8.
26. Voir *Ethnos*, n° du 9 octobre 1938, p. 1.

fort Roupel aux Allemands et l'occupation bulgare de la Macédoine orientale, les événements de novembre 1916, le blocus Allié et la famine qui en ont résulté, etc. ;

4) le souvenir triomphal de la victoire alliée a été assez vivace au cours des premières années d'après-guerre comme nous l'avons vu. Il a suscité une foule de références aux célébrations et à la participation de la Grèce dans le conflit, mais a été dépassé par d'autres événements majeurs et s'est fané au fils des années ;
5) enfin, la dimension européenne de la mémoire de la guerre, comprise en tant que fait dramatique majeur de l'histoire européenne, pourrait constituer une dernière forme de mémoire. Cette dimension s'est développée, comme dans le reste de l'Europe, au cours de l'entre-deux-guerres et essentiellement grâce à la littérature et au cinéma[27]. C'est ce dont témoigne l'accueil qu'a connu en Grèce le roman désormais classique d'Erich Maria Remarque, *À l'Ouest, rien de nouveau*. Il a suscité six traductions différentes en grec, dont la plus récente réédition date de janvier 2014[28]. Il ne serait pas exagéré de dire que les Grecs – et ils n'étaient probablement pas les seuls – en ont appris bien plus sur la guerre grâce à ce roman que par toute autre source au cours de ces cent années.

Ce spectre de cinq formes du souvenir et de la commémoration pose inévitablement les questions suivantes : pourquoi la mémoire de la Première Guerre mondiale suscite-t-elle si peu d'intérêt ? Pourquoi a-t-elle été aussi dévaluée ? Est-ce qu'il aurait été possible de conserver, voire d'enrichir, certaines formes du souvenir ?

COMMENT LA PREMIÈRE GUERRE MONDIALE A-T-ELLE OUBLIÉE ?

Trois arguments semblent fondamentaux pour expliquer l'oubli dans lequel est tombée la Première Guerre mondiale en Grèce.

1) La participation de la Grèce à la Première Guerre mondiale, malgré les conflits traumatisants des années 1914-1917, n'a constitué qu'une partie des évolutions d'une décennie qui a vu l'apogée, puis la démythification et l'échec tragique de

27. Winter 2006, p. 118-134 et p. 183-200 ; Gauthier *et al.* 2008.

28. Une recherche préliminaire sur les éditions grecques de ce livre témoigne de l'immédiateté et de l'intemporalité de son impact en Grèce. On a pu repérer au moins deux publications sérialisées de l'ouvrage dans la presse quotidienne de l'entre-deux-guerres (dans les journaux *Rizospastis* en 1929, déjà mentionné, et *Makédonia* en 1931) et six éditions dont chacune a connu de multiples rééditions révisées (chronologiquement citées : trad. Leonidas Kotsifakos, Athènes, I. Sideris, 1930 ; trad. Michail Prionistis, Athènes, Anatoli, 1953 ; trad. Georgia Deligianni-Athanasiadi, Athènes, Minoas, 1963 ; trad. Evaggelos Antonaros, Athènes, Papyros, 1972 ; trad. Stella Vourdoumba, Athènes, Dorikos, 1980 ; trad. Kostas Thrakiotis, Athènes, S. I. Zacharopoulos, 1983).

la « Grande Idée » grecque. C'est ce qu'a souligné, en effet, une grande majorité d'historiens. D'autres événements – aux deux extrémités de la décennie, les guerres balkaniques victorieuses du début des années 1910 et la « Catastrophe d'Asie Mineure » en 1922[29] – ont eu un poids symbolique très lourd, qui a entièrement pris le pas, de façon diachronique, sur l'implication de la Grèce dans la Première Guerre mondiale. C'est pourquoi les Grecs ne sont jamais parvenus à la considérer comme une affaire nationale, ni même comme une affaire qui les concernent en priorité ;

2) le rapport de la Grèce avec les conflits armés de la Première Guerre mondiale a essentiellement été indirect, ou distancié, de sorte qu'il n'y a pas eu de grand corpus de pages héroïques ou traumatisants sur les faits militaires en tant que tels. Les succès de l'armée grecque ont eu leur place dans les pages de l'histoire militaire grecque, mais ils ont beaucoup moins compté dans la mémoire collective que les actes de bravoure des guerres balkaniques ou que les défaites désastreuses sur le front d'Asie Mineure de 1922. Par ailleurs, la Grèce a vu à maintes reprises sa contribution à la Grande Guerre contestée par ses ennemis d'alors, mais aussi par ses alliés[30] ;
3) les décennies qui ont suivi la Grande Guerre ont été si denses en événements déterminants pour la situation grecque que ceux-ci l'ont emporté sur le souvenir de la Grande Guerre. Le poids des années 1940, en particulier, continue d'exercer une domination totale sur les sujets traités par l'histoire grecque moderne et contemporaine, que ce soit au niveau de l'historiographie et de la recherche universitaire ou de l'intérêt et du dialogue publics. La famine de l'hiver 1941-1942 et, plus généralement, l'occupation allemande et italienne durant la Seconde Guerre mondiale, ont presque entièrement supplanté les souvenirs de la période (pourtant tout aussi éprouvante) des années 1916-1917. En tant que combats dans l'espace urbain d'Athènes (comme si c'était une catégorie de la mémoire collective grecque), les événements de décembre 1944 ont évincé le souvenir des événements

29. Dans l'historiographie grecque, l'expression « Catastrophe d'Asie Mineure » désigne la phase finale de la guerre gréco-turque qui a abouti au massacre et à l'expulsion des Grecs d'Anatolie et d'Asie Mineure et, par conséquent, à la fin de la « Grande Idée » de l'irrédentisme hellénique.

30. Jusqu'à la fin de l'entre-deux-guerres, la presse française a contenu des commentaires blessants sur la contribution de la Grèce à la Grande Guerre, qui ont provoqué à maintes reprises la réaction des autorités grecques, voir AYE, 1938, A/3 Le ministre grec des Affaires étrangères à la légation grecque à Paris, n° 17633 du 12 août 1938. Même attitude de la part de la Serbie qui ne faisait jamais (ou avec beaucoup de mépris) allusion à la participation grecque quand il était question de l'action des Alliés durant la libération de la Serbie ou des sacrifices des Alliés pendant la Grande Guerre. Le rôle de la Grèce a été très occulté, ce qui a provoqué une polémique de la part de la presse serbe qui rappelait la non-exécution du traité d'alliance gréco-serbe en 1915 et la catastrophe pour la Serbie qui en a résulté, voir AYE, 1931, A/15/5, Légation grecque à Belgrade au ministère des Affaires étrangères, n° 806 du 27 mai 1925 et n° 1574 du 12 octobre 1925 ; de la part de l'attaché militaire à l'ambassade grecque à Belgrade à l'Etat-major de l'Armée à Athènes, n° 156 du 27 mai 1925.

de novembre 1916. La nouvelle ligne de clivage entre la droite et la gauche, tracée de façon très douloureuse au cours la décennie de 1940, a rendu obsolète le conflit entre vénizélistes et monarchistes, qui avait été à l'origine de la Division nationale de 1915 et était resté très actuel pendant l'entre-deux-guerres. Il suffit de rappeler qu'à l'automne 2014 trois grands congrès ont été organisés à Athènes et à Thessalonique pour commémorer les soixante-dix ans des événements de décembre 1944 – alors que presque rien n'a été fait pour commémorer le centenaire de la Première Guerre mondiale – pour montrer l'effacement des événements de la Grande Guerre derrière ceux de la Seconde Guerre mondiale. La commémoration des événements de 1944 a même supplanté un autre anniversaire, sujet à de nombreuses discussions ces dernières années et bien plus vif dans les mémoires : celui des quarante ans de la mise en place du régime démocratique après la chute de la dictature des colonels en 1974.

La question qui se pose désormais est celle de savoir si la Première Guerre mondiale prendra un jour la place qu'elle mérite dans la mémoire collective grecque, que ce soit dans sa dimension internationale ou nationale, en tant que connaissance ou en tant qu'événement. On ne peut pas être à ce jour optimiste. La particularité des événements pour le pays ainsi que l'accumulation de strates dans la mémoire collective grecque au cours du XXe siècle sont si puissantes qu'un nouvel examen de la situation dans les années à venir semble très improbable. Nous pouvons cependant considérer comme un objectif raisonnable à poursuivre pour les historiens de diffuser le plus possible, et de la manière la plus efficace, la connaissance de cette époque déjà lointaine. Le rôle de l'histoire scolaire s'avère à ce sujet particulièrement important[31]. Par ailleurs, nous pouvons espérer que les lieux de commémoration disséminés dans le territoire grec seront encore davantage mis en valeur dans un très proche avenir et qu'ils impliqueront les Grecs eux-mêmes dans le processus de mémoire. La voie est donc ouverte et pleine de défis à relever pour les chercheurs. Nous attendons avec beaucoup d'intérêt de voir les résultats du « processus ouvert »[32] à l'occasion du centenaire et de savoir s'ils déboucheront sur un nouveau rapport des Grecs avec cet événement si important de leur histoire nationale et de l'histoire mondiale.

Archives

Archives historiques du ministère des Affaires étrangères de Grèce (AYE)

AYE, 1931, A/15/5.

AYE, 1935, A/18/3.

31. Lemonidou 2014.
32. Horne 2014, p. 635.

AYE, 1937, A/18/3.

AYE, 1938, A/3.

AYE, 1939, A/5/3.

Service historique de la marine nationale, France (SHM)

SHM, SS X f 9.

Abréviations bibliographiques

BOUSSENOT 1938 = BOUSSENOT Georges, « Le Drame du 1er décembre 1916 à Athènes », *Revue d'histoire de la guerre mondiale*, 1 (1938), p. 1-27.

COCHET, GRANDHOMME 2012 = COCHET François, GRANDHOMME Jean-Noël (éds), *Les Soldats inconnus de la Grande Guerre. La mort, le deuil, la mémoire*, Saint-Cloud, Soteca/14-18 éditions, 2012.

DARTIGE DU FOURNET 1920 = DARTIGE DU FOURNET Louis, *Souvenirs de guerre d'un amiral (1914-1916)*, Paris, Plon, 1920.

DEVILLE 1919 = DEVILLE Gabriel, *L'Entente, la Grèce et la Bulgarie. Notes d'histoire et souvenirs*, Paris, Eugène Figuière, 1919.

GAUTHIER *et al.* 2008 = GAUTHIER Christophe *et al.* (éds), *Une guerre qui n'en finit pas. 1914-2008, à l'écran et sur scène*, Paris, Complexe, 2008.

HORNE 2014 = HORNE John, « The Great War at its Centenary », dans WINTER Jay (éd.), *The Cambridge History of the First World War*, vol. III, *Civil Society*, Cambridge, Cambridge University Press, 2014, p. 618-639.

LEMONIDOU 2007 = LEMONIDOU Elli, *La Grèce vue de France pendant la Première Guerre mondiale; entre censure et propagandes*, thèse de doctorat en histoire, université Paris IV, 2007.

LEMONIDOU 2012 = LEMONIDOU Elli, « Le Soldat inconnu grec », dans COCHET, GRANDHOMME 2012, p. 153-169.

LEMONIDOU 2014 = LEMONIDOU Elli, « Ο Α΄ Παγκόσμιος Πόλεμος στη γαλλική και την ελληνική ιστορική εκπαίδευση: από τον πληθωρισμό στην υποβάθμιση » (« La Première Guerre mondiale dans l'éducation historique française et grecque : de l'abondance à la dégradation », en grec), Actes du 7e Congrès d'histoire de l'éducation intitulé *Ποια γνώση έχει την πιο μεγάλη αξία; Ιστορικές – συγκριτικές προσεγγίσεις* (*Quelle connaissance a la plus grande valeur? Approches historiques – comparatives*, en grec), Université de Patras, 28-29 Juin 2014, p. 57-69, [en ligne]. URL : http://eriande-elemedu.e-millescreations.com.

Leon 1974 = Leon (Leontaritis) George B., *Greece and the Great Powers. 1914-1917*, Thessalonique, Institute for Balkan Studies, 1974.

Leontaritis 2000 = Leontaritis George B., *Η Ελλάδα στον Πρώτο Παγκόσμιο Πόλεμο. 1917-1918* (*La Grèce pendant la Première Guerre mondiale. 1917-1918*, en grec), Athènes, MIET, 2000 (édition révisée de l'ouvrage : *Greece and the First World War: From Neutrality to Intervention, 1917-1918*, New York, Columbia University Press, 1990).

Maccas 1917 = Maccas Léon, « Les événements d'Athènes des 1er et 2 décembre 1916 », *Revue des Deux Mondes*, 38 (1917), p. 96-135.

Mavrogordatos 2015 = Mavrogordatos Giorgos Th., *1915. Ο Εθνικός Διχασμός* (*1915. La Division nationale*, en grec), Athènes, Patakis, 2015.

Mourélos 1983 = Mourélos Yannis, *L'Intervention de la Grèce dans la Grande Guerre (1916-1917)*, Athènes, Institut français d'Athènes, 1983.

Mourélos 2007 = Mourélos Yannis, *Τα «Νοεμβριανά» του 1916. Από το αρχείο της Μεικτής Επιτροπής Αποζημιώσεων των θυμάτων* (*Les « Événements du novembre » 1916. De l'archive de la Commission Mixte des Indemnités des victimes*, en grec), Athènes, Patakis, 2007.

Panayiotopoulos 1986 = Panayiotopoulos I. M., *Ο Σύγχρονος Άνθρωπος* (*L'Homme contemporain*, en grec), Athènes, Ekdoseis twn filwn, 1986.

Tounda-Fergadi 1985 = Tounda-Fergadi Areti, « Violations de la neutralité grecque par les puissances de l'Entente durant la Première Guerre mondiale », *Balkan Studies*, 26/1 (1985), p. 113-129.

Vénizélos, Métaxas 2003 = Vénizélos Eleuthérios, Métaxas Ioannis, *Η ιστορία του Εθνικού Διχασμού κατά την αρθρογραφία του Ελευθερίου Βενιζέλου και του Ιωάννου Μεταξά* (*L'Histoire de la discorde nationale d'après les articles d'Eleuthérios Vénizélos et de Ioannis Métaxas*, en grec), 2e édition, Thessalonique, Kiromanos, 2003.

Winter 2006 = Winter Jay, *Remembering War. The Great War Between Memory and History in the Twentieth Century*, New Haven, Yale University Press, 2006.

* * *

Eleutheron Vima, numéros de l'année 1934.

Embros, numéros du 1er au 7 juillet 1919 ; numéro du 11 juillet 1919.

Ethnos, numéros des années 1930-1936 ; numéros des 9 et 10 octobre 1938.

Le Petit Parisien, numéro 21818 du 23 novembre 1936.

Makédonia, numéros de l'année 1931.

Rizospastis, numéros de l'année 1929.

To Dendro, numéros de juillet et décembre 2014.

1914-1918-online: The International *Encyclopedia* of the First World War.

A global project for a global war

Oliver Janz*

Since October 2014, *1914-1918-online. International Encyclopedia of the First World War* offers to both the scholarly community and the broader public a comprehensive, online, Open Access, English-language encyclopedia of the Great War. The project is coordinated at the Free University (*Freie Universität*) in Berlin and is financed by the German Research Foundation (*Deutsche Forschungsgemeinschaft*). The *1914-1918-online* project will be presented in the following pages. The paper will focus on how the *Encyclopedia* reflects and drives forward the transnational and global history approaches, which have gained such strong momentum in First World War Studies in recent years[1].

THE FIRST WORLD WAR IN TRANSNATIONAL AND GLOBAL PERSPECTIVE

The general public's perception of the First World War is still dominated by the Western Front, by images of endless trenches, static warfare and industrialized battles of attrition

* Translation from German to English by Christos Apostolopoulos.

1. This text is an updated version of an article which was published in 2014 in the *Geschichte in Wissenschaft und Unterricht* review (Janz 2014a). The article is based on a lecture given in January 2014 at the Universities of Tokyo and Kyoto. For reasons of space, bibliographical indications for specific aspects of the First World War have been to a large extent avoided. One can find overviews about single countries, regions or issues, which reflect the current status of the research and offer bibliographical data in the respective areas, in: Winter 2014a; Horne 2010; Hirschfeld *et al.* 2009.

at the Somme and at Verdun. Historical scholarship itself is dominated by an image of the First World War concentrated on Central and Western Europe. The war appears mostly as a form of European Civil War between Germany, France and Great Britain. It's rather forgotten, at least among the general public, that Eastern and Southeastern Europe were more affected by the war than Western and Central Europe. While, in the West, many countries like Spain, Switzerland, Netherlands, Denmark, Sweden and Norway were able to safeguard their neutrality, the whole of Eastern and Southeastern Europe were afflicted. It is even less well known that, for all the bloody battles that took place there, casualties on the Eastern and Southeastern Front, as well as in the Near and Middle East, were higher than those in the West. Almost a third of the Serbian and Romanian troops lost their lives during the war, more than twice as many as in the German or in the French army. The Ottoman Army lost 20% of its soldiers, almost twice as many as the British or the Italians. The numbers are even less ambiguous if one includes civilian casualties in Eastern Europe and Asia Minor. The Near and Middle East can account for more than a third of all civilian victims of the First World War[2].

The public's and until recently also the academic community's lack of awareness concerning the extent of Eastern European and Middle Eastern involvement in the First World War can be attributed to, amongst other things, the Soviet Union's fixation on the Russian Revolution as its origin myth. This has overshadowed the memory of the First World War for a long time. In countries such as Poland or Czechoslovakia, the state-building processes and conflicts that followed the war are commemorated to a far greater extent than the war itself. In much the same way, the central point of reference for the collective memory in Turkey is not the First World War, but the Turkish War of Independence, which was fought against Greece and resulted in the proclamation of the Republic.

The First World War was not only a pan-European war, but also a global war. In times which are marked by an experience of accelerated globalization, we have to refocus our attention on the global dimension of the First World War. For many European as well as non-European countries, the war was a turning point and ushered in the 20th century. No other experience heretofore has changed the lives of more people on all continents. The First World War proves how globalized the world and its international power system was as early as in 1914. It was not solely fought by European states outside of Europe as in past conflicts, *i.e.* in Africa or on the high seas. During the First World War sovereign non-European powers, above all Japan, the Ottoman Empire and the United States of America, participated also, like numerous other states.

The intense efforts on both sides to attract more allies rapidly expanded the scope of the war. To persuade states to enter the war, belligerents offered concessions to territorial claims. In this way, many regional conflicts, very much unrelated to the hostilities at the centre, were drawn into the war. This can be observed in Romania, Bulgaria, Italy, Portugal,

2. See Overmans 2009.

but also in Japan, the Ottoman Empire or China. These countries attempted to exploit the major European conflict to either protect themselves against powerful neighbours and regain lost sovereignty, as in the case of the Ottoman Empire and China, or to further expand their territories, such as Japan, which became a dominant power in Eastern Asia in the course of the First World War. Australia and South Africa also exploited the war for their own purposes, fueling it by way of sub-imperialism[3]. Once the United States of America joined the fray, states could no longer afford to remain unengaged. It was now certain that the world would be reordered by the victors of the conflict. Taking heed, Latin American countries and others followed the example of the United States.

Furthermore, the war took on a truly global dimension in the wake of Great Britain's and France's mobilization of their colonial empires' resources, which counted a quarter of the world's population, not only in economic but also in military terms. France recruited 550 000 men from its colonies; 440 000 among them were deployed in Europe. 1.3 million soldiers were mobilized in India. More than 800 000 of these soldiers were deployed beyond the subcontinent. A large number of British troops fighting in Europe were from Australia, New Zealand, South Africa and Canada. These countries of the British Empire accounted for a total of 1.2 million soldiers, 900 000 of which served in Europe[4]. The Russian Army too, counting a total of 15 million men, was not exclusively European, but recruited soldiers from the empire's Asian population. Moreover, Britain and France both made use of a large labour force in Europe, recruited from their colonies and from China[5].

In terms of economics, the war was from its very beginning a global event. Due to the British Naval Blockade, the Central Powers were largely cut off from the international markets. Consequentially, they were forced to rearrange their economies in radical ways. The Entente Powers were similarly required to concentrate their domestic resources only on those branches of the economy which were most vital for the war effort. They also regulated their imports. The key to the Entente Powers' success however was not their increased rationing of limited domestic resources, but rather their massive intervention in the international markets, buying up raw materials, foodstuffs and other goods on a large scale. In this way, the British Ministry of Munitions became the largest trading company in the world. The global deployment of the state's concentrated market power largely eliminated private competition and allowed prices to be kept at a relatively low level. The British increasingly cooperated with their allies on this issue in order to avoid unnecessary competition. The United States entry in the war further enhanced the Allies' control on world trade. The success of this strategy was owed to the lack of markets outside of the Allied territory, in which producers of raw material would be able to sell their goods.

3. See Strachan 2010.
4. See Aldrich, Hilliard 2010.
5. See Xu 2011; Ma 2012.

Imports were also easily controlled, because they were run through a small number of mainly British and French ports. In addition, the Allies controlled international shipping and the maritime insurance system, whose center of activity was London. With their global network of coal stations, on which everyone depended, the British were able to put pressure on neutral maritime traffic. This also facilitated their control of world trade[6].

If one turns the eye away from Central and Western Europe, conventional periodization comes into question. The First World War was not only a global war, it was a long one as well. In many respects, the war began before 1914, mainly in the Balkans and in colonial peripheries such as Libya. On the other hand, it was kept alive long after 1918; not only in the sense, that the Paris Peace Treaties were unable to create a stable international order and laid the groundwork for the rise of fascism and national socialism which in turn led to the Second World War. Even if one does not want to go so far, it is clear that the year 1918 does not mark the end of the war. Numerous other wars and armed conflicts followed thereafter, which emerged directly from the Great War and persisted partly up to the early 1920s. The list of these violent conflicts is long. The Russian Civil War in all probability cost more Russian lives than the First World War. There were numerous conflicts in Central Eastern Europe after 1918, the war between Turkey and Greece which ended in 1923 with the Treaty of Lausanne, and there was the struggle for Egyptian independence.

These are some of the key historiographical perspectives, which have served as guidelines for the *Encyclopedia*. It intends to present the First World War in its entirety from a transnational view, as a pan-European and global war, which extended past 1918. One part of this transnational approach are the comparisons between countries and regions involved in the war, as well as a look at the multiple ties and interactions between them. Making use of a global perspective not limited to military events there is hardly any true neutrality, but only different ways of participation in the war. Therefore, the *Encyclopedia* systematically includes the neutral countries and regions, which were politically, economically, medially and mentally affected by the war to an often considerable extent.

These perspectives are not novel to the experts. For the general public as well as for the wider community of scholars, however, they are not yet common knowledge. The *Encyclopedia* intends to summarize the latest international expertise and make it accessible to both the professional community and the broader public, in a more comprehensive way. In this way it moreover aims to contribute to a post-national and global image of the First World War also within commemorative culture. It furthermore intends, through its comparative and global design, to identify gaps and advance scholarly research.

These perspectives and aims find expression in multiple ways both in the structure of the project and in that of the articles of the *Encyclopedia*.

6. See Balderston 2010.

THE STRUCTURE OF THE *ENCYCLOPEDIA* PROJECT

The *Encyclopedia* is directed by a central project team in Berlin. The contents of the project are coordinated at the Institute for History (*Institut für Geschichte*) of the Free University. The technical part is carried out by the Center for Digital Systems of the Free University. In addition, the Bavarian State Library (*Bayerische Staatsbibliothek*) in Munich is responsible for the indexing of the contributions as well as their long-term archiving. Moreover, the Bavarian State Library catalogues each of the *Encyclopedia* articles, which can, in this way, be searched and found worldwide via the libraries' common network catalogue.

An editorial board is responsible for the contents of the *Encyclopedia*. It consists of a 13-member Editorial Advisory Board serving as consultants to the editors, seven General Editors and 86 Section Editors. The seven General Editors, who are from Europe, USA and South Africa, are the main editors of the *Encyclopedia*. They set the guidelines for the *Encyclopedia* and make all strategic decisions. In addition, and together with external specialists, they act as experts in a two-step review process, which every article on the *Encyclopedia* has to undergo.

The Section Editors, which are also renowned and established experts, are in charge of the regional and thematic sections of the *Encyclopedia*. They develop concepts for the articles of their section and suggest authors. In addition, the Section Editors assume first peer review duties to the articles in their section.

The Editorial Board consists of a total of 106 experts. They come from more than twenty countries. The United States of America (19) Germany (18) and the United Kingdom (11) dominate, while France (5), Russia (6), Ireland (7), Austria (4) and Italy (4) are also strongly represented. The other editors are from Australia (2), Belgium (2), China (1), Japan (3), Canada (2), Lebanon (1), Luxembourg (1), New Zealand (1), the Netherlands (3), Turkey (3) Poland (2), Portugal (2), Switzerland (2), Serbia (1), South Africa (1), Spain (1), Slovakia (1), Norway (1), Hungary (1), Denmark (1) and Sweden (1).

In addition, more than 130 external experts support the review process. Within the anonymous peer-review process they, along with the General Editors, evaluate the articles in a second assessment phase. This two-step evaluation procedure, which every article of the *Encyclopedia* must undergo, ensures the high scholarly quality of the content.

More than 900 authors from around the world write for the *Encyclopedia*: authors from Trinidad and Tobago, Indonesia and Nigeria, as well as from Germany, Great Britain or France. Sometimes, the articles are written collaboratively by several authors from different countries. The article *Commemoration and Cult of the Fallen* for example compares commemoration in Poland, the Baltic States and Finland. The article is co-authored by a German, an Austrian and a Finnish author[7].

7. Jalonen, Richter, Szlanta 2014.

In addition, the project is supported by over thirty partners from ten countries. Project partners are mostly institutions, such as the Imperial War Museum in London, the Colonial Picture Archive (*Koloniales Bildarchiv*) in Frankfurt or the Library of Contemporary History (*Bibliothek für Zeitgeschichte*) in Stuttgart, which have made documentary material –mainly visual resources– from their respective collections available to the *Encyclopedia*.

The German Historical Institutes (*Deutsche Historische Institute*) in Moscow, Warsaw, London, Paris and Rome support the editorial board of the *Encyclopedia* and fund English translations. Additionally, some organize meetings for regional sections. For example, in December 2014 a meeting for the Italian section took place at the German Historical Institute in Rome. The German Historical Institutes in Warsaw and Moscow are responsible for the "East Central Europe" and "Russian Empire" sections. In these cases, the directors of the Institutes act as Section Editors. These institutions also offer scholarships for authors. They have specially recruited staff tasked with writing articles for the *Encyclopedia* or supervising the content of the sections. In the particular case of Poland, where research on First World War has been in arrears for many years, new studies are expected exclusively for the *Encyclopedia*.

Some ongoing research projects on the First World War have approached *1914-1918-online* and have offered to manage the content of sections, which –in several cases– had not initially been planned. The *Switzerland in the First World War* project, for example, which is run at the Universities of Zurich, Geneva, Bern and Lucerne works on the "Switzerland" section. Another example are the historians of the University of Lisbon, who manage the section "Portugal", or the colleagues from Kyoto University, who are responsible for the "Japan" section. These collaborations make the *Encyclopedia* particularly innovative, because they bring attention to countries that have been hitherto neglected in First World War Studies.

Another project partner is CENDARI (Collaborative European Digital Archive Infrastructure), a project funded by the European Union, which connects the First World War archives and their digital resources across national borders, thus building a digital research infrastructure for the First World War. Articles in *1914-1918-online* are bound to this infrastructure, in order to enable the use of specific links to archival resources on relevant issues.

Therefore, *1914-1918-online* is the largest and most global project and network in the field of First World War Studies. It now includes more than 1 000 experts around the world, who are contributing to the project as editors, authors, reviewers and institutional partners.

THE STRUCTURE OF THE *ENCYCLOPEDIA* ARTICLES

The global approach of the *Encyclopedia* is reflected not only in the range of international participants in the project, but also in its content. Here we can only give a rough overview.

The *Encyclopedia* offers four different types of articles:

- *Regional Survey Articles* provide an overview of a region or a country;
- *Thematic Survey Articles* give a transnational and comparative overview of a topic;
- *Regionalized Thematic Articles* cover a topic for a specific region or country;
- *Encyclopedic Entries.*

Encyclopedic Entries are shorter articles, usually about one to five pages long. Handbook Articles can be fifteen to thirty pages long. *1914-1918- online* is therefore not simply, in the strictest sense, an encyclopaedia, but also an extensive handbook.

The *Encyclopedia* is divided into the following eleven world regions: Africa, Australasia, Central Europe, East Asia, Eastern Europe, Latin America, North America, Middle East, South and South East Asia, Southeast Europe and Western Europe. This partitioning affirms the global aspirations of the project and demonstrates that hitherto underrepresented regions are represented equally.

These regions are further divided into individual countries, for which there are *Regional Survey Articles*. The articles provide an overview of the development of individual countries during the First World War while systematically taking into account preliminary events as well as the aftermath and consequences of the war. Beyond political and military history, they also examine social, economic and cultural developments. Neutral countries such as Sweden, Switzerland and Spain, as well as states that emerged only during or after the First World War, such as Poland or Czechoslovakia are all considered.

In addition, the *Encyclopedia* is divided into six thematic sections: "Pre-war", "Power", "Violence", "Media", "Home Front" and "Post-war". This division conforms to the priorities of First World War research. In these sections, thematic overview articles cover topics such as, for example, "Schools and Universities"[8] in the "Home Front" section, or "Russian Civil War"[9] in the "Post-War" section. Further examples of these transnational and comparative thematic overview articles include "Prisoners of War"[10], "Revolutions"[11], "Post-war Welfare Politics"[12] or "Colonial Empires after the War"[13]. In addition to comparative and transnational overview articles, some of these topics are also covered with a regional focus and are directly linked to the overview article; for example, "Science and Technology" during the war in Germany, France, Russia, Italy, the Ottoman Empire, or Portugal. In this way, users reading about German innovations in science and

8. Donson 2014.
9. Sumpf 2014.
10. Jones 2014.
11. Fulwider 2014.
12. Pironti 2014.
13. Kitchen 2014.

technology can find a link to respective developments in France or in Portugal, or consult the overview article based on the regional articles and comparing the different scientific and technological innovations during the First World War. Here are some further examples of issues that are examined both in comparative overview articles and in regional entries: "Warfare", "Social Conflict and Control", "Protest and Repression", "Arts", "Making Sense of the War", "Labour", "Film/Cinema", "Women's Mobilization for War", "Post-War Societies", "Bereavement and Mourning" or "Historiography 1918-today", just to name a few.

Among the *Regionalized Thematic Articles* there are not only comparative articles as the above-mentioned, but also articles on issues that are exclusively related to individual countries and regions. For example, in the "Australia" section there is an article concerning the *Indigenous Experience of War*[14], which deals with the war experiences of the indigenous population of the continent. The "Africa" section has an article about *Post-war Colonial Administration*[15] dealing with changes in colonial administrations of territories whose "owners" changed during the war.

Handbook articles are complemented by *Encyclopedic Entries*, which are divided into the following categories: individuals, organizations, events, objects, concepts, and places. Here are some examples: "Sidney Sonnino"[16], "US race riots"[17], "Russian-Japanese War"[18], "Commission for Relief in Belgium"[19] and "*All Quiet on the Western Front* (novel)"[20]. This is a lemma of the "object" category: the handbook article "Literature (Germany)"[21] is linked to the Encyclopaedic Entry "*All Quiet on the Western Front*", which discusses the novel by Erich Maria Remarque. Other war novels from other countries, as *Le Feu*[22] for example, are linked to this lemma via the taxonomy, which connects the content of the entire *Encyclopedia*.

In this way, the *Encyclopedia* offers global, transnational and comparative, but also national and, especially at lemma level, local and individual perspectives. It traces a multifaceted history of First World War, weaving individual, local, regional, national and transnational histories together in new ways. Users can choose among accounts of varying breadth and degrees of complexity and abstraction, between transnational overview articles or encyclopaedic entries on individuals, organizations and events. The *Encyclopedia* reflects the current state of scholarship while also initiating new research. Users can find state-of-the-art

14. Riseman, Winegard 2014.
15. Authaler, Michels 2014.
16. Carlucci 2014.
17. Brown 2014.
18. Peeling 2014.
19. Little 2014.
20. Schneider 2014.
21. Hüppauf 2014.
22. Müller 2014.

information on central issues and key developments before, during and after the First World War. They can also make unexpected discoveries, as *1914-1918-online* covers cutting-edge approaches, such as the History of Emotions, with articles on topics such as "Wartime Emotions"[23]. Thanks to its comparative design, the *Encyclopedia* helps identify desiderata. With its innovative navigation and semantic links, it also helps make visible previously unidentified and surprising connections.

REGIONAL PERSPECTIVES

A few examples will now serve, without any claim to completeness, to demonstrate how the *Encyclopedia* takes into account the transnational and global expansion of the First World War Studies, and how it represents individual regions. The section "East Central Europe", which covers a region long time neglected in scholarship, is particularly innovative. The section includes overview articles on Poland, the Baltic States and Finland[24]. Other articles offer regionally tailored discussions on topics covered across multiple national sections, such as "Historiography 1918-today (East Central Europe)"[25] and "Warfare (East Central Europe)"[26], or issues particularly relevant for Central Europe, such as "Post-war Agrarian Economic Policies (East Central Europe)"[27]. Entries in this section include, among others, the Finnish Civil War[28], the Treaty of Riga[29], postwar conflicts in Estonia, Latvia and Lithuania[30], and important people like the Polish military figure and politician Józef Piłsudski[31] or Antanas Smetona[32], the first President of the Republic of Lithuania, which declared its independence in 1918. Several scholars at the German Historical Institute in Warsaw are carrying out research in regional archives for new articles. The *Encyclopedia* thus not only contains the most recent research on the war in Eastern Europe, but also publishes completely new research findings.

23. Frevert 2014.
24. Richter 2014a.
25. Richter, Szlanta 2014.
26. Szlanta, Richter 2014.
27. Richter 2014b.
28. Tepora 2014.
29. Borzęcki 2014.
30. Richter 2014c.
31. Leśniewski 2014.
32. Svarauskas 2014.

The role of neutral countries during the First World War has taken on increasing scholarly importance in recent years. It was practically impossible for any country to remain truly uninvolved in a war that covered not only all of Europe, but that also had many global dimensions. The *Encyclopedia* therefore includes separate sections on neutral countries. The Swiss section is a good and particularly innovative example, as it is closely linked to the aforementioned "Switzerland during World War I" research project. As a result, previously unpublished results of ongoing research find their way directly into the *Encyclopedia*.

One of the objectives of *1914-1918-online* is to make clear that the First World War had a profound impact on those regions and countries outside Europe which gave up their neutrality late or not at all, or which were, from a military point of view, only marginally involved in the war, even if they did enter it. Latin America is a particularly good example[33]. The region does not appear at all in many general histories of the First World War, with the sole exception of the sea battles between Germans and Britons close to Chile and in the Falkland Islands. Nevertheless, the war had many important effects on the region. The war in Europe meant that the United States of America, like Japan in East Asia, enjoyed significantly more freedom of action in the Western Hemisphere, and both powers moved to claim their interests in the region more aggressively. The economic consequences were also of great importance to Latin America: the blockade forced them to shift their exports to the Allies and to goods which were important for warfare. Due to the war, the United States of America likewise became the major trading partner of and lender to many Latin American countries.

The war had also important intellectual and political consequences in the region. In terms of communication, Latin America, like Japan, participated fully in the war, being the target of a fierce propaganda war between the powers. It is particularly important that the image of Europe changed among leading intellectuals: to many of them, Europe ceased to be the admirable center of world progress. This devaluation of Europe led to a loss of legitimacy for the local oligarchies who had bet on the European model of development, as well as to a re-evaluation of local societies. All of this, in turn, gave impetus to nationalist and reform-oriented forces. The urban middle classes in particular were strengthened in their demand to social reforms in the name of an independent nation. Some of them joined nationalist parties, others movements advocating the rights of indigenous people or of the growing workforce. The women's movement gained also momentum, as did the student movement, which was itself influenced by the wartime repudiation of European models, the rhetoric of reform and national awakening, and the idea of the special sustainability

33. See on the following the article of Stefan Rinke, Section editor of the *Encyclopedia* for Latin America: Rinke 2014a.

of Latin America in view of the European disaster, which was seen by many as a betrayal of civilization and as a reversion to barbarism.

These perspectives are reflected in the articles of the Latin America section, making this part of the project highly innovative. Articles have been published on topics such as "Post-War Economies (Latin America)"[34], "Propaganda War (Latin America)"[35], "Labour Movements, Trade Unions and Strikes (Latin America)"[36] and "Press (Latin America)"[37], as well as an article on social movements, which deals with the women and student movements, as well as with the *Indigenismo* movement. There are also shorter articles, for example on the Panama Canal (opened in August 1914)[38], whose protection against infringements by hostile powers was an important pretext for the United States to extend their influence in the region; or on Epitácio Pessoa[39], who represented Brazil in Versailles and later became Prime Minister of the country.

Another region often neglected in the European perception of the First World War is Africa. While the war in Togo, Cameroon and South West Africa came to a fairly quick end, fighting continued in East Africa until the end of 1918. Though the number of soldiers deployed was relatively low, the consequences for the region were devastating. This was mainly because the war in Africa was a war of movement and, due to poor infrastructure, a large number of porters had to be recruited; the British alone used about one million. The death rate among them was as high as among the soldiers on the Western Front: in Kenya, victims accounted for one-eighth of the adult male population. Requisitions and plundering strained civilian life too, with famines and pestilences as a result. In German East Africa alone, an estimated 650,000 people –about one-tenth of the population– lost their lives during the war. France recruited soldiers and workers from its western and northern African colonies to be deployed in Europe. Across the continent, the war's profound impact was felt far beyond 1918.

In addition to four regional introductory articles about Northern Africa, West Africa[40], East and Central Africa and Southern Africa[41] and a few thematic articles in other sections, such as "Occupation During and After the War", "Pre-War Military Planning" and "Post-War Societies", this section also includes articles tailored to the specific conditions in the region, such as "Colonial Labour Requirements during Wartime". Handbook articles

34. Bulmer-Thomas 2014.
35. Rinke 2014a.
36. Rinke 2014b.
37. Jiménez 2014.
38. Schuster 2014.
39. Araujo 2014.
40. Njung 2014.
41. Storey Kelleher 2014.

are complemented by entries about, for example, the *tirailleurs sénégalais* recruited from France, the South African politician Louis Botha[42], the Battle of Tanga in November 1914 and the Carrier Corps.

The Ottoman Empire's entry into the war was one of the most important turning points in expanding the conflict beyond Europe. The war was extended to the Caucasus, Mesopotamia, Persia, the Sinai and Arabia, which in turn had repercussions across Europe. The Ottoman army, consisting of 1.6 million men, tied up strong Russian and British forces. The consequences for the region were dramatic, with genocide and deportations taking place in unprecedented degrees. Famine and epidemics decimated Asia Minor's civilian population, so much so that one-third of the war's civilian victims were from that region. At the end of the war, further displacements, as well as an exchange of population, ended the 2000-year history of the Greeks in Asia Minor. The war upended not only the political, but also the demographic, ethnic and social structures of the region.

The section "Ottoman Empire/Middle East" is therefore of great importance to the project. Its content is supervised by experts from the United States and the German Orient Institut in Istanbul, which allows for the involvement of numerous authors from the region. A regional survey article[43] deals with the entire region, and there are regional articles on Persia, Afghanistan and Egypt. Several articles allow for a comparison with other regions, such as "Prisoners of War (Ottoman Empire/Middle East)"[44] and "Food and Nutrition (Ottoman Empire/Middle East)"[45], while others take into account regional specificities, such as the article on Teşkilât-ı Mahsusa, the intelligence and terrorist organization of the Committee of Union and Progress, which was subordinated to the Ministry of War, and, of course, the article on Armenian Genocide. Shorter entries cover topics such as Franz Werfel's famous book *Forty Days of Musa Dagh*[46].

The *Encyclopedia* does not end in the year 1918. Rather, it takes into account the conflicts that arose in the immediate aftermath of the war, as well as other cultural consequences including commemoration and memory. The postwar section contains articles on the Russian Civil War[47] and the Russo-Polish War of 1920-1921[48], as well as an overview article on "Post-war Welfare Policies"[49], which examines in a comparative way

42. Samson 2014.
43. Yanikdağ 2014a.
44. Yanikdağ 2014b.
45. Schulze-Tanielian 2014.
46. Werfel 1933.
47. Sumpf 2014.
48. Centek 2014.
49. Pironti 2014.

the significance of the war for the development of the welfare state. Other contributions cover such diverse topics as "Colonial Empires after the War/Decolonization"[50], "Influenza Pandemic"[51], "The Paris Peace Conference and its Consequences"[52], and "Historiography 1918-Today"[53].

Overall, more than 1 700 articles are currently planned: 47 Regional Survey Articles, 137 Thematic Survey Articles, 604 Regionalized Thematic Articles and 945 Encyclopedic Entries.

Finally, a few words should be said about the advantages of publishing such an encyclopedia online. *1914-1918-online* is an English open-access publication: this ensures maximum visibility and spread beyond the circle of academic experts, making the *Encyclopedia* available to pupils, students, teachers and the general public worldwide.

Another advantage of digital publishing is that articles can be gradually released and updated at any time (all versions of an article remain accessible at all times). Online publication also allows for the enrichment of individual entries with images, maps and geodata, video and other digital sources, as well as links to library catalogs and external web content, making relevant websites (evaluated by the editors), research literature published online, and digitized sources readily available to the user.

Online publication furthermore allows for innovative navigation through an extensive collection of texts. The articles are elaborately connected and diversely searchable. Users can browse through the vast network of the *Encyclopedia*'s material in associative ways, while also being able to easily target specific information, and compile custom collections of articles based on topics, keywords, countries or regions. This makes it considerably easier for users not only to identify linkages and connections, but also to draw comparisons. The transnational and global claim of the *Encyclopedia* is thus supported and enhanced by its technical structure, the form and medium of its publication.

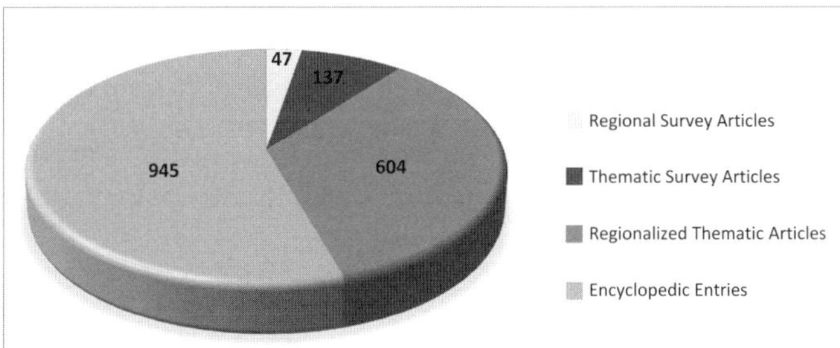

50. Kitchen 2014.
51. Phillips 2014.
52. Sharp 2014.
53. Winter 2014b.

Bibliographic abbreviations

ALDRICH, HILLIARD 2010 = ALDRICH Robert, HILLIARD Christopher, "The French and British Empires", *in* HORNE John (ed.), *A companion to World War I*, Oxford, Wiley-Blackwell, 2010, p. 524-539.

ARAUJO 2014 = ARAUJO Rafael Pinheiro de, "Pessoa, Epitácio", *in* Daniel *et al.* 2014. [online] URL:http://dx.doi. org/10.15463/ie1418.10041.

AUTHALER, MICHELS 2014 = AUTHALER Caroline, MICHELS Stefanie, "Post-war Colonial Administration (Africa)", *in* DANIEL *et al.* 2014. [online] URL: http://dx.doi.org/10.15463/ ie1418.10403.

BALDERSTON 2010 = BALDERSTON Theo, "Industrial Mobilization and War Economics", *in* HORNE John (ed.), *A companion to World War I*, Oxford, Wiley-Blackwell, 2010, p. 217-233.

BORZĘCKI 2014 = BORZĘCKI Jerzy, "Riga, Treaty of", *in* DANIEL *et al.* 2014. [online] URL: http://dx. doi.org/10.15463/ ie1418.10032.

BROWN 2014 = BROWN Charlene Fletcher, "U.S. Race Riots", *in* DANIEL *et al.* 2014. [online] URL: http://dx.doi. org/10.15463/ie1418.10029.

BULMER-THOMAS 2014 = BULMER-THOMAS Victor, "Post-war Economies (Latin America)", *in* DANIEL *et al.* 2014. [online] URL: http://dx.doi.org/10.15463/ie1418.10365.

CARLUCCI 2014 = CARLUCCI Paola, "Sonnino, Sidney", *in* DANIEL *et al.* 2014. [online] URL: http://dx.doi. org/10.15463/ie1418.10627.

CENTEK 2014 = CENTEK Jaroslaw, "Polish-Soviet War 1920-1921", *in* DANIEL *et al.* 2014. [online] URL: http:// dx.doi.org/10.15463/ie1418.10297.

DANIEL *et al.* 2014 = DANIEL Ute, GATRELL Peter, JANZ Oliver, JONES Heather, KEENE Jennifer, KRAMER Alan, NASSON Bill (eds), *1914-1918-online. International Encyclopedia of the First World War*, Berlin, Freie Universität Berlin, 2014. [online] URL: http://www.1914-1918-online.net/.

DONSON 2014 = DONSON Andrew, "Schools and Universities", *in* DANIEL *et al.* 2014. [online] URL: http://dx.doi. org/10.15463/ie1418.10346.

FREVERT 2014 = FREVERT Ute, "Wartime Emotions: Honour, Shame, and the Ecstasy of Sacrifice", *in* DANIEL *et al.* 2014. [online] URL: http://dx.doi.org/10.15463/ie1418.10409.

FULWIDER 2014 = FULWIDER Chad R., "Revolutions", *in* DANIEL *et al.* 2014. [online] URL: http:// dx.doi.org/10.15463/ ie1418.10345.

HIRSCHFELD *et al.* 2009 = HIRSCHFELD Gerhard *et al.* (eds), *Enzyklopädie Erster Weltkrieg. Aktualisierte und erweiterte Studien- ausgabe*, Paderborn, Schöningh, 2009.

Horne 2010 = Horne John (ed.), *A companion to World War I*, Oxford, Wiley-Blackwell, 2010.

Hüppauf 2014 = Hüppauf Bernd, "Literature (Germany)", *in* Daniel *et al.* 2014. [online] URL: http://dx.doi. org/10.15463/ie1418.10391.

Jalonen, Richter, Szlanta 2014 = Jalonen Jussi, Richter Klaus, Szlanta Piotr, "Commemoration, Cult of the Fallen (East Central Europe)", *in* Daniel *et al.* 2014. [online] URL: http://dx.doi.org/10.15463/ie1418.10441.

Janz 2014a = Janz Oliver, "1914-1918-online: The International Encyclopedia of the First World War", *Geschichte in Wissenschaft und Unterricht*, 65/5.6, p. 369-379.

Janz 2014b = Janz Oliver (ed.), *Der Erste Weltkrieg in globaler Perspektive* (special issue), *Geschichte und Gesellschaft*, 40/2 (2014).

Jiménez 2014 = Jiménez Patricia Vega, "Press (Latin America)", *in* Daniel *et al.* 2014. [online] URL: http://dx.doi. org/10.15463/ie1418.10343.

Jones 2014 = Jones Heather, "Prisoners of War", *in* Daniel *et al.* 2014. [online] URL: http://dx. doi.org/10.15463/ ie1418.10475.

Kitchen 2014 = Kitchen James E., "Colonial Empires after the War/Decolonization", *in* Daniel *et al.* 2014. [online] URL: http://dx.doi.org/10.15463/ie1418.10370.

Leśniewski 2014 = Leśniewski Michal, "Piłsudski, Józef", *in* Daniel *et al.* 2014. [online] URL: http://dx.doi. org/10.15463/ie1418.10107.

Little 2014 = Little Branden, "Commission for Relief in Belgium (CRB)", *in* Daniel *et al.* 2014. [online] URL: http://dx.doi.org/10.15463/ie1418.10071.

Ma 2012 = Ma Li (ed.), *Les Travailleurs chinois en France dans la Première Guerre mondiale*, Paris, CNRS, 2012.

Müller 2014 = Müller Olaf, "*Le Feu*", *in* Daniel *et al.* 2014. [online] URL: http://dx.doi. org/10.15463/ ie1418.10223.

Njung 2014 = Njung George N., "West Africa", *in* Daniel *et al.* 2014. [online] URL: http://dx. doi.org/10.15463/ ie1418.10462.

Overmans 2009 = Overmans Rüdiger, "Kriegsverluste", *in* Hirschfeld Gerhard *et al.* (eds), *Enzyklopädie Erster Weltkrieg. Aktualisierte und erweiterte Studienausgabe*, Paderborn, Schöningh, 2009, p. 663-666.

Peeling 2014 = Peeling Siobhan, "Russian-Japanese-War", *in* Daniel *et al.* 2014. [online] URL: http://dx.doi. org/10.15463/ie1418.10050.

Phillips 2014 = Phillips Howard, "Influenza Pandemic", *in* Daniel *et al.* 2014. [online] URL: http://dx.doi. org/10.15463/ie1418.10148.

PIRONTI 2014 = PIRONTI Pierluigi, "Post-war Welfare Policies", *in* DANIEL *et al.* 2014. [online] URL: http://dx.doi. org/10.15463/ie1418.10358.

RICHTER 2014a = RICHTER Klaus, "Baltic States and Finland", *in* DANIEL *et al.* 2014. [online] URL: http://dx.doi. org/10.15463/ie1418.10002.

RICHTER 2014b = RICHTER Klaus, "Post-war Agrarian Economic Policies (East Central Europe)", *in* DANIEL *et al.* 2014. [online] URL: http://dx.doi.org/10.15463/ie1418.10464.

RICHTER 2014c = RICHTER Klaus, "Independence Wars (Lithuania, Latvia and Estonia)", *in* DANIEL *et al.* 2014. [online] URL: http://dx.doi.org/10.15463/ie1418.10285.

RICHTER, SZLANTA 2014 = RICHTER Klaus, SZLANTA Piotr, "Historiography 1918-Today (East Central Europe)", *in* DANIEL *et al.* 2014. [online] URL: http://dx.doi.org/10.15463/ ie1418.10381.

RINKE 2014 = RINKE Stefan, "Ein Drama der gesamten Menschheit. Lateinamerikanische Perspektiven auf den Ersten Weltkrieg", *in* JANZ Oliver (ed.), *Der Erste Weltkrieg in globaler Perspektive* (special issue), *Geschichte und Gesellschaft*, 40/2 (2014), p. 287-307.

RINKE 2014a = RINKE Stefan, "Propaganda War (Latin America)", *in* DANIEL *et al.* 2014. [online] URL: http:// dx.doi.org/10.15463/ie1418.10537.

RINKE 2014b = RINKE Stefan, "Labour Movements, Trade Unions and Strikes (Latin America)", *in* DANIEL *et al.* 2014. [online] URL: http://dx.doi.org/10.15463/ie1418.10439.

RISEMAN, WINEGARD 2014 = RISEMAN Noah, WINEGARD Timothy C., "Indigenous Experience of War (British Dominions)", *in* DANIEL *et al.* 2014. [online] URL: http://dx.doi.org/10.15463/ ie1418.10563.

SAMSON 2014 = SAMSON Anne, "Botha, Louis", *in* DANIEL *et al.* 2014. [online] URL: http://dx.doi. org/10.15463/ ie1418.10623.

SCHNEIDER 2014 = SCHNEIDER Thomas, "*All Quiet on the Western Front* (novel)", *in* DANIEL *et al.* 2014. [online] URL: http://dx.doi.org/10.15463/ie1418.10425.

SCHULZE-TANIELIAN 2014 = SCHULZE-TANIELIAN Melanie, "Food and Nutrition (Ottoman Empire/Middle East)", *in* DANIEL *et al.* 2014. [online] URL: http://dx.doi.org/10.15463/ ie1418.10322.

SCHUSTER 2014 = SCHUSTER Sven, "Panama and Panama Canal", *in* DANIEL *et al.* 2014. [online] URL: http://dx.doi. org/10.15463/ie1418.10229.

SHARP 2014 = SHARP Alan, "The Paris Peace Conference and its Consequences", *in* DANIEL *et al.* 2014. [online] URL: http://dx.doi.org/10.15463/ie1418.10149.

STOREY KELLEHER 2014 = STOREY KELLEHER William, "Southern Africa", *in* DANIEL *et al.* 2014. [online] URL: http://dx.doi. org/10.15463/ie1418.10044.

STRACHAN 2010 = STRACHAN Hew, "The First World War as a Global War", *First World War Studies*, 1/1 (2010), p. 3-14.

SUMPF 2014 = SUMPF Alexandre, "Russian Civil War", *in* DANIEL *et al.* 2014. [online] URL: http://dx.doi.org/10.15463/ie1418.10171.

SVARAUSKAS 2014 = SVARAUSKAS Artūras, "Smetona, Antanas", *in* DANIEL *et al.* 2014. [online] URL: http://dx.doi. org/10.15463/ie1418.10188.

SZLANTA, RICHTER 2014 = SZLANTA Piotr, RICHTER Klaus, "Warfare 1914-1918 (East Central Europe)", *in* DANIEL *et al.* 2014. [online] URL: http://dx.doi.org/10.15463/ie1418.10410.

TEPORA 2014 = TEPORA Tuomas, "Finnish Civil War 1918", *in* DANIEL Ute *et al.* 2014. [online] URL: http://dx.doi. org/10.15463/ie1418.10084.

WERFEL 1933 = WERFEL Franz, *Die vierzig Tage des Musa Dagh (Forty Days of Musa Dagh)*, Vienna, Paul Zsolnay Verlag, 1933.

WINTER 2014a = WINTER Jay (ed.), *The Cambridge History of the First World War*, 3 vols., Cambridge, Cambridge University Press, 2014.

WINTER 2014b = WINTER Jay, "Historiography 1918-Today", *in* DANIEL *et al.* 2014. [online] URL: http://dx.doi. org/10.15463/ie1418.10498.

XU 2011 = XU Guoqui, *Strangers on the Western Front. Chinese Workers in the Great War*, Cambridge (Mass.), Harvard University Press, 2011.

YANIKDAĞ 2014a = YANIKDAĞ Yücel, "Ottoman Empire/Middle East", *in* DANIEL *et al.* 2014. [online] URL: http:// dx.doi.org/10.15463/ie1418.10522.

YANIKDAĞ 2014b = YANIKDAĞ Yücel, "Prisoners of War (Ottoman Empire/Middle East)", *in* DANIEL *et al.* 2014. [online] URL: http://dx.doi.org/10.15463/ie1418.10269.

Index des noms

Adenauer Conrad, 51
Aleksandrov Ivan, 152
Alexandre Karadjordjević (prince-héritier, puis régent de Serbie, puis roi des Serbes, Croates et Slovènes, puis roi de Yougoslavie), 50, 161-163, 166, 167, 170, 172, 178, 179
Andréadès Andréas M., 23
Andreas Willy, 85
Andrić Ivo, 173
Antonescu Ion, 139
Apollinaire Guillaume, 158
Aron Raymond, 27
Atatürk Mustafa Kemal, 27
Attenborough Richard, 66
Attlee Clement, 66
Aubin Hermann, 91
Audoin-Rouzeau Stéphane, 31, 32, 53, 70, 122

Badoglio Pietro (général), 118
Bailleu Paul, 82
Barby Henry, 158
Bardach Bernhard, 39
Barker Pat, 42
Bauermeister Alexander, 191
Becker Annette, 31, 32, 70, 122
Becker Jean-Jacques, 31, 122
Beckman Max, 104
Below Georg von 81, 85, 88
Bencivenga Roberto (général), 125
Berlusconi Silvio 118
Berthelot Henri (général), 137
Bessel Richard 96
Beurrier, Dr, 37, 39
Binički Stanislav, 176
Bismarck Otto von, 80
Bissing Friedrich-Wilhelm, 82, 83
Bissing Moritz von, 82
Bloch Marc, 30
Blunden Edmund, 60, 64
Bode Wilhelm von, 82
Bojić Milutin, 169
Bojović Petar, 161, 176
Boris III (roi de Bulgarie), 146
Boroević von Bojna Svetozar (général), 161
Botha Louis, 212
Braudel Fernand, 30
Briand Aristide, 18
Bucur Maria, 137
Bülow Bernard von, 191

Cadorna Luigi (général), 118, 119, 125
Cappellano Filippo, 125
Carpaccio Vittore, 32
Cavafy C.P., 30
Ceauşescu Ilie, 140
Ceauşescu Nicolae, 137-139, 141, 142
Céline Louis-Ferdinand, 48
Charles Ier (empereur d'Autriche-Hongrie), 161
Churchill Winston, 63, 66
Clark Christopher, 14, 20, 29, 188
Clemenceau Georges, 28
Constantin Ier (roi de Grèce), 192, 193
Ćosić Dobrica, 178-180
Crnjanski Miloš, 173, 174

Damianov Siméon, 152, 153
Dehio Lüdwig, 91
Delbrück Hans, 81, 84, 88
Denikine Anton (général), 146
Deville Gabriel, 189

Di Martino Basilio, 125
Diaz Armando (général), 118, 119, 125
Dimitrijević Dragutin T. (Apis), 170
Dix Otto, 33, 34, 104, 106
Djurić Antonije, 180
Dostoevsky Fiodor, 32
Duhamel Georges, 33
Dumitriu Petru, 134
Duroselle Jean-Baptiste, 14

Ebert Friedrich, 96
Eden Anthony, 66
Engels Friedrich, 136, 151

Febvre Lucien, 30
Ferdinand Ier (roi de Bulgarie), 145, 146, 148, 149
Ferdinand Ier (roi de Roumanie), 132
Fichte Johann Gottlieb, 79
Fillon François, 51
Fischer Fritz, 16, 20
Forcella Enzo, 121
Franchet d'Espèrey Louis, 165
Friedrich Ernst, 103
Fussell Paul, 26, 27, 60, 68

Gaspari Paolo, 126
Gauck Joackim, 53
Gaulle Charles de (général), 48, 51, 54
Georges II (roi de Grèce), 193
Gibelli Antonio, 121, 122
Goetz Walter, 88-90
Gooch John, 120
Gorbatchev Mikhaïl, 142
Gove Michael, 61
Graves Robert, 60, 64
Grey Edward, 153
Grosz George, 104

Haig Douglas (général), 69
Hampe Karl, 77, 78, 81, 84, 85, 87
Hastings Max, 61
Hérodote d'Halicarnasse, 47
Hindenburg Paul von (général), 36, 191
Hintze Otto, 87
Hitler Adolf, 91, 105, 106, 178
Holbein Hans, 32
Hollande François, 53, 54
Hollweg Bethmann, 88
Horne John, 29, 43, 118, 119

Hughes Ted, 43
Hugo Victor, 51, 52, 55
Huxley Aldous, 172

Ilić Vojislav le Jeune, 163
Isnenghi Mario, 119, 121, 122

Jakovljević Stevan, 175
Jeanne d'Arc, 19
Jeanneney Jean-Noël, 48
Jelavich Barbara, 159
Josić Višnjić Miroslav, 173
Joyce James, 172
Jünger Ernst, 31, 49, 104

Kadar János, 142
Keegan John, 26, 27, 159
Kellermann Hermann, 79
Kennedy Paul, 43
Keynes John Maynard, 20
Kienitz Sabine, 102, 103
Kirițescu Constantin, 132, 142
Kitchener Horatio Herbert (lord), 59
Kohl Helmut, 51, 54
Kollwitz Käthe, 32, 33
Krakov Stanislav, 174
Krasnov Nikolai, 169
Kun Béla, 132, 133, 142

La Russa Ignazio, 118
Larkin Philip, 25
Lazar (prince de Serbie), 163
Le Roy Ladurie Emmanuel, 30
Leed Eric, 26, 27
Lejeune Max, 30, 31
Lénine Vladimir, 27, 132, 134-136, 140, 142, 149, 151, 176
Lenz Max, 81
Lerner Paul, 104
Lessing Doris, 42
Liddell Hart Basil H., 60, 63-66
Littlewood Joan, 66
Lloyd George David, 28, 64
Ludendorff Erich (général), 36, 148
Ludwig Emil, 191
Lyttelton Oliver, 67

Macmillan Harold, 66
Macmillan Margaret, 20

Malraux André, 48
Manela Erez, 28
Mantegna Andrea, 32
Marcks Erich, 85
Marie (reine de Roumanie), 132
Marrou Henri-Irénée, 47
Marx Karl, 136, 151
Mayer Gustav, 79, 85
McMeekin Sean, 20, 29
Meinecke Friedrich, 79, 80, 81, 86-88, 91
Melograni Piero, 121
Meštrović Ivan, 166
Métaxas Ioannis (général), 192, 193
Meyer Eduard, 85, 86, 89
Mihailović Mihiz Borislav, 179
Mihailović Draža (général), 176
Mihalache Cătălina, 141
Milestone Lewis, 60
Minniti Fortunato, 122
Mišić Živojin, 161, 179
Mitrovića Žika, 176
Mitterrand François, 51, 54
Moltke Helmuth von (général), 51
Mommsen Wolfgang, 31
Monticone Alberto, 121, 126
Murad Ier (sultan), 163

Napoléon Ier, 50
Nicolas Ier Petrović Njegoš (prince [puis roi] de Montenegro), 162
Nipperdey Thomas, 90
Nora Pierre, 123
Novick Peter, 86
Nušić Branislav, 172, 174

Obilić Miloš, 163
Offenstadt Nicolas, 13
Olga (reine-mère de Grèce), 192
Oncken Hermann, 81, 85, 87, 88, 91
Orlando Vittorio Emanuele, 28, 119
Oțetea Andrei, 134-136, 141

Paléologue Maurice, 153
Panayiotopoulos I. M., 187
Pašić Nicolas, 179
Pasternak Boris, 43
Patch Harry, 70
Pedroncini Guy, 55
Péguy Charles, 52
Pessoa Epitácio, 211
Petrović Rastko, 172-174
Petryaev Alexandre, 146
Pieri Piero, 125
Pierre Ier Karadjordjević (roi de Serbie), 161, 162
Piłsudski Józef, 209
Poincaré Raymond, 153, 191
Ponticelli Lazzaro (puis Lazare), 119
Popović Vojin (Vuk), 166
Poutine Vladimir, 51
Prica Dragutin (amiral), 169
Priestley J. B., 59-64, 67
Princip Gavrilo, 174, 178
Procacci Giovanna, 121
Prost Antoine, 47, 62, 64, 71, 99
Putnik Radomir (général), 161, 166

Radić Stjepan, 164
Radoslavov Vasil, 147
Reiss Rodolphe Archibald, 157, 162
Remarque Erich Maria, 60, 194, 208
Rembrandt van Rijn (peintre), 82
Richter Paul, 82
Ringer Fritz, 83
Rinke Stefan, 210
Ritter Gerhard, 89, 91
Rochat Giorgio, 119-121
Roller Mihail, 133, 135
Roolf Christoph, 77, 82
Rothfels Hans, 91

Salandra Antonio, 119, 120
Salomon Richard, 91
Sassoon Siegfried, 60, 64
Schäfer Dietrich, 80, 81, 88
Schmidt-Ott Friedrich, 87
Schmoller Gustav, 88
Schulze-Gaevernitz Gerhard von, 85
Schumacher Hermann, 85, 87
Sheehan James, 27
Smetona Antanas, 209
Sombart Werner, 84
Sonnino Sidney, 119-121, 208
Sophie (reine de Grèce), 192
Staline Joseph, 27, 150
Stepanović Stepa, 161
Stoilov Petar, 151, 152

Stone Norman, 29
Strasser Gregor, 105
Sturzenegger Catharina, 159

Tardieu André, 132
Tasso Torquato, 174
Tăutu Nicolae, 138
Taylor A. J. P., 65, 66, 71
Teodoroiu Ecaterina, 138
Terraine John, 65
Thimme Friedrich, 80, 88
Thompson Mark, 121
Tito Josip Broz, 137, 176, 178, 180
Tolstoy Leo, 178, 179
Toumbas Ioannis (amiral) 169
Traikov Vesselin, 153
Treitschke Heinrich von, 80
Troeltsch Ernst, 80
Turner Victor, 26

Vasić Dragiša, 174
Vénizélos Eleuthérios, 189, 192

Weber Alfred, 88
Weber Max, 88
Werfel Franz, 212
Whalen Robert W., 97
Wieland Leo, 90
Wild Max, 191
Wilson Woodrow, 28
Winter Jay, 54, 62, 64, 71, 96, 118

Zaharia Măriuca, 138
Ziemann Benjamin, 100

Résumés

Georges-Henri Soutou, **Existe-t-il une mémoire européenne de la Grande Guerre?** p. 13-22.

It would be rather unrealistic to speak of a common European memory of the Great War, since the way in which this historical event is remembered across Europe varies greatly according to national particularities. However, it is possible to identify some points of convergence in the relevant approaches in Europe. The Great War is now widely considered as a common huge disaster for the entire European continent, being the first stage of a total war that ended only in 1945. It is also regarded as one of the milestones for the conception of the modern European idea. There is also a certain convergence in interpretative approaches to the much-discussed issues of the causes of the war and the Treaty of Versailles. All the above points are critically presented by the author, who concludes by noting the parallel existence of different national narratives and an emerging European memory of the Great War.

Il serait plutôt irréaliste de parler d'une mémoire européenne commune de la Grande Guerre, car la façon dont cet événement historique est commémoré en Europe varie considérablement selon les particularités nationales. Cependant, il est possible d'identifier certains points de convergence dans les approches concernées en Europe. La Grande Guerre est maintenant largement considérée comme une énorme catastrophe commune pour l'ensemble du continent européen, étant la première étape d'une guerre totale qui ne s'est terminée qu'en 1945. Elle est également considérée comme l'un des jalons pour la conception de l'idée européenne moderne. Il existe également une certaine convergence dans les approches interprétatives des questions très discutées des causes de la guerre et du Traité de Versailles. Tous les points ci-dessus sont présentés de manière critique par l'auteur, qui conclut en notant l'existence parallèle de différents récits nationaux et une mémoire européenne émergente de la Grande Guerre.

Jay Winter, **The Transnational History of the Great War**, p. 23-45.

The article begins with a periodization of historical writing about the Great War. In the first decades after the end of the conflict, historiography in all its forms followed traditional patterns of historical narrative and was dominated by people who had direct or indirect experience of the events. The

1960's saw a major historiographical shift with the introduction of social history in WWI studies. Some years later, at a time dominated by the international peace movement, a new generation of scholars turned decisively the focus on the human dimension, distancing themselves from traditional war narratives. In the very last decades, the transnational approach, thoroughly analyzed in the text, has become more and more widespread in WWI studies, as the only way to address the universal dimensions of that war and to understand some of its aspects that far exceed the national level of analysis.

L'article commence par une périodisation de l'écriture historique sur la Grande Guerre. Dans les premières décennies après la fin du conflit, l'historiographie sous toutes ses formes suivait les modèles traditionnels du récit historique et était dominée par des personnes qui avaient une expérience directe ou indirecte des événements. Les années 1960 ont connu un important changement historiographique avec l'introduction de l'histoire sociale dans les études sur la Première Guerre mondiale. Quelques années plus tard, à une époque dominée par le mouvement international pour la paix, une nouvelle génération d'érudits a tourné de manière décisive la focalisation sur la dimension humaine, se distanciant des récits de guerre traditionnels. Dans les dernières décennies, l'approche transnationale, analysée en profondeur dans le texte, est de plus en plus répandue dans les études de la Première Guerre mondiale, comme le seul moyen d'aborder les dimensions universelles de cette guerre et de comprendre certains de ses aspects qui dépassent de loin le niveau national d'analyse.

Frédéric Guelton, **Histoire et mémoire de la Grande Guerre en France un siècle après**, p. 47-57.

In order to answer the question of how today's French people remember the Great War, it is first necessary to distinguish between history and memory, as memory by definition has a more subjective character and is heavily influenced by contemporary needs and conditions. Observing the ongoing development of WWI memory in France –the "war of 14", as it has long been known in the country– shortly before the start of the centennial events, one can see the gradual passage from the concept of celebration (for the heroism of those fallen for the homeland) to that of commemoration (for the millions of victims). It is also worth noting the growing role of "private" memory routes in relation to the official memorial narrative(s) dictated by the state. The text offers an analysis of the above, presenting also the main commemorative events of 2014 and the main current challenges for WWI memory in France.

Afin de répondre à la question de comment les Français d'aujourd'hui se souviennent de la Grande Guerre, il faut avant tout faire la distinction entre l'histoire et la mémoire, car la mémoire par définition a un caractère plus subjectif et elle est fortement influencée par les besoins et les conditions contemporains. En observant le développement continu de la mémoire de la Première Guerre mondiale en France – la « guerre des 14 », comme on l'a longtemps appelé dans ce pays –

peu de temps avant le début des manifestations du centenaire, on peut voir le passage progressif du concept de célébration (pour l'héroïsme de ceux qui sont tombés pour la patrie) à celui de la commémoration (pour les millions de victimes). Il convient également de noter le rôle croissant des voies de mémoire « privées » par rapport au(x) récit(s) mémoriel(s) officiel(s) dicté(s) par l'État. Le texte propose une analyse de ce qui précède, en présentant également les principaux événements commémoratifs de 2014 et les principaux défis actuels pour la mémoire de la Première Guerre mondiale en France.

William Philpott, **Oh! What an Ambiguous War. The Contested Memory of the First World War in Britain**, p. 59-75.

This chapter explains how the memory of the First World War in Britain became contested between the world wars, and how public perceptions have diverged from historical understanding of the war thereafter. It explores how a distinction between war experience and war history evolved from early war literature and history, and how it produced an ambiguous relationship with the war generation's experience during the following century. It considers the state of knowledge and understanding of the war as its centenaries pass and these ambiguities provoke renewed debate on the war's nature and meaning.

Ce chapitre explique comment le souvenir de la Première Guerre mondiale en Grande-Bretagne a été contesté dans l'entre-deux-guerres et comment les perceptions du public ont divergé de la compréhension historique de la guerre par la suite. Il explore comment une distinction entre l'expérience de la guerre et l'histoire de la guerre a évolué depuis la bibliographie et l'histoire de la guerre précoces, et comment elle a produit une relation ambiguë avec l'expérience de la génération de guerre au cours du siècle suivant. Il considère l'état de la connaissance et de la compréhension de la guerre à mesure que ces centenaires passent et ces ambiguïtés provoquent un nouveau débat sur la nature et la signification de la guerre.

Christoph Cornelissen, **The Attack on Belgium and the Defence of "German freedom": German Historians and their Involvement in a War of Culture since August 1914**, p. 77-94.

A key for understanding the reception of the WWI outbreak in Germany is the attitude held by German intellectuals. Many historians strongly supported the decisions of the German leadership through public interventions, providing an ideological foundation for the German policy. This attitude, in breach with professional standards, was directly related to their own perceived role in German society, through a constant interplay of historiographical self-mobilization and official mobilization. This attitude of German historians, still rooted for many years after the end of the conflict, partly explains the overall treatment of First World War in later German historiography.

Only historians with direct experience of the battlefront managed to express differentiated historiographical discourses, although it took almost two decades before most of them felt able to turn their minds actively on their own war experience.

Une clé pour comprendre la réception du déclenchement de la Première Guerre mondiale en Allemagne est l'attitude des intellectuels allemands. De nombreux historiens ont fortement soutenu les décisions des dirigeants allemands par des interventions publiques, en fournissant une base idéologique pour la politique allemande. Cette attitude, en contradiction avec les normes professionnelles, était directement liée à leur propre rôle perçu dans la société allemande, par un jeu constant de l'auto-mobilisation historiographique et de la mobilisation officielle. Cette attitude des historiens allemands, encore enracinée pour de nombreuses années après la fin du conflit, explique en partie le traitement global de la Première Guerre mondiale dans l'historiographie allemande ultérieure. Seuls les historiens ayant une expérience directe du front de guerre ont réussi à exprimer des discours historiographiques différenciés, bien qu'il ait fallu près de deux décennies avant que la plupart d'entre eux ne se sentent capables de tourner leur esprit activement sur leur propre expérience de guerre.

Nils Löffelbein, **War Victimization and the Memory of the First World War in Germany after 1918**, p. 95-116.

The phenomenon of the huge number of disabled veterans belongs to the most bitter of long-term consequences of the industrialised warfare of the First World War. In the defeated nation of Germany, it was the handling of precisely these many millions of war victims which proved to be a difficult inheritance for the Weimar Republic and greatly complicated its inner stability throughout the 1920s. It was ultimately National Socialism that was able to massively exploit the unresolved question of the war victims and thus the embattled memory of the First World War.

Le phénomène du nombre énorme d'anciens combattants handicapés appartient aux plus amères conséquences à long terme de la guerre industrialisée que fut la Première Guerre mondiale. Dans la nation allemande vaincue, c'était précisément la manipulation de ces millions de victimes de guerre qui s'est révélée être un héritage difficile pour la République de Weimar et a considérablement compliqué sa stabilité intérieure dans les années 1920. C'est finalement le national-socialisme qui a pu massivement exploiter la question non résolue des victimes de guerre et donc le souvenir meurtri de la Première Guerre mondiale.

Nicola Labanca, **Writing Italian Military History of the First World War over the Last Two Decades: Changing Historical Research at a Time of Fading Memory**, p. 117-130.

One hundred years after the outbreak of the First World War, the memory of the event is fading in Italy and knowledge about it remains poor among the general public. This reality, caused by a combination of factors which are mentioned in the text, has not precluded the development of a prolific historiographical production regarding the First World War and its particular impact in Italy. The article provides an overview of some of the major historiographical axes on the subject, with a particular focus: 1) on the dominating presence of cultural history in the works of major Italian historians during the last decades and 2) on the particular trends of Italian military historiography on the First World War, which has particularly flourished (thanks to a series of local initiatives, mainly run by non-academic historians) in the North-East of the country in the last twenty years.

Cent ans après le déclenchement de la Première Guerre mondiale, le souvenir de l'événement s'évanouit en Italie et la connaissance à ce sujet demeure médiocre parmi le grand public. Cette réalité, causée par une combinaison de facteurs mentionnés dans le texte, n'a pas empêché le développement d'une production historiographique prolifique concernant la Première Guerre mondiale et son impact particulier en Italie. L'article offre un aperçu de certains des principaux axes historiographiques sur le sujet, avec un accent particulier : 1) sur la présence dominante de l'histoire culturelle dans les travaux des principaux historiens italiens au cours des dernières décennies et 2) sur les tendances particulières de l'historiographie militaire italienne sur la Première Guerre mondiale, qui a particulièrement fleuri (grâce à une série d'initiatives locales, principalement dirigées par des historiens non universitaires) au Nord-Est du pays au cours des vingt dernières années.

Florin Ţurcanu, **Mémoire et historiographie de la Grande Guerre dans la Roumanie communiste (1948-1989)**, p. 131-144.

The place of the Great War in Romanian collective memory and historiography during the communist period remains crucial for understanding the status of the memory of that conflict in today's Romanian society. Immediately after the Great War, Romania's participation in it was seen as integral part of the "war for the achievement of national unity". After 1948, under the overwhelming influence of Lenin's viewpoint on the imperialist character of the First World War, Romania's participation in this conflict was subjected to a new way of reading; the patriotic dimension almost disappeared. The first signs of change appeared in 1957, with attempts to combine Marxist analysis and terminology with references to the national cause served by participation in the war. This trend developed even further from the 1960s onwards, culminating in views adopted during the final years of the communist regime.

La place de la Grande Guerre dans la mémoire collective et l'historiographie roumaines pendant la période communiste reste cruciale pour comprendre le statut de la mémoire de ce conflit dans la société roumaine d'aujourd'hui. Immédiatement après la Grande Guerre, la participation de la Roumanie a été considérée comme faisant partie intégrante de la « guerre pour la réalisation de l'unité nationale ». Après 1948, sous l'influence écrasante du point de vue de Lénine sur le caractère impérialiste de la Première Guerre mondiale, la participation de la Roumanie à ce conflit a été soumise à une nouvelle lecture ; la dimension patriotique disparaissait presque entièrement. Les premiers signes de changement sont apparus en 1957, avec des tentatives de combiner l'analyse et la terminologie marxistes avec des références à la cause nationale servie par la participation à la guerre. Cette tendance s'est développée encore plus à partir des années 1960, aboutissant aux vues adoptées au cours des dernières années du régime communiste.

Gueorgui Peev, **Les interprétations de la Première Guerre mondiale en Bulgarie**, p. 145-155.

The 1910's were a crucial decade for Bulgaria and its national aspirations, which encountered wins and blows from the participation of the country in three successive wars. After 1918, public discussion focused on the choices made by Bulgarian leadership in the First World War, on military deeds and on the interpretation of factors that led to the 1918 defeat in the Macedonian Front. After the rise of the communist regime, the discourse about the Great War followed strictly the Leninist interpretation and the national dimension fell into oblivion. It was only in 1981 that a new viewpoint became possible. Probably encouraged by a more nuanced approach published in the USSR, Bulgarian scholars began to gradually reinstate the national dimension in their interventions about the Great War. The role of that event in public debate and historiography has been, though, marginal in post-communist Bulgaria.

Les années 1910 constituent une décennie cruciale pour la Bulgarie et ses aspirations nationales, qui ont rencontré des victoires et des défaites de par la participation du pays dans trois guerres successives. Après 1918, la discussion publique portait sur les choix faits par les dirigeants bulgares dans la Première Guerre mondiale, sur les actes militaires et sur l'interprétation des facteurs qui ont conduit à la défaite de 1918 sur le front macédonien. Après la montée du régime communiste, le discours sur la Grande Guerre a suivi strictement l'interprétation léniniste et la dimension nationale est tombée dans l'oubli. Ce n'est qu'en 1981 qu'un nouveau point de vue est devenu possible. Probablement encouragé par une approche plus nuancée en URSS, les chercheurs bulgares ont commencé à réintégrer progressivement la dimension nationale dans leurs interventions sur la Grande Guerre. Le rôle de cet événement dans le débat public et l'historiographie a été, cependant, marginal dans la Bulgarie post-communiste.

Dušan T. Bataković †, **Serbia's Effort in the Great War: Testimonies, Commemorations, Interpretations**, p. 157-185.

The memory of the Great War in Serbia has a particular historical weight. The heavy losses suffered by Serbian soldiers and civilians and the dramatic escalation of events affecting Serbia throughout the four war years contributed largely to the long-term survival of First World War memory among Serbs, despite a series of subsequent turnarounds for the country, in terms of regime and statehood. The analysis depicts how this enduring memory followed closely and was adjusted to the leading ideological patterns of all three major periods of the united Yugoslav state. Much attention is given to monuments related to Serbian glory and martyrdom during the war. Emphasis is also put on the often troubled coexistence of a strictly Serb narrative about the Great War with the decades-long dominant Yugoslav ideology covering under the same umbrella peoples with diverse experiences of the 1914-1918 period.

Le souvenir de la Grande Guerre en Serbie a un poids historique particulier. Les lourdes pertes subies par les soldats et les civils serbes et l'escalade dramatique des événements touchant la Serbie au cours des quatre années de guerre ont largement contribué à la survie à long terme de la mémoire de la Première Guerre mondiale chez les Serbes, en dépit d'une série de retournements ultérieurs pour le pays, en termes de régime et d'État. L'analyse montre comment cette mémoire durable a suivi de près et a été ajustée aux principaux modèles idéologiques des trois périodes majeures de l'État yougoslave uni. Une attention particulière est accordée aux monuments liés à la gloire serbe et au martyre pendant la guerre. L'accent est également mis sur la coexistence souvent troublée d'un récit strictement serbe sur la Grande Guerre avec l'idéologie yougoslave dominante pendant plusieurs décennies couvrant sous le même parapluie des peuples qui avaient des expériences diverses de la période 1914-1918.

Elli Lemonidou, **La Première Guerre mondiale des Grecs : une guerre oubliée**, p. 187-199.

The limited interest for the centenary of the First World War in Greece reflects the overall undervalued position of this event in the historiography and collective memory of the country, even if the years 1914-1918 constitute in fact one of the most complex, controversial and decisive periods in modern Greek history. Only in the years 1919-1940 one can find numerous references to the Great War, mainly (but not exclusively) focused on the painful internal strife that had plagued Greece during the conflict. The reasons why the First World War, in both its domestic and international dimensions, deserves more attention in the public and academic dialogue in Greece, are explained in detail in the text. In addition, a chapter is dedicated to possible interpretations for the insufficient appreciation of the event, which has been overshadowed by later dramatic events of Greek history.

L'intérêt limité pour le centenaire de la Première Guerre mondiale en Grèce reflète la position globale sous-évaluée de cet événement dans l'historiographie et la mémoire collective du pays, même si les années 1914-1918 constituent l'une des périodes les plus complexes, controversées et décisives dans l'histoire grecque moderne. C'est seulement dans les années 1919-1940 que l'on peut trouver des références nombreuses à la Grande Guerre, principalement (mais pas exclusivement) axées sur les conflits internes douloureux qui ont touché la Grèce pendant le conflit. Les raisons pour lesquelles la Première Guerre mondiale, dans ses dimensions nationales et internationales, mérite plus d'attention dans le dialogue public et académique en Grèce, sont expliquées en détail dans le texte. En outre, une partie est dédiée à des interprétations possibles pour l'appréciation insuffisante de l'événement, qui a été éclipsé par les événements dramatiques ultérieurs de l'histoire grecque.

Oliver JANZ, **1914-1918-online. International *Encyclopedia* of the First World War. A Global Project for a Global War**, p. 201-217.

1914-1918-online. International Encyclopedia of the First World War is a comprehensive, free-access on the internet, English-language work for both the scholarly community and the broader public. It intends to present the First World War in its entire dimensions under a transnational viewpoint, as an all-European and global war event, whose limits exceed 1918. The *Encyclopedia* summarizes the latest international expertise and contributes to a post-national and global image of the Great War. It also intends to identify gaps and so push forward the scholarly research. The author explains the editorial choices and presents the organization of the project, whose editorial board and authors' network consists of specialists from many countries, adding that the transnational and global claim of the *Encyclopedia* is supported by its technical structure, the form and the medium of its publication.

1914-1918-online. International Encyclopedia of the First World War est un travail exhaustif, en libre accès sur Internet et en langue anglaise, destiné à la fois à la communauté savante et au grand public. Il a l'intention de présenter la Première Guerre mondiale dans toutes ses dimensions sous un angle transnational, en tant qu'un événement européen et global dont les limites dépassent 1918. L'*Encyclopédie* résume l'expertise internationale la plus récente et contribue à une image post-nationale et mondiale de la Grande Guerre. Il vise également à identifier les lacunes et à faire avancer la recherche scientifique. L'auteur explique les choix éditoriaux et présente l'organisation du projet, dont le comité de rédaction et le réseau d'auteurs est composé de spécialistes de nombreux pays, ajoutant que la revendication transnationale et globale de l'*Encyclopédie* est soutenue par sa structure technique, la forme et le support de sa publication.

Liste des auteurs

Georges-Henri Soutou, professeur émérite à l'Université Paris-Sorbonne, Membre de l'Institut de France.

Jay Winter, professeur à la Yale University.

Frédéric Guelton, historien, ancien chef du département de l'Armée de terre du Service historique de la défense.

William Philpott, professeur au King's College, Londres.

Christoph Cornelissen, professeur à la Goethe-Universität, Francfort.

Nils Löffelbein, professeur à la Goethe-Universität, Francfort.

Nicola Labanca, professeur à l'université de Sienne.

Florin Ţurcanu, professeur à l'université de Bucarest.

Gueorgui Peev, professeur à la Nouvelle Université Bulgare.

Dušan T. Bataković †, directeur de l'Institute for Balkan Studies, Serbian Academy of Sciences and Arts.

Elli Lemonidou, professeure assistante à l'université de Patras.

Oliver Janz, professeur à la Freie Universität de Berlin.

Table des matières

1 Introduction, par Elli Lemonidou

13 Existe-t-il une mémoire européenne de la Grande Guerre ?, par Georges-Henri Soutou

23 The Transnational History of the Great War, par Jay Winter

47 Histoire et mémoire de la Grande Guerre en France un siècle après, par Frédéric Guelton

59 Oh! What an Ambiguous War. The Contested Memory of the First World War in Britain, par William Philpott

77 The Attack on Belgium and the Defence of "German Freedom": German Historians and their Involvement in a War of Culture since August 1914, par Christoph Cornelissen

95 War Victimization and the Memory of the First World War in Germany after 1918, par Nils Löffelbein

117 Writing Italian Military History of the First World War during the Last Two Decades: Changing Historical Research at a Time of Fading Memory, par Nicola Labanca

131 Mémoire et historiographie de la Grande Guerre dans la Roumanie communiste (1948-1989), par Florin Ţurcanu

145 Les interprétations de la Première Guerre mondiale en Bulgarie, par Gueorgui Peev

157 Serbia's Effort in the Great War: Testimonies, Commemorations, Interpretations, par Dušan T. Bataković †

187 La Première Guerre mondiale des Grecs : une guerre oubliée, par Elli Lemonidou

201 1914-1918-online. International *Encyclopedia* of the First World War. A Global Project for a Global War, par Oliver Janz

219 Index des noms

223 Résumés des contributions

231 Liste des auteurs

233 Table des matières

Achevé d'imprimer
en novembre 2018
par Corlet Imprimeur
14110 Condé-sur-Noireau

Dépôt légal : décembre 2018
N° d'imprimeur : 201039
Imprimé en France